数学奥林匹克
命题人讲座

函数迭代与
函数方程

单墫　熊斌　主编
王伟叶　熊斌　著

升级版

上海科技教育出版社

图书在版编目(CIP)数据

函数迭代与函数方程/王伟叶,熊斌著. —上海:上海科技教育出版社,2023.5

(数学奥林匹克命题人讲座:升级版)

ISBN 978-7-5428-7779-6

Ⅰ.①函… Ⅱ.①王… ②熊… Ⅲ.①泛函方程—高中—教学参考资料 Ⅳ.①G634.603

中国版本图书馆 CIP 数据核字(2022)第 117304 号

责任编辑　卢　源
封面设计　符　劼

数学奥林匹克命题人讲座(升级版)
函数迭代与函数方程

单　墫　熊　斌　主编
王伟叶　熊　斌　著

出版发行　上海科技教育出版社有限公司
　　　　　　(上海市闵行区号景路 159 弄 A 座 8 楼　邮政编码 201101)

网　　址　www.sste.com　www.ewen.co
经　　销　各地新华书店
印　　刷　启东市人民印刷有限公司
开　　本　720×1000　1/16
印　　张　16
版　　次　2023 年 5 月第 1 版
印　　次　2023 年 5 月第 1 次印刷
书　　号　ISBN 978-7-5428-7779-6/O·1164
定　　价　58.00 元

第一版序

读书,是天下第一件好事。

书,是老师。他循循善诱,传授许多新鲜知识,使你的眼界与思路大开。

书,是朋友。他与你切磋琢磨,研讨问题,交流心得,使你的见识与能力大增。

书的作用太大了!

这里举一个例子:常庚哲先生的《抽屉原则及其他》(上海教育出版社,1980年)问世后,很快地,连小学生都知道了什么是抽屉原则。而在此以前,几乎无人知道这一名词。

读书,当然要读好书。

常常有人问我:哪些奥数书好? 希望我能推荐几本。

我看过的书不多。最熟悉的是上海的出版社出过的几十本小册子。可惜现在已经成为珍本,很难见到。幸而上海科技教育出版社即将推出一套"数学奥林匹克命题人讲座"丛书,帮我回答了这个问题。

这套丛书的作者与书名初定如下:

黄利兵　陆洪文　《解析几何》

王伟叶　熊　斌　《函数迭代与函数方程》

陈　计　季潮丞　《代数不等式》

田廷彦　　　　　《圆》

冯志刚　　　　　《初等数论》

单　墫　　　　　《集合与对应》《数列与数学归纳法》

刘培杰　张永芹　《组合问题》

任　韩　　　　　《图论》

田廷彦　　　　　《组合几何》

唐立华　　　　　《向量与立体几何》

杨德胜　　　　　《三角函数·复数》

显然,作者队伍非常之强。老辈如陆洪文先生是博士生导师,不仅在代数数论等领域的研究上取得了卓越的成绩,而且十分关心数学竞赛。中年如陈计先生于不等式,是国内公认的首屈一指的专家。其他各位也都是当下国内数学奥林匹克的领军人物。如熊斌、冯志刚是 2008 年 IMO 中国国家队的正副领队、中国数学奥林匹克委员会委员。他们为我国数学奥林匹克做出了重大的贡献,培养了很多的人才。2008 年 9 月 14 日,"国际数学奥林匹克研究中心"在华东师范大学挂牌成立,担任这个研究中心主任的正是多届 IMO 中国国家队领队、华东师范大学数学系教授熊斌。

这些作者有一个共同的特点:他们都为数学竞赛命过题。

命题人写书,富于原创性。有许多新的构想、新的问题、新的解法、新的探讨。新,是这套丛书的一大亮点。读者一定会从这套丛书中学到很多新的知识,产生很多新的想法。

新,会不会造成深、难呢?

这套书当然会有一定的深度,一定的难度。但作者是命题人,充分了解问题的背景(如刘培杰先生就曾专门研究过一些问题的背景),写来能够深入浅出,"百炼钢化为绕指柔"。另一方面,倘若一本书十分浮浅,一点难度没有,那也就失去了阅读的价值。

读书,难免遇到困难。遇到困难,不能放弃。要顶得住,坚持下去,锲而不舍。这样,你不但读懂了一本好书,而且也学会了读书,享受到读书的乐趣。

书的作者,当然要努力将书写好。但任何事情都难以做到完美无缺。经典著作尚且偶有疏漏,富于原创的书更难免有考虑不足的地方。从某种意义上说,这种不足毋宁说是一种优点:它给读者留下了思考、想象、驰骋的空间。

如果你在阅读中,能够想到一些新的问题或新的解法,能够发现书中的不足或改进书中的结果,那就是古人所说的"读书得间",值得祝贺!

我们欢迎各位读者对这套丛书提出建议与批评。

感谢上海科技教育出版社,特别是编辑卢源先生,策划组织编写了这套书。卢编辑认真把关,使书中的错误减至最少,又在书中设置了一些栏目,使这套书增色很多。

单 墫

2008 年 10 月

升级版序

数学竞赛活动的开展,其目的是激发青少年学习数学的兴趣,发现和培养具有数学天赋的学生,因材施教。数学竞赛是中小学生的课外活动,也是一种特殊的素质教育——思维训练。

数学竞赛,可以让学生养成独立思考问题的习惯、建立对数学知识的看法及求知能力、初步具有创新意识。一个人对某个专业领域的兴趣与创新意识应该从青少年时代就开始培养。

在近20年的菲尔兹奖(Fields Medal)获得者中,有一半以上是IMO的优胜者。

我国的数学竞赛选手中已经涌现出许多优秀的青年数学人才,如获得著名的拉马努金奖(Ramanujan Prize)的张伟、恽之玮、许晨阳、刘一峰等,并且有不少学者在国内外知名高校或科研机构从事数学研究工作,如:朱歆文、刘若川、何宏宇、何斯迈、袁新意、肖梁、张瑞祥等。2008年、2009年IMO的满分金牌获得者韦东奕,在研究生一二年级时就做出了很好的成果。无论从整体还是从个别、从国外还是从国内来看,数学竞赛对数学与科学英才的教育都有非常重要的价值。

"数学奥林匹克命题人讲座"丛书自2009年起陆续出版,受到了广大数学竞赛爱好者以及数学竞赛教练员的欢迎和好评。

近十年来,在各级各类数学竞赛中又有不少好题与精妙的解法,为了与广大数学爱好者分享这些妙题与巧解,在第一版的基础上,我们组织了第一版的原作者和一些新作者编写了"数学奥林匹克命题人讲座(升级版)"。

"数学奥林匹克命题人讲座(升级版)"包括《集合与对应》(单墫)、《数列与数学归纳法》(单墫)、《函数迭代与函数方程》(王伟叶、熊斌)、《初等数论》(冯志刚)、《组合问题》(刘培杰、张永芹、杜莹雪)、《平面几何(圆)》(田廷彦)、《组合几何》(田廷彦)、《三角函数与复数》(杨德胜)、《向量与立体几何》(唐立华)、《图论》(任韩)、《不等式的证明》(熊斌、罗振华)、《平面几何(直线型)》(金磊)。其中《不等式的证明》和《平面几何(直线型)》为新增加的两本。

　　本丛书中既有传统的具有典型性的数学问题,也有选自近年高校自主招生、全国高中数学联赛、中国数学奥林匹克、中国西部数学邀请赛、中国女子数学奥林匹克、国际数学奥林匹克以及国外数学竞赛中的好题,还有一些是作者自编的问题。

　　感谢上海科技教育出版社和本丛书责任编辑卢源先生的精心策划与组织。

　　感谢各位读者自第一版出版以来提出了不少好的建议,希望大家继续对升级版提出建议和批评,使本丛书不断完善。

熊　斌

2021 年 1 月

目 录

contents

▶▶ 第一讲　函数的基本概念 ◀◀

1.1　映射与函数

知识桥

一、映射

映射是数学中最重要的概念之一. 在数学研究中, 很重要的一个方面是去研究元素之间的关系, 而映射正是这一概念的数学刻画.

定义 1.1 设 A 和 B 是两个给定的集合, 如果按照某种对应法则 φ, 使得对于每一个 $x \in A$, 都存在唯一的一个 $y \in B$ 与之对应, 则称 φ 是从 A 到 B 的一个**映射**(map), 记作

$$\varphi: A \rightarrow B.$$

这样的 $y \in B$ 称作 $x \in A$ 在映射 φ 下的**像**, 记作 $y = f(x)$ 或者

$$\varphi: x \mapsto y.$$

以下我们用几个例子来加深对映射这一概念的理解.

训练营

▶**例 1** 设 $A = \{a_1, a_2, a_3, a_4\}$, $B = \{b_1, b_2, b_3\}$, 判断下列对应是不是映射.

(1) $a_1 \mapsto b_1$, $a_2 \mapsto b_2$, $a_3 \mapsto b_1$, $a_4 \mapsto b_1$;

(2) $a_1 \mapsto b_1$, $a_2 \mapsto b_3$, $a_4 \mapsto b_3$;

(3) $a_1 \mapsto b_1$, $a_2 \mapsto b_3$, $a_3 \mapsto b_3$, $a_4 \mapsto b_1$, $a_4 \mapsto b_2$.

解 ❓

(1) 是一个映射. 虽然这里 $b_3 \in B$ 并没有 A 中的元素与之对应, 但这和定义并无矛盾.

(2) 不是一个映射, 因为 A 中的元素 a_3 在 B 中没有定义像.

(3) 不是一个映射, 因为 a_4 的像不唯一.

▶**例2** 设 $A = \{a, b, c\}$, $B = \{1, 2, 3, 4\}$.

(1) 从 A 到 B 的不同映射共有多少个?

(2) 其中满足 $\varphi(a) > \varphi(b) \geqslant \varphi(c)$ 的映射共有多少个?

解 ❓

(1) a, b, c 的像分别有四种不同选择, 因此根据乘法原理, 不同的映射共有 $4^3 = 64$ 个.

(2) 我们对 a 的像进行讨论:

使得 $\varphi(a) = 1$ 的满足题意的映射不存在;

使得 $\varphi(a) = 2$ 的映射中, $\varphi(b) = \varphi(c) = 1$, 这样的映射只有 1 个;

使得 $\varphi(a) = 3$ 的映射中, $\varphi(b) = 2$ 的映射有 2 个, $\varphi(b) = 1$ 的映射有 1 个;

使得 $\varphi(a) = 4$ 的映射中, $\varphi(b) = 3, 2, 1$ 的映射分别有 $3, 2, 1$ 个, 共 6 个.

因此, 满足题意的不同映射共有 $1 + 3 + 6 = 10$ 个.

定义 1.2 设 φ 是 A 到 B 的映射.

如果对任意的 $a_1, a_2 \in A$, 当 $a_1 \neq a_2$ 时, 必然有 $\varphi(a_1) \neq \varphi(a_2)$, 那么称 φ 是 A 到 B 的**单射**(injective map).

如果对任意的 $b \in B$, 都存在 $a \in A$, 使得 $\varphi(a) = b$, 那么称 φ 是 A 到 B 的**满射**(surjective map).

如果 φ 既是单射又是满射, 那么称之为**双射**, 或**一一对应**(bijective map).

此外, 为了方便起见, 我们还定义所谓的恒等映射.

定义 1.3 设映射 φ 是从 A 到 A 的, 如果对于任意的 $a \in A$, 都有 $\varphi(a) = a$, 那么称 φ 是**恒等映射**(identity map). 记作 I 或者 id.

容易知道, 恒等映射是最典型的一种双射.

▶**例3** 设 $A = \{a_1, a_2, a_3, a_4\}$, $B = \{b_1, b_2, b_3\}$, 求 A 到 B 的满射个数

及 B 到 A 的单射个数.

解 ❓

经过分析我们知道,如果 φ 是从 A 到 B 的一个满射,那么 B 中的三个元素里,有一个在 A 中有两个原像,有两个在 A 中有一个原像. 因此根据乘法原理,满射的个数为

$$3 \times \mathrm{C}_4^2 \times 2 = 36.$$

计算从 B 到 A 的单射的个数相对简单. b_1 的像有四种选择,之后 b_2 的像有三种选择,最后 b_3 的像有两种选择. 根据乘法原理,总数为 $4 \times 3 \times 2 = 24$.

点评

我们来对单射、满射和双射进行一些深入的讨论. 容易知道,如果从有限集 A 到有限集 B 存在一个单射,那么集合 A 的元素个数不大于集合 B 的元素个数,即 $|A| \leqslant |B|$. 反之,如果从有限集 A 到有限集 B 存在一个满射,那么集合 A 的元素个数不小于集合 B 的元素个数,即 $|A| \geqslant |B|$. 因此可以推断,如果在有限集合 A 和有限集合 B 之间存在一个双射,那么 $|A| = |B|$.

粗略地说,有关无限集元素多少(势,cardinality)的比较,就是用上面这一性质来定义的. 也就是说,如果 A 到 B 有单射,那么 A 的势不大于 B 的势,有满射则相反. 如果能构造一个双射,那么认为 A 的势等于 B 的势. 但是无限集会存在一个集合的真子集的势和自己相当的情况,因此讨论起来复杂了很多,有兴趣的读者可以自行参阅有关"集合的势"的文献资料.

利用这一性质,在进行比较复杂的计数时,构造双射是一个相当常见的技巧. 以下两个例子将说明这一点.

▶ **例 4** 求 $x_1 + x_2 + x_3 + x_4 = 15$ 的非负整数解的组数.

解 ❓

首先作第一个一一对应,设 $y_i = x_i + 1$,$i = 1, 2, 3, 4$,这样,我们所求的答案相当于方程 $y_1 + y_2 + y_3 + y_4 = 19$ 的正整数解的组数.

然而这个答案也并不直接,我们继续作第二个对应,将新得到的方程的每一组解 (y_1, y_2, y_3, y_4) 对应到一个 $\{1, 2, \cdots, 18\}$ 的三元子集 $\{z_1, z_2, z_3\}$(不妨设 $z_1 < z_2 < z_3$)如下:

$$z_1 = y_1,\ z_2 = y_1 + y_2,\ z_3 = y_1 + y_2 + y_3.$$

这相当于在一个排成一列的 19 个小球的 18 个间隔中插三块木板,将小球从前到后分成四组. 容易验证,这是一个双射,因此所求的组数等于 $C_{18}^3 = 816$.

点评

这个例子中所使用的方法可以解决一切求方程 $x_1 + x_2 + \cdots + x_m = n$ 的整数解组数的问题,其中 $m,\ n$ 是正整数,要求方程满足 $x_i \geqslant y_i$,$i = 1,\ 2,\ \cdots,\ m$,且 y_i 是预先给定的. 如在本例中,$m = 4$,$n = 19$,$y_1 = y_2 = y_3 = y_4 = 0$.

▶ 例 5 甲、乙两队各出 7 名队员按事先排好的顺序出场参加围棋擂台赛,双方先由 1 号队员比赛,负者被淘汰,胜者再与负方的 2 号队员比赛,如此继续下去,直到有一方队员全部被淘汰为止,另一方获得胜利,形成一种比赛过程. 求所有可能的比赛过程种数.

解

方法一 在每种比赛过程中,不妨让负者按照告负的先后顺序走入一个通道,再让最后一局的胜者连同尚未出战的选手按事先排好的顺序跟进通道. 易见,每种比赛过程一一对应一种通道里的排队方式,使得每队 7 名队员的相对位置与事先排好的出场顺序一致. 这样的排队方式由甲队队员所占的 7 个位置唯一决定,故有 $C_{14}^7 = 3432$ 种排队方式,因此比赛过程种数为 3432.

方法二 设甲队 i 号队员获胜的场数为 $x_i (1 \leqslant i \leqslant 7)$,易见每种使甲队获胜的比赛过程与不定方程 $x_1 + x_2 + \cdots + x_7 = 7$ 的非负整数解 $(x_1, x_2, \cdots, x_7)$ 构成一一对应.

因为方程 $x_1 + x_2 + \cdots + x_7 = 7$ 的非负整数解的组数为 $C_{7+6}^6 = C_{13}^6$,故甲队获胜的比赛过程数为 $C_{13}^6 = 1716$.

同理可得,乙队获胜的比赛过程数为 1716. 因此所有可能的比赛过程数共 3432 种.

点评

上述两种方法均用到了对应,其中方法一将问题最为直接地对应到一个组合选取问题,方法二则是通过先建立半数情形与不定方程解的对应关系,最终求得结果.

▶ **例 6** 设集合 $S_n = \{1, 2, \cdots, n\}$. 若 X 是 S_n 的子集,把 X 中所有数的和称为 X 的"容量"(规定空集的容量为 0). 若 X 的容量为奇(偶)数,则称 X 为 S_n 的奇(偶)子集.

(1) 求证: S_n 的奇子集与偶子集个数相等;

(2) 求证: 当 $n \geqslant 3$ 时, S_n 的所有奇子集的容量之和与所有偶子集的容量之和相等;

(3) 当 $n \geqslant 3$ 时,求 S_n 的所有奇子集的容量之和.

(1992 年全国高中数学联赛试题)

解 ❓

(1) 设 A 是 S_n 的任一奇子集,我们作从奇子集全体到偶子集全体的映射 φ:

$$\text{若 } 1 \in A, \text{ 则 } A \to A \cup \{1\};$$

$$\text{若 } 1 \notin A, \text{ 则 } A \to A \setminus \{1\}.$$

由定义出发,容易验证这样定义的 φ 是奇子集全体到偶子集全体的一个双射. 这样,奇子集与偶子集的个数相等,因此均为 2^{n-1} 个.

(2) 我们用 a_n 和 b_n 分别表示 S_n 的奇子集与偶子集的容量之和.

若 $n (\geqslant 3)$ 是奇数,则 S_n 的奇子集有如下两类: S_{n-1} 的奇子集,以及 S_{n-1} 的偶子集与 $\{n\}$ 的并. 于是我们有

$$a_n = a_{n-1} + (b_{n-1} + n \times 2^{n-2}),$$

注意在上式中我们用了(1)的结论. 同理可得

$$b_n = b_{n-1} + (a_{n-1} + n \times 2^{n-2}).$$

若 $n (\geqslant 3)$ 是偶数,和上面类似,我们会得到

$$a_n = a_{n-1} + (a_{n-1} + n \times 2^{n-2}),$$
$$b_n = b_{n-1} + (b_{n-1} + n \times 2^{n-2}).$$

由此,再加上 $a_3 = b_3 = 12$,根据数学归纳法,对于一切 $n \geqslant 3$ 都有 $a_n = b_n$.

(3) 根据(2)的结论,我们只需要把 S_n 的所有子集的容量计算出来,除以 2,即得所求. 而这是一个经典的问题,因为 1 到 n 的每个元素在计算总和时恰被计算了 2^{n-1} 次,所以所有子集的容量之和为 $\dfrac{1}{2} n(n+1) \times 2^{n-1}$. 故而,奇子集的容量之和为 $n(n+1) \times 2^{n-3}$.

我们再举一个有些"奇妙"的例子,来说明无限集之间的一一对应可以将一个集合映射到它的真子集. 其中的一些技巧很值得借鉴.

▶ **例7** 试构造一个从单位圆周 $\{\exp(i\pi\alpha)|\alpha\in[0, 2)\}$ 到有两个端点的半圆周 $\{\exp(i\pi\alpha)|\alpha\in[0, 1])\}$ 的一一映射.

解 ❓

我们先找出一个从 $[0, 2)$ 到 $[0, 1]$ 的一一对应 φ. 这可以按如下的方式定义:

$$\varphi(x)=\begin{cases} \dfrac{1}{n-1}, & \dfrac{x}{2}=\dfrac{1}{n} \ (n\in\mathbf{N},\ n\geqslant2), \\ \dfrac{x}{2}, & \text{其他 } x, \end{cases}$$

其本质是先把 $[0, 2)$ 通过除以 2 的映射对应到 $[0, 1)$,再从中抽取一个和自然数列相仿的子集作"移位"变换. 于是定义

$$\varphi: \exp(i\pi\alpha) \mapsto \exp(i\pi\varphi(\alpha))$$

即为所求.

▶ **例8** 设 A 是有限非空实数集,$B=\{x+y \mid x,y\in A\}$,$C=\{x-y \mid x, y\in A\}$. 证明:$|A|\cdot|C|\leqslant|B|^2$.

证明 🔍

我们建立一个单射 $f: A\times C\to B\times B$.

对 C 中任一元素 c,取 $(x_c, y_c)\in A\times A$,使得 $c=x_c-y_c$(若存在多组 (x_c, y_c) 符合要求,则任意取定一组). 现对任意一组 $(a,c)\in A\times C$,定义

$$f(a,c)=(a+x_c, a+y_c),$$

其中 $a, x_c, y_c\in A$,所以 $a+x_c, a+y_c\in B$.

若 (a,c) 与 (a',c') 使得 $(a+x_c, a+y_c)=f(a,c)=f(a',c')=(a'+x_{c'}, a'+y_{c'})$,则

$$c=(a+x_c)-(a+y_c)=(a'+x_{c'})-(a'+y_{c'})=c',$$

进而 $x_{c'}$ 就是 x_c,于是有 $a=a'$,即有 $(a,c)=(a',c')$.

因此 $f: A\times C\to B\times B$ 是单射. 从而

$$|A|\cdot|C|=|A\times C|\leqslant|B\times B|=|B|^2.$$

点评 ....

本题建立了由 $A \times C$ 到 $B \times B$ 的一个子集的对应关系,证明了所需的不等式. 当 $|A| \geqslant 2$ 时,对上述方法稍作优化,可证明更强的不等式 $|A| \cdot (|C|+1) < |B|^2$.

....

知识桥

二、 函数

前面所定义的映射是在任意两个集合之间的. 在数学中,我们经常会遇到研究两个数集之间的关系的状况,因此,我们特别给两个数集之间的映射一个名称.

定义 1.4 从非空数集 X 到非空数集 Y 的一个映射 $f: X \to Y$ 叫作 X 到 Y 的**函数**(function),记作

$$y = f(x) \ (x \in X, \ y \in Y),$$

其中 X 称为函数 f 的**定义域**(domain),集合

$$f(X) = \{y \in Y \mid y = f(x), \ x \in A\}$$

称为函数 f 的**值域**(range).

在一般的函数定义中,数集 Y 通常用实数集 $\mathbf{R}$(或者 $\mathbf{N}$, $\mathbf{Z}$,$\mathbf{C}$) 等来代替,定义域常用数集 D 来表示,于是能确定一个函数的主要因素有两个:对应法则 f 和定义域 D,两者缺一不可. 所以,我们也常用

$$y = f(x), \ x \in D$$

来表示,其中的 x 称为**自变量**(independent variable),y 称为**因变量**(dependent variable).

平面 $\mathbf{R}^2$ 上的点集 $G = \{(x, \ y) \mid y = f(x), \ x \in D\}$ 称为函数 f 的**图像**(graph). 事实上,图像也可以用来表示 f 的所有特征.

在初等数学的研究中,用来表示函数的主要方式有列表法、图像法和解析法三种. 其中,列表法主要用来表示定义域是有限集或者是正整数集的函数,图像法主要用来表示对应关系很容易从图像中解读的函数,如恒等函数 id. 而用解析法表示函数时,常常会遇到函数在定义域的不同部分需要用不同的解析式来表

示的情况. 如果定义域能被分为有限个区间,每个区间上的解析式都是某类函数的时候,我们就称这个函数为**分段函数**(piecewise-defined function).

例如,
$$f(x)=\begin{cases} 2x, & x<0, \\ 3x, & x\geq0 \end{cases}$$

是分段线性函数;

$$g(x)=\begin{cases} \sin x, & x<0, \\ \tan x, & 0\leq x<\dfrac{\pi}{2} \end{cases}$$

是定义在 $\left(-\infty, \dfrac{\pi}{2}\right)$ 上的分段三角函数.

函数之间自然可以进行数集上允许的运算,如加减乘除、乘方开方等等. 此外,在很多场合,仅仅对函数进行代数运算还不够,我们还会遇到所谓函数的复合.

定义 1.5 设有两个函数

$$z=f(y), \ y\in E;$$
$$y=g(x), \ x\in D.$$

如果集合 $D^*=\{x\in D\,|\,g(x)\in E\}$ 非空,那么就可以确定一个以 D^* 中的元素为自变量,经过 g 和 f 的先后作用,以 f 像集中的元素为因变量的一个新的函数,记作

$$z=f(g(x)), \ x\in D^*.$$

这个函数通常也表示为 $f\circ g$,称为 f 和 g 的**复合函数**. 这一过程被称为**函数的复合**(function composition).

例如,$z=f(y)=\sqrt{y}$,$y\in E=[0, +\infty)$,$y=g(x)=4-x^2$,$x\in D=\mathbf{R}$. 它们的复合函数是 $z=f(g(x))=\sqrt{4-x^2}$,$x\in D^*=[-2, 2]$.

函数的复合有结合律,即 $(f\circ g)\circ h=f\circ(g\circ h)$,但绝没有交换律. 通常情况下,$f\circ g$ 和 $g\circ f$ 是不相等的.

▶ **例 9** 设函数

$$f(x) = \begin{cases} 1, & |x| \leqslant 1, \\ 0, & |x| > 1. \end{cases} \qquad g(x) = \begin{cases} 2 - x^2, & |x| \leqslant 1, \\ 2, & |x| > 1. \end{cases}$$

求 $f(f(x))$, $f(g(x))$, $g(f(x))$, $g(g(x))$.

解

因为 $f(x)$ 的取值都不超过 1, 所以 $f(f(x)) = 1$.

$$g(f(x)) = \begin{cases} 1, & |x| \leqslant 1, \\ 2, & |x| > 1. \end{cases}$$

而 $g(x)$ 在 $|x| \neq 1$ 时取值严格大于 1, 在 $x = \pm 1$ 时取值为 1. 因此,

$$f(g(x)) = \begin{cases} 0, & x \neq \pm 1, \\ 1, & x = \pm 1. \end{cases}$$

$$g(g(x)) = \begin{cases} 2, & x \neq \pm 1, \\ 1, & x = \pm 1. \end{cases}$$

这个例子清楚地表明了, 函数的复合这一过程通常不可交换.

前面我们介绍过, 如果 y 是 x 的函数, 那么我们把 x 和 y 分别称作自变量和因变量. 顾名思义, 在函数 f 的关系下, y 是随着 x 的变化而变化的. 然而在一些场合, 这一过程也可以用相反的关系来描述. 比如在确定单价以后, 可以通过购买的数量来决定总价, 也可以通过总价来决定购买的数量. 这样的背景就引导我们去把 y 当作自变量, x 当作因变量, 从而得到反函数的概念.

定义 1.6 设函数 $y = f(x)$, $x \in D$ 是 D 到 $f(D)$ 的单射(因此也是双射), 那么对于值域中的每一个 y_0, 在定义域中都存在唯一的 x_0, 使得 $f(x_0) = y_0$. 而从 $f(D)$ 映射到 D, 把 y_0 对应到 x_0 的函数称为 $f(x)$ 的**反函数**(inverse function), 记作:

$$f^{-1}: f(D) \to D,$$

或

$$x = f^{-1}(y), \quad y \in f(D).$$

注 一般来说, 总是习惯于把 x 作为自变量, y 作为因变量, 因此通常也把 $y = f(x)$, $x \in D$ 的反函数记作 $y = f^{-1}(x)$, $x \in f(D)$. 这仅仅是表述上的差别而已. 此外, 要注意这里的反函数符号"f^{-1}"并不是倒数 $\dfrac{1}{f}$ 的意思.

根据反函数的定义我们知道, 原函数 f 的定义域恰好是反函数 f^{-1} 的值域,

反之亦然.

例如,$y=x^3$,$x\in\mathbf{R}$ 的反函数是 $y=x^{\frac{1}{3}}$,$x\in\mathbf{R}$;$y=x^2$,$x\in[0,2]$的反函数是 $y=\sqrt{x}$,$x\in[0,4]$;$y=\tan x$,$x\in\left(-\dfrac{\pi}{2},\dfrac{\pi}{2}\right)$的反函数是 $y=\arctan x$,$x\in\mathbf{R}$;而 $y=x^2$,$x\in\mathbf{R}$ 因其不是单射所以没有反函数.

▶ 例 10 设集合 $A=\{1,2,3,4,5,6,7,8\}$,函数 $f:A\to A$ 满足对一切 $x\in A$,有 $f(f(f(x)))=x$.

(1) 证明:对任意 $x_1,x_2\in A$,$x_1\neq x_2$,均有 $f(x_1)\neq f(x_2)$;

(2) 求所有这样的函数 f 的个数.

解

(1) 用反证法. 若存在 $x_1,x_2\in A$,$x_1\neq x_2$,使得 $f(x_1)=f(x_2)$,则
$$x_1=f(f(f(x_1)))=f(f(f(x_2)))=x_2,$$
矛盾!故命题得证.

(2) 对满足条件的函数 f,考虑任一 $x\in A$.

若 $f(x)=x$(即 x 是 f 的不动点),则显然有 $f(f(f(x)))=x$.

若 $f(x)=y\neq x$,设 $f(y)=z$. 由(1)知 $z\neq y$. 又显然 $z\neq x$(否则将有 $f(f(f(x)))=f(f(y))=f(x)=y\neq x$,矛盾),于是
$$f(z)=f(f(y))=f(f(f(x)))=x,$$
即 f 限制在集合 $\{x,y,z\}$ 上,是一个"三轮换".

对 $k=0,1,2$,用 n_k 表示在 A 上可分解为 k 个三轮换和 $8-3k$ 个不动点的函数 f 的个数. 显然 $n_0=1$.

由于限制在三元集 $\{x,y,z\}$ 上的三轮换可以是 $f(x)=y$,$f(y)=z$,$f(z)=x$,也可以是 $f(x)=z$,$f(z)=y$,$f(y)=x$,共两种情况,因此
$$n_1=\mathrm{C}_8^3\times 2=112,\quad n_2=\frac{\mathrm{C}_8^3\mathrm{C}_5^3}{2!}\times 2^2=1120.$$

综上可知,满足条件的函数 f 的个数为 $n_0+n_1+n_2=1+112+1120=1233$.

1.2 函数的基本性质

本节主要讨论函数的对称性、单调性、周期性、连续性、凹凸性等常用性质.

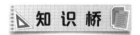

一、对称性

定义 1.7 设函数 $f(x)$，$x \in D$ 的定义域 D 关于原点对称，即 $-D = \{-x \mid x \in D\} = D$.

如果对于定义域中所有的 x，均有 $f(-x) = -f(x)$，那么称函数 f 为**奇函数**（odd function）.

如果对于定义域中所有的 x，均有 $f(-x) = f(x)$，那么称函数 f 为**偶函数**（even function）.

讨论奇函数与偶函数的必要性是显而易见的. 由于奇函数的形式在负实轴上和正实轴上恰好"相反"，而偶函数的形式在负实轴和正实轴上恰好"相同"，所以在进行研究的时候，只要对其正实轴的部分进行分析就可以了. 而从图像上看，因为 $(-x, y)$ 和 $(x, -y)$ 的中点恰好是原点，因此奇函数的图像关于原点对称；又因为 $(-x, y)$ 和 (x, y) 以 y 轴为中垂线，所以偶函数的图像关于 y 轴对称.

定理 1.1（奇函数与偶函数的性质）

（1）只有恒等于零的函数才既是奇函数又是偶函数；

（2）一个奇函数与一个偶函数的和既不是奇函数也不是偶函数，除非其中一个恒等于零；

（3）两个奇函数的和与差是奇函数，奇函数乘以常数还是奇函数；

（4）两个偶函数的和与差是偶函数，偶函数乘以常数还是偶函数；

（5）两个奇函数的乘积是偶函数，两个偶函数的乘积是偶函数，一个奇函数与一个偶函数的乘积是奇函数；

（6）两个奇函数的商是偶函数，两个偶函数的商是偶函数，一个奇函数与一

个偶函数的商是奇函数;

(7) 两个奇函数的复合是奇函数,奇函数被偶函数复合(偶函数后作用) 是偶函数,偶函数被任意函数复合(偶函数先作用) 是偶函数(但反之则不然).

以上性质都是定义的直接推论,证明略.

▶ 例 1   求证:任何定义域关于原点对称的函数都可以表示为一个奇函数和一个偶函数的和.

证明 🔍

假设在定义域 D 上,$f(x) = g(x) + h(x)$,其中 $g(x)$ 是奇函数,$h(x)$ 是偶函数,从而

$$f(-x) = g(-x) + h(-x) = -g(x) + h(x).$$

这样我们就可以联立而解得

$$g(x) = \frac{1}{2}(f(x) - f(-x)), \quad h(x) = \frac{1}{2}(f(x) + f(-x)).$$

容易验证这样定义的 $g(x)$ 和 $h(x)$ 的确分别是奇函数与偶函数.

点评

这一经典的例题告诉我们如何把一个定义域对称的函数分解成一个奇函数与一个偶函数.

▶ 例 2   已知函数 $f(x)$ 的定义域为 **R**,$f(0) \neq 0$. 且对任意实数 x_1,x_2,$f(x_1 + x_2) + f(x_1 - x_2) = 2f(x_1) \times f(x_2)$ 均成立. 求证:$f(x)$ 是偶函数.

证明 🔍

我们通过取特殊值代入来解决这一问题.

首先令 $x_1 = 0$,$x_2 = x$,代入得

$$f(x) + f(-x) = 2f(0)f(x),$$

再令 $x = 0$ 代入上式,得

$$2f(0) = 2f^2(0).$$

因为 $f(0) \neq 0$，所以 $f(0)=1$. 因此 $f(x)+f(-x)=2f(x)$，即 $f(-x)=f(x)$. 证毕.

知识桥

二、 单调性

定义 1.8 设函数 $f(x)$ 的定义域为 D. 如果对于任意的 $x_1, x_2 \in D_1 \subset D$，当 $x_1 < x_2$ 时，都有 $f(x_1) < f(x_2)$，那么就说 $y=f(x)$ 在 D_1 上是**增函数**(strictly increasing function)；如果当 $x_1 < x_2$ 时，都有 $f(x_1) > f(x_2)$，那么就说 $y=f(x)$ 在 D_1 上是**减函数**(strictly decreasing function).

如果函数 $y=f(x)$ 在某定义域的子集(通常是区间)上是增函数或减函数，那么就说 $y=f(x)$ 在此区间上有(严格的)**单调性**(strict monotonicity). 这一子集叫作 $y=f(x)$ 的**单调区间**.

关于单调性，以下的问题必须引起注意.

(1) 在高等数学中，所谓的单调性(monotonicity)的定义比此处弱一点，是指在 $x_1 < x_2$ 时，$f(x_1) \leqslant (\geqslant) f(x_2)$. 这样的函数在初等数学中有时也称为非严格单调的，例如常数函数就满足这个定义而不满足定义 1.8. 读者要注意区分.

(2) 函数的单调性是对定义域的子集(通常是子区间)而言的，在定义域上的一部分是递增的、在另一部分是递减的函数比比皆是. 与对称性和之后将提到的周期性完全不同，单调性是一个"局部"的性质.

(3) 即使函数 f 在定义域的子区间 D_1 和 D_2 上都递增(递减)，也不能直接推断出 f 在 $D_1 \bigcup D_2$ 上是递增(递减)的. 例如函数 $y=\dfrac{1}{x}$ 在定义域的子区间 $(-\infty, 0)$ 和 $(0, +\infty)$ 上都是递减的，但是在 $\mathbf{R} \backslash \{0\}$ 上就不是递减的.

定理 1.2(函数单调性的有关性质)

(1) 若函数 $y=f(x)$ 和 $y=g(x)$ 在公共区间 I 上都是增(减)函数，则函数 $y=f(x)+g(x)$ 在 I 上也是增(减)函数；

(2) 若两个正值函数 $y=f(x)$ 和 $y=g(x)$ 在公共区间 I 上都是增(减)函数，则函数 $y=f(x)g(x)$ 在 I 上也是增(减)函数；

(3) 若函数 $y=f(x)$ 是区间 I 上的增(减)函数，值域为 $f(I)$，则限制在 I 上，其反函数 $y=f^{-1}(x)$ 一定存在，且是 $f(I)$ 上的增(减)函数；

(4) 若函数 $z=f(y)$ 和 $y=g(x)$ 在相关区间上均是单调函数,则函数 $z=f(g(x))$ 在 g 的单调区间上也是单调函数;当 f 和 g 的单调性相同时,$f \circ g$ 是增函数,当 f 和 g 的单调性相反时,$f \circ g$ 是减函数.

以上性质用定义证明也都相当简单,此处略去.

训练营

▶ 例3 已知奇函数 $f(x)$ 在定义域 $(-1,1)$ 内单调递减. 当 m 取何值时,$f(1-m)+f(1-m^2)<0$ 成立?

解

首先使得 $1-m$,$1-m^2$ 都落在定义域内,因此 $m \in (0,\sqrt{2})$.

当 $m \in [1,\sqrt{2})$ 时,$1-m$ 和 $1-m^2$ 都不大于零,因此经 f 作用以后都不小于零,相加自然不会小于零.

当 $m \in (0,1)$ 时,$1-m$ 和 $1-m^2$ 都大于零,因此经 f 作用以后都小于零,相加也小于零. 因此所求 m 的范围为 $(0,1)$.

▶ 例4 设函数 $f(x)$ 的定义域为 $(0,+\infty)$,且单调递增,满足 $f(2)=1$ 和

$$f(xy)=f(x)+f(y).$$

若 $f(x)+f(x-3) \leqslant 2$,求 x 的取值范围.

解

首先,x 和 $x-3$ 一定要在定义域内,因此有 $x>3$.

根据题意,$f(x)+f(x-3)=f(x^2-3x) \leqslant 2$. 这就要求我们去找一个数 x_0,使得 $f(x_0)=2$. 这是容易的,因为 $f(4)=f(2)+f(2)=2$,而且根据单调性,4 是唯一的解.

又根据单调性的定义,若要 $f(x^2-3x) \leqslant f(4)$,等价于要求 $x^2-3x \leqslant 4$. 解这个不等式,得 $x \in [-1,4]$,再注意到之前所要求的 $x>3$,所以 x 的取值范围为 $(3,4]$.

▶ 例5 证明:函数 $f(x)=x^2$ 可以表示为两个递增的多项式函数之差.

证明

因为

$$g(x)=\frac{1}{3}x^3+x^2+x+\frac{1}{3}=\frac{1}{3}(x+1)^3$$

是一个递增函数，并且

$$h(x)=\frac{1}{3}x^3+x+\frac{1}{3}$$

作为两个递增函数以及一个常数函数的和，也是一个增函数，所以 $f(x)=g(x)-h(x)$ 的确可以表示为两个递增的多项式函数之差.

📑 **点评**
....

一般地，任何一个实系数多项式函数都可以表示为两个递增的多项式之差.

....

▶ **例 6** 已知 $x,y\in\left[-\dfrac{\pi}{4},\dfrac{\pi}{4}\right]$，$a\in\mathbf{R}$，且

$$\begin{cases} x^3+\sin x-2a=0, \\ 4y^3+\sin y\cos y+a=0, \end{cases}$$

求 $\cos(x+2y)$ 的值.

分析　如果想从和角公式的角度来计算本题的结果，很快会发现能用的条件太少，几乎根本就无法利用任何现成的三角公式.仔细观察条件，我们发现两个条件是"独立"的，第一个只和 x 有关，第二个只和 y 有关.这就告诉我们，可行的解法可能是先分别解出 x，y 的值，再算出 $x+2y$，进而算出 $\cos(x+2y)$.但是问题又来了，作为一个超越方程，具体解出 x，y 的值是不可能的，更何况还有一个未知的 a 存在着.

好在本题其实隐含了一个巧妙的方法.

解 ❓
将第二式乘以 2，得 $(2y)^3+\sin(2y)+2a=0$，再加上第一式，消去 a，得

$$x^3+\sin x=(-2y)^3+\sin(-2y).$$

构造函数 $f(t)=t^3+\sin t$，它在区间 $\left[-\dfrac{\pi}{2},\dfrac{\pi}{2}\right]$ 上是递增的.

而 x 和 $-2y$ 都在这一区间，所以 $x=-2y$，即 $x+2y=0$.

所以 $\cos(x+2y)=\cos 0=1$.

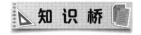

三、周期性

定义 1.9 设函数 $f(x)$ 的定义域为 D. 如果存在一个非零常数 T, 使得对每个 $x \in D$, 都有 $f(x+T) = f(x)$, 那么称 $f(x)$ 是 **周期函数**(periodic function), T 称作 $f(x)$ 的一个 **周期**(period). 如果 $f(x)$ 的所有正周期中存在最小值 T_0, 那么称 T_0 为周期函数 $f(x)$ 的**最小正周期**.

事实上, 并非每个周期函数都有最小正周期. 例如, 常数函数 $f(x) = c$ 的周期可以是任何实数. 然而, 没有最小正周期的函数除了常数函数之外还有很多, 例如,

$$d(x) = \begin{cases} 1, & x \in \mathbf{Q}, \\ 0, & x \notin \mathbf{Q}, \end{cases}$$

任何有理数都是函数 $d(x)$ 的周期.

如果说, 奇函数与偶函数体现了函数的某种对称不变性, 那么周期函数体现了函数的平移不变性. 事实上, 如果对称性足够多的话, 是会蕴含周期性的.

▶ **例 7** 证明: 若函数 $y = f(x)$ 在 $\mathbf{R}$ 上的图像关于 $x = a$ 及 $x = b$ 都对称 $(a \neq b)$, 则 $f(x)$ 是 $\mathbf{R}$ 上的周期函数.

证明

对于任一个实数 x, 其函数值为 $f(x)$. 由于 $f(x)$ 的图像关于 $x = a$ 对称, 故 $(2a-x, f(x))$ 也在图像上, 即 $f(2a-x) = f(x)$.

同理可得 $f(2b-(2a-x)) = f(2a-x) = f(x)$, 这也就是说, $f(x) = f(x+2b-2a)$, 即 $2b-2a$ 是函数 f 的一个周期.

点评

从本例我们可以看出, 要证明一个函数是周期函数, 比较直接的办法是去找一个周期. 而要说明一个函数不是周期函数, 我们通常使用反证法.

▶ 例 8　证明：函数 $f(x)=\cos x^2$ 不是周期函数.

证明 🔍

设 $T>0$ 是 $f(x)=\cos x^2$ 的一个周期，则根据定义，有 $\cos(x+T)^2=\cos x^2$. 取 $x=0$，得 $\cos T^2=1$，故 $T=\sqrt{2k\pi}$，$k\in\mathbf{N}^*$.

再取 $x=\sqrt{2}T$，得 $\cos((\sqrt{2}+1)^2T^2)=\cos(2T^2)=\cos(4k\pi)=1$. 故 $(\sqrt{2}+1)^2k=2l$，$l\in\mathbf{Z}$. 但这是不可能的. 这一矛盾表明函数 $f(x)=\cos x^2$ 不是周期函数.

▶ 例 9　证明：定义在任一区间 I 上的单调周期函数（定义域真包含一个完整的周期）一定是常数.

证明 🔍

设 $T>0$ 是函数 $f(x)$ 的一个周期. 因为 $f(x)$ 的定义域真包含了一个完整的周期，不妨设为 $[x_0,x_0+T]$. 假设 $f(x_0)=y_0$，那么根据周期性的定义，$f(x_0+T)=y_0$.

如果存在 $x_1\in(x_0,x_0+T)$，使得 $f(x_1)<y_0$，那么从 x_0 和 x_1 处的函数值看，f 是递减的；然而从 x_1 和 x_0+T 处的函数值来看，f 是递增的，这不可能. 同理也不存在 $f(x_1)>y_0$ 的 $x_1\in(x_0,x_0+T)$. 于是函数 f 在 $[x_0,x_0+T]$ 这个完整的周期内是常数. 因此它在整个定义域上都是常数.

▶ 例 10　设 $f(x)$ 是定义在 $\mathbf{R}$ 上的以 2 为周期的偶函数，在区间 $[0,1]$ 上严格递减，且满足 $f(\pi)=1,f(2\pi)=2$，求不等式组 $\begin{cases}1\leqslant x\leqslant 2,\\1\leqslant f(x)\leqslant 2\end{cases}$ 的解集.

解 ❓

由 $f(x)$ 为偶函数及在 $[0,1]$ 上严格递减知，$f(x)$ 在 $[-1,0]$ 上严格递增，再结合 $f(x)$ 以 2 为周期可知，$[1,2]$ 是 $f(x)$ 的严格递增区间.

注意到
$$f(\pi-2)=f(\pi)=1,f(8-2\pi)=f(-2\pi)=f(2\pi)=2,$$
所以
$$1\leqslant f(x)\leqslant 2\Leftrightarrow f(\pi-2)\leqslant f(x)\leqslant f(8-2\pi),$$
而 $1<\pi-2<8-2\pi<2$，故原不等式组的解集为 $[\pi-2,8-2\pi]$.

知识桥

四、 连续性

从直观上讲,数学中所谓的**连续函数**(continuous function),是指当自变量变化相当小的时候,所导致的因变量的变化也相当小. 但是这并不是连续函数的严格定义,它的严格定义依赖于高等数学中的极限概念,或是利用极限的思想. 一个非常形象(但不精确)的描述连续函数的说法是:"在纸上画函数图像的时候可以让笔尖不离开纸面的函数."

连续函数的概念在和数学有关的几乎所有学科中都有相当广泛的应用. 例如所有的初等函数在定义域内的任一区间上都是连续的,又例如在经典物理所描绘的自然世界中,一切运动都是连续的. 因此严格地给出连续函数的定义对整本书的系统性是相当有必要的.

定义 1.10(函数在一点的连续性) 设 x_0 是函数 $f(x)$ 的定义域 D 中的某点,如果对于任一极限为 x_0 的序列 $\{x_n\} \subset D$,均有 $f(x_n) \to f(x_0)$,那么称 $f(x)$ 在 x_0 处是连续的.

定义 1.11(函数在区间上的连续性) 设函数 $f(x)$ 的定义域为 D,区间 I 是 D 的子集. 如果在 I 中的任意点 x 处,函数 $f(x)$ 均连续,那么称 $f(x)$ 在区间 I 上是连续的.

利用连续函数的定义,容易证明多项式函数、幂函数、指数函数、对数函数、三角函数、反三角函数、绝对值函数等在定义域的子区间上都是连续的.

训练营

▶ **例 11** 证明:狄利克雷(Dirichlet) 函数

$$d(x) = \begin{cases} 1, & x \in \mathbf{Q}, \\ 0, & x \in \mathbf{R} \backslash \mathbf{Q} \end{cases}$$

点点不连续.

证明

这个事实的证明相当容易,只要注意到任何一个实数的"附近"既有有理数又有无理数即可.

定理 1.3（连续函数的有关性质）

（1）如果 f 和 g 是两个连续函数，则 $f \pm g$，fg，f/g 均为连续函数（注：f/g 的定义域不包含那些使得 $g = 0$ 的点）；

（2）两个连续函数 f 和 g 的复合 $f \circ g$ 是连续函数.

证明 🔍

第一个性质的证明只要利用极限的四则运算法则，第二个性质的证明用连续函数的定义即可.

下面给出的连续函数介值定理需要用到有关实数系结构的性质，然而它们又是连续函数的诸多性质中最重要的一个性质. 我们不加证明地给出它，有兴趣的读者可以参考任何一本高等数学的书籍.

定理 1.4（介值定理） 若 $f(x)$ 在区间 $[a,b]$ 上连续，则 f 在 $[a,b]$ 内可取遍一切 $f(a)$ 与 $f(b)$ 之间的函数值.

介值定理是一个表明存在性的定理. 例如，一个人在 3 岁时身高 1.1 米，在 70 岁时身高 1.7 米，则他在 3 岁到 70 岁中的某一刻身高恰好为 1.5 米.

介值定理有一个直接的推论，它在方程求根（尤其是数值方法求近似根）时有相当大的作用，这就是下面的零点存在定理.

定理 1.5（零点存在定理） 若 $f(x)$ 在区间 $[a,b]$ 上连续，$f(a)$ 和 $f(b)$ 异号，则在 $[a,b]$ 中 f 至少有一个零点（使得 $f(x) = 0$ 的 x）.

除了介值定理外，最值定理也是连续函数相当重要的定理之一，它的证明也要用到实数系结构的性质.

定理 1.6（最值定理） 若 f 是区间 $[a,b]$ 上的连续函数，则一定存在 $c \in [a,b]$，使得 $f(c)$ 是该区间上的最大值，即任取 $x \in [a,b]$，$f(x) \leqslant f(c)$. 同样地，也一定存在 $d \in [a,b]$，使得 $f(d)$ 是该区间上的最小值，即任取 $x \in [a,b]$，$f(x) \geqslant f(d)$.

最值定理也是一个表明存在性的定理，它和介值定理结合可以证得如下的性质.

▶ **例 12** 证明：连续函数将闭区间映射到闭区间（或一点）.

证明 🔍

设 f 是闭区间 $[a,b]$ 上的连续函数. 根据最值定理，存在 $f(c)$ 和 $f(d)$ 分别是该区间上的最大值与最小值. 再根据介值定理, 函数 f 在 $[a, b]$ 的子集 $[c, d]$ 或 $[d, c]$ 中就可以取到 $[f(c), f(d)]$ 的所有值. 因此, f 将 $[a, b]$ 映射到 $\left[\min\limits_{x\in[a, b]} f(x), \max\limits_{x\in[a, b]} f(x)\right]$. 当 f 在 $[a, b]$ 上是常数时, 则将 $[a, b]$ 映射为一点.

知识桥

五、 凹凸性

函数的凹凸性也是非常重要的性质, 它和单调性一样, 有助于刻画函数的"运动"趋势.

定义 1.12 设 $f(x)$ 是定义在区间 I 上的函数. 如果对于任意的 $x, y \in I$ 和任意 $t \in [0, 1]$, 均有

$$f(tx+(1-t)y) \leqslant tf(x)+(1-t)f(y),$$

那么称 f 在 I 上是**凸函数**(convex function). 相应地, 如果对于任意的 $x, y \in I$ 和任意 $t \in [0, 1]$, 均有

$$f(tx+(1-t)y) \geqslant tf(x)+(1-t)f(y),$$

那么称 f 在 I 上是**凹函数**(concave function).

注 凸函数和凹函数的名称在不同时期的文献中有相当大的区别, 在一本书中定义的凸函数可能是另一本书中定义的凹函数. 即使是在原版的文献中, 凸函数的叫法也经常会出现歧义, 读者需要仔细分辨其中的区别.

定义 1.13 设 $f(x)$ 是定义在区间 I 上的函数. 如果对于任意的 $x, y \in I$, $x \neq y$ 和任意 $t \in (0, 1)$, 均有

$$f(tx+(1-t)y) < tf(x)+(1-t)f(y),$$

那么称 f 在 I 上是**严格凸函数**(strictly convex function). 相应地, 如果对于任意的 $x, y \in I$, $x \neq y$ 和任意 $t \in (0, 1)$, 均有

$$f(tx+(1-t)y) > tf(x)+(1-t)f(y),$$

那么称 f 在 I 上是**严格凹函数**(strictly concave function).

第一次接触凸函数的读者可能从定义上无法看清凸函数的本质. 事实上, 上述定义有一个等价的形象刻画. 我们把 $f(x)$ 在坐标系中画成图像 $\{(x, f(x)) \mid$

$x\in I\}$,所谓的凸函数是指用直线段联结图像上任意两点$(a,f(a))$和$(b,f(b))$后,图像在$x\in[a,b]$的部分均不会出现在直线段的上方.而所谓的严格凸函数是指按上述方法作出直线段后,图像在$x\in(a,b)$的部分均严格地出现在直线段的下方.

凸函数一定是"几乎"连续的函数,这一命题虽然用初等的方法无法证明,但是这依然是一个很有趣的事实.或者说得更加严格一些,有如下的定理.

定理1.7 开区间(a,b)上的凸函数一定连续,闭区间$[a,b]$上的凸函数至多在端点不连续.

▶ **例13** 证明:$y=x^2$,$y=|x|$ 都是凸函数.

证明 🔍

设$t\in[0,1]$,$a,b\in\mathbf{R}$.

对$y=x^2$,

$$(ta+(1-t)b)^2-(ta^2+(1-t)b^2)$$
$$=-t(1-t)a^2+2t(1-t)ab-t(1-t)b^2$$
$$=-t(1-t)(a-b)^2\leqslant 0,$$

满足凸函数的定义,因此$y=x^2$是凸函数.

对$y=|x|$,

$$|ta+(1-t)b|\leqslant t|a|+(1-t)|b|,$$

也满足凸函数的定义,因此$y=|x|$是凸函数.

🏷 **点评**

事实上,我们已经证明了$y=x^2$还是严格凸函数.

定理1.8(凸函数的性质)

(1) 若$f(x)$是定义在I上的凸函数,c是正实数,则$cf(x)$也是凸函数;

(2) 若$f(x)$和$g(x)$均是定义在I上的凸函数,则$h_1(x)=f(x)+g(x)$和$h_2(x)=\max(f(x),g(x))$均是凸函数;

(3) 若 $f(x)$ 和 $g(y)$ 均是凸函数,且 $g(y)$ 递增,则复合函数 $p(x)=g\circ f(x)$ 是凸函数;

(4) 若 $f(x)$ 是定义在 I 上的凸函数,$a,b\in\mathbf{R}$,$a\neq0$,则 $q(x)=f(ax+b)$ 也是凸函数.

证明 🔍

(1) 任取 $a,b\in I$,$t\in[0,1]$,则

$$cf(ta+(1-t)b)\leqslant c(tf(a)+(1-t)f(b))$$
$$=t(cf(a))+(1-t)(cf(b)).$$

(2) 任取 $a,b\in I$,$t\in[0,1]$,则

$$h_1(ta+(1-t)b)$$
$$=f(ta+(1-t)b)+g(ta+(1-t)b)$$
$$\leqslant(tf(a)+(1-t)f(b))+(tg(a)+(1-t)g(b))$$
$$=t(f(a)+g(a))+(1-t)(f(b)+g(b))$$
$$=th_1(a)+(1-t)h_1(b),$$
$$h_2(ta+(1-t)b)$$
$$=\max(f(ta+(1-t)b),g(ta+(1-t)b))$$
$$\leqslant\max(tf(a)+(1-t)f(b),tg(a)+(1-t)g(b))$$
$$\leqslant\max(tf(a),tg(a))+\max((1-t)f(b),(1-t)g(b))$$
$$=th_2(a)+(1-t)h_2(b).$$

(3) 利用 g 的单调性以及 f 的凸性,可知

$$g(f(ta+(1-t)b))\leqslant g(tf(a)+(1-t)f(b)),$$

再利用 g 的凸性,上式的右端又小于等于

$$tg(f(a))+(1-t)g(f(b)),$$

这就是 $tp(a)+(1-t)p(b)$.

(4) 任取 x,y,使得 $ax+b,ay+b\in I$,则

$$q(tx+(1-t)y)$$
$$=f(a(tx+(1-t)y)+b)$$
$$=f(t(ax+b)+(1-t)(ay+b))$$
$$\leqslant tf(ax+b)+(1-t)f(ay+b)=tq(x)+(1-t)q(y),$$

定理的结论成立.

在许多文献中,还有"中点凸"(midpoint convex)的概念.

定义 1.14 设 $f(x)$ 是定义在区间 I 上的函数,如果对于任意的 $x,y\in I$,均有

$$f\left(\frac{x+y}{2}\right)\leqslant\frac{1}{2}(f(x)+f(y)),$$

那么称 f 在 I 上是**中点凸函数**(midpoint convex function). 相应地,如果对于任意的 $x,y\in I$,均有

$$f\left(\frac{x+y}{2}\right)\geqslant\frac{1}{2}(f(x)+f(y)),$$

那么称 f 在 I 上是**中点凹函数**(midpoint concave function).

可以看到,中点凸函数的要求比凸函数要弱,它们之间有什么联系呢?下面两个例子表明了连续的中点凸函数一定是凸函数.

▶ **例 14** 设 $f(x)$ 是定义在区间 I 上的中点凸函数. 证明:对任意 $x,y\in I$,$k\in\mathbf{N}^*$,$m=0,1,\cdots,2^k$,均有

$$f\left(\frac{m}{2^k}x+\frac{2^k-m}{2^k}y\right)\leqslant\frac{m}{2^k}f(x)+\frac{2^k-m}{2^k}f(y).$$

证明 🔍

我们对分母上的指数 k 应用数学归纳法来证明这一命题.

当 $k=1$ 时,$m=0,1,2$ 的三个不等式中有两个是平凡的,另一个是中点凸的定义本身,因此命题成立.

假设 $k=l$ 时所有的不等式均成立,对于 $k=l+1$,我们来研究

$$\frac{m}{2^{l+1}}x+\frac{2^{l+1}-m}{2^{l+1}}y.$$

如果 m 是偶数,那么 x,y 前的系数均可用 2 约分,从而在归纳假设 $k=l$ 时已经解决. 如果 m 是奇数,假设 $m=2s+1$,$s=0,1,2,\cdots,2^l-1$,这样

$$\frac{m}{2^{l+1}}x+\frac{2^{l+1}-m}{2^{l+1}}y$$

$$=\frac{1}{2}\left(\left(\frac{s}{2^l}x+\frac{2^l-s}{2^l}y\right)+\left(\frac{s+1}{2^l}x+\frac{2^l-s-1}{2^l}y\right)\right),$$

根据归纳假设和 f 的中点凸性质,有

$$f\left(\frac{m}{2^{l+1}}x+\frac{2^{l+1}-m}{2^{l+1}}y\right)$$

$$\leqslant\frac{1}{2}\left(f\left(\frac{s}{2^l}x+\frac{2^l-s}{2^l}y\right)+f\left(\frac{s+1}{2^l}x+\frac{2^l-s-1}{2^l}y\right)\right)$$

$$\leqslant\frac{1}{2}\left(\frac{s}{2^l}f(x)+\frac{2^l-s}{2^l}f(y)+\frac{s+1}{2^l}f(x)+\frac{2^l-s-1}{2^l}f(y)\right)$$

$$=\frac{m}{2^{l+1}}f(x)+\frac{2^{l+1}-m}{2^{l+1}}f(y).$$

因此该命题对所有的 k,m 均成立.

▶ **例 15** 如果 f 是区间 I 上的连续函数,证明:f 是凸函数的充分必要条件为 f 是中点凸函数.

证明 🔍

必要性:凸函数一定是中点凸函数,只要在凸函数的定义中取 $t=\frac{1}{2}$ 就得到了中点凸函数的定义.

充分性:假设 f 是定义在 I 上的中点凸函数. 对于任意的 $x,y\in I$,我们定义

$$g(t)=f(tx+(1-t)y)-tf(x)-(1-t)f(y),\ t\in[0,1].$$

如果能够证明任取 $t\in[0,1]$,$g(t)\leqslant0$,那么 f 就是凸函数.

根据例 14 的结果,对于能表示为 $t=\frac{m}{2^k}$ 的 $[0,1]$ 之间的有理数,$g(t)$ 是不大于零的. 注意到这样的数事实上是所有 $[0,1]$ 之间的二进制有限小数全体,在 $[0,1]$ 中稠密(也就是任一 $[0,1]$ 之间的实数均可以表示成二进制有限小数数列的极限). 根据 g 的连续性,便有 $t\in[0,1]$,$g(t)\leqslant0$,即 f 是凸函数. 证毕.

演习场

习题 1

1. 已知定义在 **R** 上的奇函数 $f(x)$ 的图像关于直线 $x=2$ 对称,当 $0 < x \leqslant 2$ 时,$f(x) = x+1$,求 $f(-100) + f(-101)$ 的值.

2. 已知 $f(x) = x + g(x)$,其中 $g(x)$ 是定义在 **R** 上、最小正周期为 2 的函数. 若 $f(x)$ 在区间 $[2,4]$ 上的最大值为 1,求 $f(x)$ 在区间 $[10,12]$ 上的最大值.

3. 已知 $f(x) = \dfrac{1}{\sqrt[3]{x^2+2x+1} + \sqrt[3]{x^2-1} + \sqrt[3]{x^2-2x+1}}$,

求 $f(1) + f(3) + \cdots + f(2021)$ 的值.

4. 函数 $f(x)$ 定义于区间 $[0,1]$,且 $f(0) = f(1)$. 如果对不同的 $x_1, x_2 \in [0,1]$,总有 $|f(x_1) - f(x_2)| < |x_1 - x_2|$. 证明:$|f(x_1) - f(x_2)| < \dfrac{1}{2}$.

5. 当 $x \in [-1, 1]$ 时,求函数

$$f(x) = \frac{x^4 + 4x^3 + 17x^2 + 26x + 106}{x^2 + 2x + 7}$$

的值域.

6. 已知 a 为非零常数.

(1) 若 $f(x+a) = \dfrac{1-f(x)}{1+f(x)}$,证明:$f(x)$ 为周期函数;

(2) 若 $f(x+a) = \dfrac{1+f(x)}{1-f(x)}$,证明:$f(x)$ 为周期函数.

7. 设 $a, b, c, x, y, z, r > 0$. 证明:

$$\frac{x+y+a+b}{x+y+a+b+c+r} + \frac{y+z+b+c}{y+z+a+b+c+r}$$

$$> \frac{x+z+a+c}{x+z+a+b+c+r}.$$

8. 已知 $f(x)$ 和 $g(x)$ 是两个二次项系数均为 1 的二次函数. 若 $g(6) = 35$,$\dfrac{f(-1)}{g(-1)} = \dfrac{f(1)}{g(1)} = \dfrac{21}{20}$,求 $f(6)$ 的值.

9. 对于函数 $f(x)$,$x \in (-\infty, +\infty)$,有等式 $f(x+T) = kf(x)$,其中 k,

T 均为正常数. 求证：$f(x)=a^x\varphi(x)$, 其中 a 为正常数, $\varphi(x)$ 是以 T 为周期的函数.

10. 已知一元二次方程 $ax^2+bx+c=0$ 有两个相异实根. 求证：方程 $ax^2+bx+c+k\left(x+\dfrac{b}{2a}\right)=0$ 至少有一个根在前一方程的两根之间.

11. 已知

$$f\left(x-\frac{1}{x}\right)=x^2+\frac{1}{x^2}+1,$$

求 $f(x+1)$.

12. 已知函数 $f(2x-1)=x^2$, 求 $f(f(x))$ 的值域.

13. 已知函数 $f(x)=x^2+2ax+a$, 对任意 $x\in\mathbf{R}$, 恒有 $f(f(x))>x$, 求实数 a 的取值范围.

14. 对于有限非空实数集 M, 将 M 中最大的数与最小的数的和, 称为集合 M 的"特征值"（当 M 为单元集 $\{m\}$ 时, 其特征值就是 $2m$）. 设 n 为正整数, 求集合 $X=\{1,2,\cdots,n\}$ 的所有非空子集的特征值之和.

15. 设 X,Y 是两个集合, $B\subsetneqq A\subsetneqq X$. 举例说明, 存在映射 $f:X\to Y$, 使得

$$f(\complement_A B)\neq \complement_{f(A)}f(B),$$

并证明：当 f 是单射时,

$$f(\complement_A B)=\complement_{f(A)}f(B).$$

16. 给定一个正整数 n（$\geqslant 6$）, 有多少个满足条件

$$1\leqslant a<b\leqslant c<d\leqslant n$$

的四元有序数组 (a,b,c,d)?

17. 设 f 为 $\mathbf{R}^+\to\mathbf{R}^+$ 的函数, 对任意正实数 x, $f(3x)=3f(x)$, 且当 $x\in[1,3)$ 时, $f(x)=1-|x-2|$. 求最小的实数 x, 使得 $f(x)=f(2004)$.

18. 设 a 为实数, $0<a<1$, f 为 $[0,1]$ 上的函数, 满足 $f(0)=0$, $f(1)=1$, 并且对所有 $x,y\in[0,1]$, $x\leqslant y$, 有

$$f\left(\frac{x+y}{2}\right)=(1-a)f(x)+af(y),$$

求 $f\left(\dfrac{1}{7}\right)$.

19. 设 $S = \{A_1, A_2, \cdots, A_n\}$,其中 $A_1, A_2, \cdots, A_n$ 是 n 个互不相同的有限集合 $(n \geqslant 2)$,满足对任意 $A_i, A_j \in S$,均有 $A_i \bigcup A_j \in S$. 令 $k = \min\limits_{1 \leqslant i \leqslant n} |A_i| \geqslant 2$(这里 $|X|$ 表示有限集合 X 的元素个数). 证明:存在 $x \in \bigcup\limits_{i=1}^{n} A_i$,使得 x 属于 $A_1, A_2, \cdots, A_n$ 中的至少 $\dfrac{n}{k}$ 个集合.

20. 求所有的正实数对 (a, b),使得函数 $f(x) = ax^2 + b$ 满足:对任意实数 x, y,有

$$f(xy) + f(x+y) \geqslant f(x)f(y).$$

▶▶ 第二讲 函数迭代 ◀ ◀

2.1 函数迭代的定义

本讲主要介绍同一函数的多次作用 —— 函数迭代. 在介绍函数迭代的严格定义之前, 我们先来看几个例子.

训练营

▶ 例 1 设一种细菌按照每天增长一倍又多一个的方式分裂. 在第一天开始的时候培养皿里有 k 个这样的细菌, 问: 第 30 天结束时培养皿里有多少个细菌?

解

记第 n 天开始, 即第 $n-1$ 天结束时的细菌数为 a_n. 如果设 $f(x)=2x+1$, 那么

$$a_{n+1}=f(a_n).$$

根据题意, $a_1=k$, 计算开始的若干个 a_k, 得

$$a_1=k,$$
$$a_2=f(a_1)=f(k)=2k+1,$$
$$a_3=f(a_2)=f(f(k))=4k+3,$$
$$a_4=f(a_3)=f(f(f(k)))=8k+7,$$
$$a_5=f(a_4)=f(f(f(f(k))))=16k+15,$$
$$\cdots$$

猜测 $a_m=2^{m-1}k+2^{m-1}-1$. 以下我们用数学归纳法证明这个猜测.

首先，$a_1=k=2^{1-1}k+2^{1-1}-1$，符合我们的猜测. 其次，设 $a_l=2^{l-1}k+2^{l-1}$ -1，则 $a_{l+1}=f(a_l)=2(2^{l-1}k+2^{l-1}-1)+1=2^l k+2^l-1$，也符合猜测，故猜测成立.

将 $m=31$ 代入，则第 30 天结束时，培养皿里的细菌有 $2^{30}k+2^{30}-1=$ $1\,073\,741\,824k-1\,073\,741\,823$ 个.

下面这个例子，是诺贝尔奖获得者李政道博士 1979 年到中国科技大学讲学，在和少年班的学生座谈时出的一道趣味题.

▶ **例 2** 有 5 只猴子在海边发现一堆桃子，决定第二天来平分. 第二天清晨，第一只猴子最早来到，它左分右分分不平均，就朝海里扔了一个桃子，恰好可以分成 5 份，它拿上自己的一份走了. 第 2，3，4，5 只猴子也遇到同样的问题，采用了同样的方法，都是扔掉一个桃子后，恰好可以分成 5 份. 问：这堆桃子至少有多少个？

解 ❓

这个题目有许多解法，下面来介绍其中的一种.

设桃子一共有 k 个，第 i 只猴子扔掉一个并拿走一份之后，剩下的桃子还有 a_i 个，则

$$a_i=\frac{4}{5}(a_{i-1}-1),\ i=1,2,\cdots,5,$$

且 $a_0=k$.

设

$$f(x)=\frac{4}{5}(x-1)=\frac{4}{5}(x+4)-4,$$

则

$$a_1=f(a_0)=f(k)=\frac{4}{5}(k+4)-4,$$

$$a_2=f(a_1)=f(f(k))=\left(\frac{4}{5}\right)^2(k+4)-4,$$

$$a_3=f(a_2)=f(f(f(k)))=\left(\frac{4}{5}\right)^3(k+4)-4,$$

$$a_4=f(a_3)=f(f(f(f(k))))=\left(\frac{4}{5}\right)^4(k+4)-4,$$

$$a_5 = f(a_4) = f(f(f(f(f(k))))) = \left(\frac{4}{5}\right)^5 (k+4) - 4.$$

桃子的个数必须使得 a_1，a_2，$\cdots$，a_5 均为整数，故要求 $5^5 \mid (k+4)$，这样 k 的最小值为 $5^5 - 4 = 3121$. 而当 $k = 3121$ 时，五只猴子拿过以后剩下的桃子的个数 a_1，a_2，$\cdots$，a_5 分别为 2496，1996，1596，1276，1020，均为整数，故海边至少有 3121 个桃子.

点评 ....

进一步地，桃子的个数只可能是 $5^5 n - 4$ 个，其中 $n \in \mathbf{N}^*$.

....

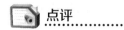

从上面两个例子来看，在计算中我们都遇到了求 $f(f(f(\cdots f(x)\cdots)))$ 的问题. 类似的问题在研究数列的时候也会遇到，那就是求一阶递推数列 $a_{n+1} = f(a_n)$ 在任意初值下的通项公式. 这个问题的实质就是一个函数本身复合多次，这便是本讲所要研究的函数迭代.

定义 2.1（函数迭代）   设 $f: D \to D$ 是一个函数，对任意 $x \in D$，记

$$f^{(0)}(x) = id(x) = x,$$
$$f^{(1)}(x) = f(f^{(0)}(x)) = f(x),$$
$$f^{(2)}(x) = f(f^{(1)}(x)) = f(f(x)),$$
$$\cdots$$
$$f^{(n+1)}(x) = f(f^{(n)}(x)) = \underbrace{f(f(f\cdots f(f(x)\cdots)))}_{n+1 \text{个} f},$$
$$\cdots$$

则称 $f^{(n)}(x)$ 为函数 f 在定义域 D 上的 n 次**迭代**（iteration），而称 n 是迭代指数.

在定义中，我们在迭代指数上加了圆括号，这样表示是为了避免和函数 f 的 n 次幂发生混淆.

上面定义的函数迭代里，迭代指数都是非负整数. 如果 f 是 D 到 D 的一一映射，同样可以用下面的方法来定义负迭代指数.

定义 2.2   设 f 是 D 到 D 的一一映射，则定义 $f^{(-1)}(x) = f^{-1}(x)$，即 f 的反函数. 而对一切 $n \in \mathbf{N}^*$，定义 $f^{(-n)}(x)$ 为 $f^{(-1)}(x)$ 的 n 次迭代.

容易证明,在这样的定义之下,当等式左右两边都有意义时,均有

$$f^{(m+n)}(x)=f^{(m)}(f^{(n)}(x)),\ m,n\in\mathbf{Z}.$$

定义 2.3(皮卡(Picard)序列和轨道)　函数序列

$$\{f^{(0)}(x),\ f^{(1)}(x),\ f^{(2)}(x),\ \cdots\}$$

称为函数 f 的**皮卡序列**(Picard's sequence).

对于任一确定的 $x_0\in D$,数列

$$\{f^{(0)}(x_0),\ f^{(1)}(x_0),\ f^{(2)}(x_0),\ \cdots\}$$

称为 x_0 的**轨道**(orbit).

如果存在 $m\in\mathbf{N}^*,n\in\mathbf{Z},f^{(m+n)}(x_0)=f^n(x_0)$,那么称 x_0 的轨道是一个周期轨道(periodic orbit),m 是 x_0 的轨道周期(period of the orbit).

训练营

下面再列举一些比较典型的函数迭代的例子.

▶ **例3**　设

$$f(x)=\begin{cases}1,&|x|\leqslant1,\\0,&|x|>1,\end{cases}$$

求 $f^{(n)}(x),n\geqslant1$.

解

容易发现 $f(x)$ 的值域为 $\{0,1\}$,因此值域包含在 $[-1,1]$ 之内,故当 $n\geqslant2$ 时,$f^{(n)}(x)\equiv1$;而 $n=1$ 时,$f^{(1)}(x)=f(x)$.

▶ **例4**　设 $f(x)=x+c,x\in\mathbf{R}$,求 $f^{(n)}(x),n\in\mathbf{Z}$.

解

经过试验容易猜到

$$f^{(n)}(x)=x+nc,\ n\in\mathbf{Z}.$$

注意到 $f^{(-1)}(x)=f^{-1}(x)=x-c$,故利用数学归纳法即可证明该猜测. 此

处证明略.

▶ **例 5** 设 $f(x)=ax+b$,其中 a,b 是两个常数,$a\neq 1$. 求 $f^{(n)}(x)$,$n\in \mathbf{N}^*$.

解 ❓

这是函数迭代的一个经典例子,解法有很多,我们在这里先给出两种不同的方法,在之后的函数迭代求解中,我们还会经常提到这个例子.

方法一:找规律.

先来计算皮卡序列的前几项.

$$f^{(1)}(x)=ax+b,$$

$$f^{(2)}(x)=a(ax+b)+b=a^2x+(a+1)b,$$

$$f^{(3)}(x)=a(a^2x+(a+1)b)+b=a^3x+(a^2+a+1)b,$$

$$f^{(4)}(x)=a(a^3x+(a^2+a+1)b)+b=a^4x+(a^3+a^2+a+1)b,$$

$$\cdots$$

故猜测

$$f^{(n)}(x)=a^nx+(a^{n-1}+a^{n-2}+\cdots+a+1)b=a^nx+\frac{a^n-1}{a-1}b.$$

这用数学归纳法容易证明,此处略.

方法二:作变换.

我们试图去找一个辅助的常数 α,使得 $f(x)$ 可以表示成

$$f(x)=a(x+\alpha)-\alpha$$

的形式. 这样表示之后,就可以直接得到 $f^{(n)}(x)=a^n(x+\alpha)-\alpha$ 了.

事实上,这就需要我们去解方程 $a\alpha-\alpha=b$,得

$$\alpha=\frac{b}{a-1},$$

故

$$f^{(n)}(x)=a^n\left(x+\frac{b}{a-1}\right)-\frac{b}{a-1}.$$

这个结论和用方法一得到的结论相同.

至此我们已经算清楚了所有一次函数的迭代,让我们来看两个比较简单的应用.

▶ **例 6** 设 $f(x)$ 是实系数一次函数,且 $f^{(8)}(x)=256x+255$. 求 $f(x)$ 的表达式.

解 ❓

根据上例的结果,设 $f(x)=ax+b$,显然 $a\neq1$,并且 a,b 满足

$$a^8=256,$$

$$\frac{a^8-1}{a-1}b=255.$$

注意,在这里很容易漏掉 $a=-2$ 这个解. 事实上,$a=\pm2$ 都是可以的.

当 $a=2$ 时,$\dfrac{a^8-1}{a-1}=255$,因此 $b=1$.

当 $a=-2$ 时,$\dfrac{a^8-1}{a-1}=-\dfrac{255}{3}$,因此 $b=-3$.

故所求的一次函数为 $f(x)=2x+1$ 或 $f(x)=-2x-3$,一共有两个解.

▶ **例 7** 设 $f(x)=19x+49$. 求证:存在 $m\in\mathbf{Z}$,使得 $f^{(2000)}(m)$ 能被 2009 整除.

证明 🔍

根据之前对于一次函数迭代的讨论,对于任一整数 m,

$$f^{(2000)}(m)=19^{2000}m+49(19^{1999}+19^{1998}+\cdots+19+1).$$

在讨论整除性的时候,关键的一点是 m 之前的系数 19^{2000} 和 2009 互素,而常数项 $49(19^{1999}+19^{1998}+\cdots+19+1)$ 的作用并不大,我们暂时把它记作 k.

因为 19^{2000} 和 2009 互素,所以根据贝祖(Bézout)定理,存在两个整数 u,v,使得 $19^{2000}u+2009v=1$,即 $2009|(19^{2000}u-1)$.

因此,如果取 $m=-ku$,就有

$$2009|(19^{2000}(-ku)+k)=f^{(2000)}(m).$$

原命题得证.

研究了一次函数的迭代之后,我们自然会想去计算一些更加一般的函数的迭代结果. 然而令人失望的是,大多数函数的任意次迭代的通项并不像一次函数那样容易求得.

▶ **例8** 设 $f(x)=x^2+1$, 求 $f^{(n)}(x)$, $n=1, 2, 3, 4$.

解 ❓

让我们逐个计算一下.

$$f^{(1)}(x)=x^2+1,$$
$$f^{(2)}(x)=(x^2+1)^2+1=x^4+2x^2+2,$$
$$f^{(3)}(x)=(x^4+2x^2+2)^2+1$$
$$=x^8+4x^6+8x^4+8x^2+5,$$
$$f^{(4)}(x)=(x^8+4x^6+8x^4+8x^2+5)^2+1$$
$$=x^{16}+8x^{14}+32x^{12}+80x^{10}+138x^8+168x^6+$$
$$144x^4+80x^2+26.$$

点评

很难从中看出什么规律来. 如果还需要计算 f 的更高阶迭代的话,会变得更加困难. 实际上,如果要写出 $f^{(7)}$ 的展开式,会有 65 项,而其中拥有最大系数的一项是 $4\,014\,812\,889\,317\,061\,030\,144x^{48}$. 至于 $f^{(10)}$,那将会有 513 项,其中最大的系数出现在 x^{392} 之前,大约是 4.667×10^{179}. 这是一个长达 180 位的正整数,因此在这里就不给出精确的数值了,有兴趣的读者可以自己利用相关的计算机软件计算一下.

由这个例子可以看出,即使 $f(x)$ 的表达式相当简单,在进行若干次迭代之后,其形式可能变得很复杂. 然而,对于一部分形式特殊的函数,求出它们的迭代通项还是可能的,这部分内容我们将在下一节中介绍.

在本节的最后,我们来看一些在竞赛中出现的与定义在整数集上的函数迭代有关的例题. 在这些例题中,函数是离散的,函数的迭代所表现出的形式和连续定义域函数的迭代所表现出的形式有一些不同.

▶ 例 9 设 $f(n)$ 是定义在 $\mathbf{N}^*$ 上的函数，满足：

(1) $f(f(n)) = 4n + 15$，$n \in \mathbf{N}^*$；

(2) $f(2^{k-1}) = 2^k + 5$，$k \in \mathbf{N}^*$.

求 $f(4411)$.

解

回忆前面关于一次函数迭代的结果发现，如果取 $f(n) = 2n + 5$，就能满足这两个条件. 因此 $f(4411) = 2 \times 4411 + 5 = 8827$.

这种做法看起来很简单，但仔细思考以后会发现，它有站不住脚的地方，主要原因是该做法证明了 f 的存在性，却没有证明 f 的唯一性. 如果有另外一个 f，形式和 $f(n) = 2n + 5$ 不同，那么我们没理由认为 $f(4411)$ 仍然会等于 8827. 不过这种解法也不是一无是处，至少它告诉我们这样的 f 是存在的（存在性也相当重要，如果 f 不存在的话所有的推理都是空中楼阁. 然而在许多参考书里做这类题目的时候，存在性这一点并没有交代清楚）.

正确的解法如下.

在条件 (1) 的两端作用一次 f，得 $f(f(f(n))) = f(4n + 15)$. 利用结合律，得 $4f(n) + 15 = f(4n + 15)$. 这样就可以利用 $f(4n + 15) = 4f(n) + 15$ 来逐渐减小函数的自变量.

$$f(4411) = f(4 \times 1099 + 15) = 4f(1099) + 15,$$

$$f(1099) = f(4 \times 271 + 15) = 4f(271) + 15,$$

$$f(271) = f(4 \times 64 + 15) = 4f(64) + 15,$$

$$f(64) = f(2^6) = 2^7 + 5 = 133,$$

再将 $f(64) = 133$ 代入，得 $f(271) = 547$，$f(1099) = 2203$，$f(4411) = 8827$.

这样所得的结果和刚才错误的做法得到的结果相同，但这并不是巧合. 事实上我们证明了对任意满足条件的 f，$f(4411)$ 的值均为 8827，故对于某个特殊的 f，自然 $f(4411)$ 的值也相同.

读者必须注意，这种在等号两边再用原函数作用一次以得到新的关系的方法在与函数迭代有关的题目中相当常用.

▶ 例 10 设 n 是不小于 3 的正整数，用 $f(n)$ 来记不能整除 n 的最小正整数（如 $f(12) = 5$，$f(420) = 8$ 等）. 如果 $f(n) \geq 3$，那么可以作 $f^{(2)}(n)$，如果 $f^{(2)}(n) \geq 3$，还可以作 $f^{(3)}(n)$ 等等. 如果 $f^{(k)}(n) = 2$，就将 k 称为 n 的长度，记作 $L(n)$. 试求 $L(n)$ 的值域.

解❓

首先我们来证明,对任意 $n \geq 3$,$f(n)$ 一定能表示为一个素数的幂 p^k 的形式.事实上,如果 $f(n)$ 有两个以上的素因子,那么 $f(n)$ 一定能表示成 $f(n) = p \times q$,$(p, q) = 1$,$p, q > 1$ 的形式.这样根据 f 的定义,$p \mid n$ 且 $q \mid n$,由整数的整除性可知 $f(n) = pq \mid n$,产生了矛盾.

当 $p = 2$,$k = 1$ 时,$f(n) = 2$,此时 $L(n) = 1$,例如 $n = 3$.

而 $p = 2, k > 1$ 时,$f(p^k) = 3$,$f^{(3)}(n) = f(f(p^k)) = 2$,此时 $L(n) = 3$,例如 $n = 6$.

最后当 $p > 2$ 时,$f(p^k) = 2$,$f^{(2)}(n) = f(p^k) = 2$,此时 $L(n) = 2$,例如 $n = 4$.

综上所述,我们求得并证明了 $L(n)$ 的值域为 $\{1, 2, 3\}$.

▶ **例 11** 对任意的 $k \in \mathbf{N}^*$,令 $f(k)$ 表示 k 的所有数位上的数字之和的平方,如 $f(12\,345) = (1 + 2 + 3 + 4 + 5)^2 = 225$.求 $f^{(2009)}(5^{2009})$ 的值.

解❓

5^{2009} 是一个 1405 位数,如果只用纸笔,将它写出来求和再平方,在短时间内既无可能也无必要.但是我们发现,对于如此大的一个数,求一次 f 之后它就变小了很多,这提示我们可以对 $f^{(n)}(5^{2009})$ 作一些大小方面的估计.

记 $m = 5^{2009}$.因为 $5^{2009} < 10^{2000} - 1$,因此 5^{2009} 各数位上的数字之和小于 $9 \times 2000 < 20\,000$,故 $f(m) \leq 4 \times 10^8$.再作用一次 f,由于 $f(m) < 4 \times 10^8 \leq 10^9 - 1$,所以 $f(f(m)) \leq (9 \times 9)^2 < 9999$.同理,$f^{(3)}(m) \leq 36^2 = 1296$,$f^{(4)}(m) \leq (1 + 9 + 9 + 9)^2 = 28^2 = 784$,已经是一个不超过三位的正整数,此后所有的函数值都不会超过三位数.

再用类似的办法已经不能将值的大小作显著的限制,因此我们转而去看 $f^{(k)}(m)$ 的其他性质.

我们知道把一个数的各位数字相加所得的值和原数除以 9 之后的余数相同.而 $5^6 = (126 - 1)^2 \equiv 1 (\bmod\ 9)$,因此

$$5^{2009} = 5^{6 \times 334 + 5} \equiv 5^5 \equiv 2 (\bmod\ 9),$$

所以 $f^{(k)}(m) \equiv f^{(k)}(2)$.

$$f(2) = 4,$$
$$f^{(2)}(2) = 16,$$
$$f^{(3)}(2) = 49,$$
$$f^{(4)}(2) = 169,$$

所以 $f^{(4)}(5^{2009}) \equiv 7(\bmod 9)$，$f^{(5)}(5^{2009}) \equiv 4(\bmod 9)$. 在不超过三位的平方数中，这样的数有$\{49, 256, 625\}$. 所以 $f^{(6)}(5^{2009}) = 13^2 = 169$，$f^{(7)}(5^{2009}) = 16^2 = 256$，$f^{(8)}(5^{2009}) = 13^2 = 169$，出现了周期. 因此 $f^{(2009)}(5^{2009}) = 256$.

2.2　函数迭代的求解

一、 直接计算法与数学归纳法

无论是函数迭代的直接计算还是先猜后证的方法,里面都或多或少地会有数学归纳法的影子.例如上一节例 5 的方法一就是这样.下面我们再来举几个这方面的例子,读者可以从中体会这一方法的思想.

训练营

▶**例 1**　设 $f(x) = x^2 + 2x$,求 $f^{(n)}(x)$.

解

先来计算皮卡序列的前几项:

$$f(x) = x^2 + 2x,$$

$$f(f(x)) = (x^2 + 2x)^2 + 2(x^2 + 2x) = x^4 + 4x^3 + 6x^2 + 4x,$$

$$f(f(f(x))) = (x^4 + 4x^3 + 6x^2 + 4x)^2 + 2(x^4 + 4x^3 + 6x^2 + 4x)$$
$$= x^8 + 8x^7 + 28x^6 + 56x^5 + 70x^4 + 56x^3 + 28x^2 + 8x.$$

观察力敏锐的读者或许已经发现,除了没有常数项之外,这些系数与 $(x + 1)^{2^n}$ 的二项式展开中的系数完全相同,因此猜测

$$f^{(n)}(x) = (x + 1)^{2^n} - 1,$$

然后利用数学归纳法即可证明该猜想.

点评

如果和上节例 5 一样,开始就把 $f(x)$ 写成 $(x+1)^2 - 1$,那么直接就能得到结论了.这对于在求解迭代函数方面拥有相当经验的读者来说,也是一种相当可靠的手段.

▶**例 2**　设 $f(x) = \dfrac{x-3}{x+1}$, $x \neq \pm 1$,求 $f^{(n)}(x)$.

解

同样先计算皮卡序列的前几项，找找感觉和规律.

$$f(f(x)) = \frac{\dfrac{x-3}{x+1}-3}{\dfrac{x-3}{x+1}+1} = \frac{x-3-3(x+1)}{x-3+x+1} = \frac{-x-3}{x-1},$$

$$f(f(f(x))) = \frac{\dfrac{-x-3}{x-1}-3}{\dfrac{-x-3}{x-1}+1} = \frac{-x-3-3x+3}{-x-3+x-1} = x.$$

也就是说，对于任意的 x，$f^{(3)}(x) = f^{(0)}(x) = x$. 所以

$$f^{(n)}(x) = \begin{cases} x, & n = 3k,\ k \in \mathbf{N}^*, \\[2mm] \dfrac{-x-3}{x-1}, & n = 3k-1,\ k \in \mathbf{N}^*, \\[2mm] \dfrac{x-3}{x+1}, & n = 3k-2,\ k \in \mathbf{N}^*. \end{cases}$$

点评

同样地，$f(x) = \dfrac{-2x-3}{x+1}$ 也满足 $f^{(3)}(x) = x$，有兴趣的读者可自行验证.

▶ **例 3** 设 $f(x) = \dfrac{x}{a+bx}$，求 $f^{(n)}(x)$.

解

先计算迭代的前几项：

$$f(x) = \frac{x}{a+bx},$$

$$f^{(2)}(x) = \frac{\dfrac{x}{a+bx}}{a+b\dfrac{x}{a+bx}} = \frac{x}{a^2+(1+a)bx},$$

$$f^{(3)}(x) = \cfrac{x}{a^2 + (1+a)bx}{\Big/}\left(a + b\cfrac{x}{a^2 + (1+a)bx}\right)$$

$$= \frac{x}{a^3 + (1 + a + a^2)bx},$$

因此猜测

$$f^{(n)}(x) = \frac{x}{a^n + (1 + a + \cdots + a^{n-1})bx}.$$

这可以用数学归纳法证明. 首先当 $n = 1$ 时, 该式成立. 如果对 $n = k$, 有

$$f^{(k)}(x) = \frac{x}{a^k + (1 + a + \cdots + a^{k-1})bx},$$

那么

$$f^{(k+1)}(x) = \cfrac{x}{a^k + (1 + a + \cdots + a^{k-1})bx}{\Big/}\left(a + b\cfrac{x}{a^k + (1 + a + \cdots + a^{k-1})bx}\right)$$

$$= \frac{x}{a^{k+1} + (a + a^2 + \cdots + a^k)bx + bx},$$

也成立. 故猜测被证明, 即

$$f^{(n)}(x) = \frac{x}{a^n + (1 + a + \cdots + a^{n-1})bx}.$$

▶ **例4** 设 $f(x) = \sqrt{2 + x}$, 求 $f^{(n)}(x)$.

解 ❓

这是一个相当经典的例子, 它和切比雪夫(Chebyshev)多项式有关. 我们分 $|x| \leqslant 2$ 和 $x > 2$ 来讨论, 定义在这两个区间上的函数 f 的值域分别包含在各自的定义域内.

(i) 当 $|x| \leqslant 2$ 时.

设 $x = 2\cos\theta$, $\theta \in [0, \pi]$, 则 $f(x) = \sqrt{2 + 2\cos\theta} = 2\cos\dfrac{\theta}{2}$. 注意到此时

$\dfrac{\theta}{2}$ 也是在 $[0,\pi]$ 的范围之内(事实上是一个锐角),所以 $f^{(n)}(x)=2\cos\dfrac{\theta}{2^n}$,即

$$f^{(n)}(x)=2\cos\dfrac{\arccos\dfrac{x}{2}}{2^n},\ |x|\leqslant 2.$$

(ii) 当 $x>2$ 时.

注意到恒等式 $t+\dfrac{1}{t}+2=\left(\sqrt{t}+\dfrac{1}{\sqrt{t}}\right)^2$,所以设 $x=t+\dfrac{1}{t}$,$t>1$,即

$$t=\dfrac{x+\sqrt{x^2-4}}{2},\ \dfrac{1}{t}=\dfrac{x-\sqrt{x^2-4}}{2},$$

就有

$$x=t+\dfrac{1}{t},$$

$$f(x)=t^{\frac{1}{2}}+\dfrac{1}{t^{\frac{1}{2}}},$$

$$f^{(2)}(x)=t^{\frac{1}{4}}+\dfrac{1}{t^{\frac{1}{4}}},$$

$$\cdots$$

容易用数学归纳法证得 $f^{(n)}(x)=t^{\frac{1}{2^n}}+t^{-\frac{1}{2^n}}$,即

$$f^{(n)}(x)=\left(\dfrac{x+\sqrt{x^2-4}}{2}\right)^{\frac{1}{2^n}}+\left(\dfrac{x-\sqrt{x^2-4}}{2}\right)^{\frac{1}{2^n}},\ x>2.$$

▶ 例 5　设 $f(x)=\dfrac{x^2}{2x+1}$,求 $f^{(n)}(x)$.

解 ❓

还是先计算迭代的前几项.

$$f(x)=\dfrac{x^2}{2x+1},$$

$$f^{(2)}(x) = \frac{\left(\dfrac{x^2}{2x+1}\right)^2}{2\dfrac{x^2}{2x+1}+1}$$

$$= \frac{x^4}{4x^3+6x^2+4x+1}$$

$$= \frac{x^4}{(x+1)^4-x^4},$$

$$f^{(3)}(x) = \frac{\left(\dfrac{x^4}{(x+1)^4-x^4}\right)^2}{2\left(\dfrac{x^4}{(x+1)^4-x^4}\right)+1}$$

$$= \frac{x^8}{2x^4((x+1)^4-x^4)+((x+1)^4-x^4)^2}$$

$$= \frac{x^8}{(x+1)^8-x^8},$$

所以猜测

$$f^{(n)}(x) = \frac{x^{2^n}}{(x+1)^{2^n}-x^{2^n}},$$

以下证明之. 首先当 $n=1$ 时, 猜测是成立的. 假设 $n=k$ 时猜测成立, 则

$$f^{(k+1)}(x) = \frac{\left(\dfrac{x^{2^k}}{(x+1)^{2^k}-x^{2^k}}\right)^2}{2\left(\dfrac{x^{2^k}}{(x+1)^{2^k}-x^{2^k}}\right)+1}$$

$$= \frac{x^{2^{k+1}}}{2x^{2^k}((x+1)^{2^k}-x^{2^k})+((x+1)^{2^k}-x^{2^k})^2}$$

$$= \frac{x^{2^{k+1}}}{(x+1)^{2^{k+1}}-x^{2^{k+1}}},$$

因此猜测是正确的, 即

$$f^{(n)}(x) = \frac{x^{2^n}}{(x+1)^{2^n}-x^{2^n}}, \ n \in \mathbf{N}^*.$$

📝 **知 识 桥**

二、 共轭函数法

共轭函数法是求函数 $f(x)$ 的 n 次迭代时的一个相当重要的方法. 实际上, 在之前的章节中, 我们已经隐含地使用了不少共轭函数法的思想. 介绍共轭函数之前, 我们先来定义函数的共轭.

定义 2.4 如果存在一个双射 $\varphi(x)$, 使得 $f(x) = \varphi^{-1}(g(\varphi(x)))$, $x \in D$, 那么称函数 f 和函数 g 是**共轭**(conjugate) 或相似的, $\varphi(x)$ 称为 f 和 g 之间的**桥函数**, 记作 $f \sim_\varphi g$ 或 $f \sim g$.

引入共轭函数的重要之处在于:

(1) 它是一个等价关系;

(2) 共轭性在函数迭代中保持不变.

定理 2.1 函数的共轭是一个等价关系, 即满足如下的性质:

(1) 自反性: $f \sim f$;

(2) 对称性: 如果 $f \sim g$, 那么 $g \sim f$;

(3) 传递性: 如果 $f \sim g$, $g \sim h$, 那么 $f \sim h$.

证明 🔍

(1) 自反性: 取 $\varphi(x) = \mathrm{id}(x) = x$, 即恒同映射, 其逆映射亦是恒同映射, $f(x) = \mathrm{id}(f(\mathrm{id}(x)))$, 故 $f \sim_{\mathrm{id}} f$, 自反性成立.

(2) 对称性: 设 f 和 g 之间的桥函数为 φ, 即 $f(x) = \varphi^{-1}(g(\varphi(x)))$. 令 $\varphi(x) = y$, 则 $f(\varphi^{-1}(y)) = \varphi^{-1}(g(y))$, 在等式两边用 φ 再作用一次, 得 $\varphi(f(\varphi^{-1}(y))) = g(y)$, 因此我们证明了 $g \sim_{\varphi^{-1}} f$, 对称性成立.

(3) 传递性: 设 $f(x) = \varphi^{-1}(g(\varphi(x)))$, $g(y) = \psi^{-1}(h(\psi(y)))$, 将后一等式代入前一等式, 得

$$f(x) = \varphi^{-1}(g(\varphi(x))) = \varphi^{-1}(\psi^{-1}(h(\psi(\varphi(x))))),$$

根据结合律, $\varphi^{-1} \circ \psi^{-1} \circ \psi \circ \varphi = \mathrm{id}$, 所以 $(\psi \circ \varphi)^{-1} = \varphi^{-1} \circ \psi^{-1}$, 这样我们就证得了 $f \sim_{\psi \circ \varphi} h$, 传递性成立.

故函数的共轭是一个等价关系.

定理 2.2 如果 $f \sim g$, 那么 $f^{(n)} \sim g^{(n)}$.

证明 🔍

实际上，如果 $f \sim_\varphi g$，那么 $f^{(n)} \sim_\varphi g^{(n)}$. 我们用数学归纳法来证明这个命题.

当 $n = 1$ 时，命题自然成立.

假设当 $n = k$ 时有 $f^{(k)} \sim_\varphi g^{(k)}$，即

$$f^{(k)}(x) = \varphi^{-1}(g^{(k)}(\varphi(x))),$$

两边作用一下 f，得

$$\begin{aligned}
f^{(k+1)}(x) &= f(\varphi^{-1}(g^{(k)}(\varphi(x)))) \\
&= \varphi^{-1}(g(\varphi(\varphi^{-1}(g^{(k)}(\varphi(x)))))) \\
&= \varphi^{-1}(g(g^{(k)}(\varphi(x)))) \\
&= \varphi^{-1}(g^{(k+1)}(\varphi(x))).
\end{aligned}$$

因此命题对一切 $n \in \mathbf{N}^*$ 均成立.

上述两个定理给我们求解函数的 n 次迭代提供了一个崭新的途径. 如果函数 f 和 g 通过桥函数 h 共轭，那么求 f 的 n 次迭代就相当于求 g 的 n 次迭代. 所以如果能找到一个比较容易求得迭代函数的 g，问题就迎刃而解了. 更一般地，因为共轭关系是一个等价关系，所以它将所有的函数分成了一些函数类，同一个函数类中任意两个函数均共轭. 因此如果能求得一个函数类中某一个函数的 n 次迭代，那么这个函数类里所有函数的 n 次迭代就可以轻松地表达出来. 这体现了数学中很重要的"化归"思想.

比如在例 1 中的 $f(x) = x^2 + 2x$，求其 n 次迭代，其实我们采用的方法相当于取桥函数为 $\varphi(x) = x+1$，而 $g(x) = x^2$. 容易发现，这时 $f(x) = x^2 + 2x = (x+1)^2 - 1 = \varphi^{-1}(g(\varphi(x)))$，而 $g(x)$ 的迭代是容易求得的，因此 f 的迭代形式也相对简单.

让我们再来看一些用共轭函数法求函数迭代的例子.

训练营 📝

▶ **例 6** 设 $f(x) = \dfrac{x}{1+ax}$，求 $f^{(n)}(x)$.

解 ❓

令 $g(x) = x + a$，$\varphi(x) = \dfrac{1}{x}$，则 $\varphi^{-1}(x) = \dfrac{1}{x}$，

$$\varphi^{-1}(g(\varphi(x))) = \frac{1}{\dfrac{1}{x} + a} = \frac{x}{1 + ax} = f(x),$$

即 $f \sim_{\varphi} g$，所以 $f^{(n)} \sim_{\varphi} g^{(n)}$，即

$$f^{(n)}(x) = \varphi^{-1}(g^{(n)}(\varphi(x)))$$

$$= \frac{1}{\dfrac{1}{x} + na}$$

$$= \frac{x}{1 + nax}.$$

▶ **例 7** 设 $f(x) = \dfrac{x}{\sqrt[k]{1 + ax^k}}$，$x \geqslant 0$，求 $f^{(n)}(x)$.

解 ❓

令 $g(x) = \dfrac{x}{1 + ax}$，$\varphi(x) = x^k$，则 $\varphi^{-1}(x) = \sqrt[k]{x}$.

$$\varphi^{-1}(g(\varphi(x))) = \left(\frac{x^k}{1 + ax^k}\right)^{\frac{1}{k}} = \frac{x}{\sqrt[k]{1 + ax^k}} = f(x),$$

即 $f \sim_{\varphi} g$，所以 $f^{(n)} \sim_{\varphi} g^{(n)}$. 而在例 6 中我们已经求得了 $g^{(n)} = \dfrac{x}{1 + nax}$，故

$$f^{(n)}(x) = \varphi^{-1}(g^{(n)}(\varphi(x))) = \left(\frac{x^k}{1 + nax^k}\right)^{\frac{1}{k}}$$

$$= \frac{x}{\sqrt[k]{1 + nax^k}}.$$

📋 **点评** ··············

这两个例子放在一起，表明了从函数 $x + a$ 到 $\dfrac{x}{1 + ax}$ 再到 $\dfrac{x}{\sqrt[k]{1 + ax^k}}$ 的共

轭传递过程.

···················

▶ **例 8** 设 $f(x) = 2x^2 - 1$，$x \in [-1, 1]$，求 $f^{(n)}(x)$.

解 🌐

在这个例子中贸然地去求皮卡序列的初始几项并不是一个很好的主意. 让我们仔细想一想,从这个函数关系式中能联想到什么?

它的定义域和值域恰好都是 $[-1,1]$,这提示我们,它可能和三角函数有关. 三角函数中恰好有 $\cos 2x = 2\cos^2 x - 1$ 的余弦函数倍角公式,让我们试试看可不可以建立起一些联系.

复合关系 $f = \varphi^{-1} \circ g \circ \varphi$ 相当于 $\varphi \circ f \circ \varphi^{-1} = g$,所以我们令 $\varphi(x) = \arccos x$,这样 $\varphi^{-1}(x) = \cos x$,

$$\begin{aligned} g(x) &= \varphi(f(\varphi^{-1}(x))) \\ &= \arccos(2\cos^2 x - 1) \\ &= \arccos(\cos 2x) = 2x. \end{aligned}$$

这是一个很容易求得 n 次迭代的函数,所以

$$f^{(n)}(x) = \varphi^{-1}(g^{(n)}(\varphi(x))) = \cos(2^n \arccos x).$$

这个迭代的结果就是切比雪夫多项式.

▶ **例 9** 设 $f(x) = 4x(1-x)$,$x \in [0,1]$,求 $f^{(n)}(x)$.

解 🌐

令 $\varphi(x) = \arcsin\sqrt{x} \in \left[0, \dfrac{\pi}{2}\right]$,$g(x) = 2x$,则 $\varphi^{-1}(x) = \sin^2 x$,且

$$\begin{aligned} \varphi^{-1}(g(\varphi(x))) &= \sin^2(2\arcsin\sqrt{x}) \\ &= (2\sqrt{x}\sqrt{1-x})^2 \\ &= 4x(1-x) = f(x). \end{aligned}$$

因此,

$$\begin{aligned} f^{(n)}(x) &= \varphi^{-1}(g^{(n)}(\varphi(x))) \\ &= \sin^2(2^n \arcsin\sqrt{x}). \end{aligned}$$

共轭函数法并不仅仅可以用来求函数的迭代,还可以进行这一过程的逆操作.

▶ **例 10** 试求一个定义在 $\left[-\dfrac{1}{2}, +\infty\right)$ 上的函数 $f(x)$,使得 $f^{(3)}(x) =$

$2x^2 + 2x.$

解 🔍

令 $\varphi(x) = 2x + 1$，则 $\varphi^{-1}(x) = \dfrac{x-1}{2}$，

$$\varphi(f(\varphi^{-1}(x))) = 2\left(2\left(\dfrac{x-1}{2}\right)^2 + 2 \cdot \dfrac{x-1}{2}\right) + 1$$
$$= x^2,$$

所以令 $g(x) = x^2$，便有 $f \sim_\varphi g$. 如果取 $h(x) = x^{\sqrt[3]{2}}$，那么 $h^{(3)}(x) = g(x)$. 所以令 $H(x) = \varphi^{-1}(h(\varphi(x)))$，则 $H^{(3)}(x) = \varphi^{-1}(g(\varphi(x))) = f(x)$. 故所求的函数可以是

$$H(x) = \dfrac{(2x+1)^{\sqrt[3]{2}} - 1}{2}.$$

▷ **知 识 桥** 📋

三、不动点方法

在上面的用共轭函数法求函数迭代的过程中，可以发现其中最关键的步骤在于寻找桥函数 $\varphi(x)$，但是在大多数时候这并不是一件容易的事情. 在这里，我们将介绍一种寻找一类桥函数的有效方法——不动点方法.

定义 2.5 函数 $f(x)$ 的**不动点**（fixed point）是指在 f 的作用下保持不变的点，即满足 $f(x) = x$ 的那些点 x.

例如，$f(x) = 2x$ 的不动点是 $x = 0$；$f(x) = x^2 - 2$ 的不动点是 $x = -1$ 和 $x = 2$；$f(x) = x + \sin x$ 的不动点是 $x = k\pi$，$k \in \mathbf{Z}$ 等等.

引入不动点的好处在于有如下的性质.

定理 2.3 （1）若 x_0 是 $f(x)$ 的不动点，则它也是 $f^{(n)}(x)$ 的不动点；

（2）设 $f \sim_\varphi g$，若 x_0 是 f 的不动点，则 $\varphi(x_0)$ 是 g 的不动点.

证明 🔎

（1）显然是成立的. 至于（2），根据共轭的定义，得 $\varphi(f(x)) = g(\varphi(x))$，将 $x = x_0$ 代入，即得 $\varphi(x_0) = g(\varphi(x_0))$.

事实上，2.1 节例 5 的方法二就是不动点方法的雏形，在找到了不动点 $x =$

$\dfrac{b}{1-a}$ 之后,问题就变得简单了. 不动点方法不仅在函数迭代中有广泛的应用,在一些求数列通项公式的问题和求解函数方程时,也有相当重要的作用.

在利用不动点寻找桥函数时,为了便于求共轭函数的 n 次迭代,通常将 $g(x)$ 取为 ax,$x+1$,ax^2,ax^3 等等. 这时,$g(x)$ 的不动点为 0 或 $+\infty$. 所以根据定理 2.3,我们所选取的桥函数 φ 应把 f 的不动点映射为 0 或 $+\infty$,故可以优先考虑以下的情形:

(1) 如果 f 只有一个不动点 a,那么可以考虑 $\varphi(x)=x-a$ 或 $\varphi(x)=\dfrac{1}{x-a}$;

(2) 如果 f 有两个不同的不动点 α,β,那么可以进一步考虑 $\varphi(x)=\dfrac{x-\alpha}{x-\beta}$.

训 练 营

▶ 例 11   设 $f(x)=\dfrac{x^2}{2x-1}$,求 $f^{(n)}(x)$.

解

求解 $f(x)=x$,得到两个不动点 $x=0$ 和 $x=1$.

首先尝试桥函数 $\varphi(x)=x-1$,发现这将导致所给出的函数与 $\dfrac{x^2}{2x+1}$ 相似. 虽然之前我们已经给出过这个例子的有关结果,但是为了更深入地了解不动点方法,我们转而考虑取桥函数 $\varphi(x)=\dfrac{x}{x-1}$,而 $\varphi^{-1}(x)=\dfrac{x}{x-1}$（注:满足 $\varphi^{(2)}(x)=x$ 的函数称为**对合函数**(involution function),如 x,$\dfrac{1}{x}$,$\dfrac{x}{x-1}$ 等等）.

这时,满足 $f\sim_{\varphi}g$ 的函数 g 可以这样计算得到:

$$g(x)=\varphi(f(\varphi^{-1}(x)))=x^2,$$

此处中间的过程从略,读者可自行计算. 故

$$f^{(n)}(x)=\varphi^{-1}(g^{(n)}(\varphi(x)))$$

$$=\dfrac{\left(\dfrac{x}{x-1}\right)^{2^n}}{\left(\dfrac{x}{x-1}\right)^{2^n}-1}$$

$$= \frac{x^{2^n}}{x^{2^n} - (x-1)^{2^n}}.$$

▶ 例 12 设 $f(x) = ax^2 + bx + c$，$a \neq 0$，$4ac = b^2 - 2b$，求 $f^{(n)}(x)$.

解

先找不动点. 求解二次方程

$$ax^2 + bx + \frac{b^2 - 2b}{4a} = x,$$

可以得到两个根，分别为 $-\dfrac{b}{2a}$ 和 $\dfrac{-b+2}{2a}$.

如果取 $\varphi(x) = x - \dfrac{-b+2}{2a}$，经过计算得 $\varphi(f(\varphi^{-1}(x))) = ax^2 + 2x$，问题并没有得到本质的改善.

如果取 $\varphi(x) = x + \dfrac{b}{2a}$，$\varphi^{-1}(x) = x - \dfrac{b}{2a}$，那么与 f 通过桥函数 φ 共轭的函数 g 可表示为

$$g(x) = \varphi(f(\varphi^{-1}(x)))$$

$$= a\left(x - \frac{b}{2a}\right)^2 + b\left(x - \frac{b}{2a}\right) + \frac{b^2 - 2b}{4a} + \frac{b}{2a}$$

$$= ax^2 - bx + \frac{b^2}{4a} + bx - \frac{b^2}{2a} + \frac{b^2 - 2b}{4a} + \frac{b}{2a}$$

$$= ax^2.$$

这一形式用来迭代比较方便，容易得到 $g^{(n)}(x) = a^{2^n - 1} x^{2^n}$. 所以

$$f^{(n)}(x) = \varphi^{-1}(g(\varphi(x)))$$

$$= a^{2^n - 1}\left(x + \frac{b}{2a}\right)^{2^n} - \frac{b}{2a}.$$

点评

实际上，我们也可以用

$$\varphi_1 = \frac{x - \dfrac{2-b}{2a}}{x + \dfrac{b}{2a}},$$

以及

$$\varphi_2 = \frac{x + \dfrac{b}{2a}}{x - \dfrac{2-b}{2a}}.$$

来作为桥函数，经过比较麻烦的计算，可以得到

$$f \sim_{\varphi_1} g_1(x) = \frac{x^2}{2x-1},$$

$$f \sim_{\varphi_2} g_2(x) = -x^2 + 2x.$$

这两个函数都是之前列出过，或者和之前列出的无论从结构还是方法上都非常相近的函数，可见这些函数都是属于同一个共轭类的。这确实是一个非常奇妙的现象。

· ·

我们再来看一个一般分式线性函数的 n 次迭代的表示。

▶ **例 13**　设 $f(x) = \dfrac{ax+b}{cx+d}$，$c \neq 0$，$ad \neq bc$，求 $f^{(n)}(x)$。

解

不动点的方程为 $ax+b = cx^2+dx$。因为已经假设了 $c \neq 0$，所以这是一个一元二次方程，它的解有两种情况。

(i) 有两个不相同的复根 α，β。

根据韦达定理，

$$\alpha + \beta = \frac{a-d}{c}, \quad \alpha\beta = -\frac{b}{c}.$$

取 $\varphi = \dfrac{x-\alpha}{x-\beta}$，则 $f \sim_{\varphi} g = \varphi \circ f \circ \varphi^{-1}$。

$$\varphi^{-1}(x) = \frac{\alpha - \beta x}{1-x},$$

$$g(x) = \varphi(f(\varphi^{-1}(x)))$$

$$= \varphi\left(\cfrac{a\cfrac{\alpha - \beta x}{1-x} + b}{c\cfrac{\alpha - \beta x}{1-x} + d} \right)$$

$$= \varphi\left(\frac{a\alpha - a\beta x + b - bx}{c\alpha - c\beta x + d - dx} \right)$$

$$= \varphi\left(\frac{\alpha(c\alpha + d) - \beta(c\beta + d)x}{(c\alpha + d) - (c\beta + d)x} \right)$$

$$= \cfrac{\cfrac{\alpha(c\alpha + d) - \beta(c\beta + d)x}{(c\alpha + d) - (c\beta + d)x} - \alpha}{\cfrac{\alpha(c\alpha + d) - \beta(c\beta + d)x}{(c\alpha + d) - (c\beta + d)x} - \beta}$$

$$= \frac{(\alpha - \beta)(c\beta + d)}{(\alpha - \beta)(c\alpha + d)}x = \frac{c\beta + d}{c\alpha + d}x.$$

因此，

$$f^{(n)}(x) = \varphi^{-1}(g^{(n)}(\varphi(x)))$$

$$= \varphi^{-1}\left(\left(\frac{c\beta + d}{c\alpha + d} \right)^n \frac{x - \alpha}{x - \beta} \right)$$

$$= \cfrac{\alpha - \beta\left(\cfrac{c\beta + d}{c\alpha + d} \right)^n \cfrac{x - \alpha}{x - \beta}}{1 - \left(\cfrac{c\beta + d}{c\alpha + d} \right)^n \cfrac{x - \alpha}{x - \beta}}$$

$$= \frac{\alpha(c\alpha + d)^n(x - \beta) - \beta(c\beta + d)^n(x - \alpha)}{(c\alpha + d)^n(x - \beta) - (c\beta + d)^n(x - \alpha)}.$$

(ii) 只有一个复(重)根 γ.

即 $cx^2 + (d-a)x - b = 0$ 只有一个根 γ，所以 $2c\gamma = a - d$，$c\gamma^2 = -b$. 令

$\varphi(x) = \cfrac{1}{x - \gamma}$，则 $\varphi^{-1}(x) = \gamma + \cfrac{1}{x}$. 而

$$\varphi(f(\varphi^{-1}(x))) = \varphi\left(\cfrac{a\left(\gamma + \cfrac{1}{x} \right) + b}{c\left(\gamma + \cfrac{1}{x} \right) + d} \right)$$

$$= \varphi\left(\frac{(a\gamma + b)x + a}{(c\gamma + d)x + c} \right)$$

$$= \left(\frac{(a\gamma + b)x + a}{(c\gamma + d)x + c} - \gamma \right)^{-1}$$

$$= \frac{(c\gamma + d)x + c}{a - c\gamma} = x + \frac{c}{a - c\gamma}.$$

将之记为 $g(x)$，则

$$f^{(n)}(x) = \varphi^{-1}(g^{(n)}(\varphi(x)))$$

$$= \varphi^{-1}\left(\frac{1}{x - \gamma} + \frac{nc}{a - c\gamma} \right)$$

$$= \varphi^{-1}\left(\frac{ncx + a - (n+1)c\gamma}{(x - \gamma)(a - c\gamma)} \right)$$

$$= \gamma + \frac{(x - \gamma)(a - c\gamma)}{ncx + a - (n+1)c\gamma}$$

$$= \frac{(a + (n-1)c\gamma)x - nc\gamma^2}{ncx + (a - (n+1)c\gamma)}.$$

点评

当 $c = 0$ 时，这个分式将变成 $f(x) = ax + b$，这是我们已经研究过的. 而当 $ad = bc$ 时，分式的上下可以约分，$f(x)$ 是一个常数，无论迭代多少次都是这个常数. 至此我们已经完全解决了分式线性函数的迭代问题.

最后来看一个数学竞赛中的有关不动点的例子.

▶ **例 14** M 是形如 $f(x) = ax + b$ $(a, b \in \mathbf{R}, a \neq 0)$ 的实变量 x 的函数集合，且 M 具有如下的性质：

(1) 若 $f(x), g(x) \in M$，则 $g(f(x)) \in M$；

(2) 若 $f \in M$，则 $f^{-1} \in M$；

(3) 对 M 中的每一个 f，都存在不动点.

求证：存在一个 $k \in \mathbf{R}$，对所有的 $f \in M$，均有 $f(k) = k$.

证明

题中的条件(3)告诉我们，M 中的每一个函数都有不动点，而结论要证明的是这些函数的不动点恰好是同一个. 为此，我们先来分析一下对于线性函数而言，它的不动点是什么.

设 $f(x) = ax + b$.

当 $a \neq 1$ 时,该函数有唯一的不动点 $x = \dfrac{b}{1-a}$.

当 $a = 1$, $b = 0$ 时,这就是恒同函数,任意点均是它的不动点.

当 $a = 1$, $b \neq 0$ 时,该函数没有不动点,因此不会出现在 M 内.

所以我们只要证明,如果在集合 M 中出现了 $f(x) = ax + b$, $a \neq 1$, 那么所有 M 中首项系数不为 1 的函数的不动点都是 $\dfrac{b}{1-a}$ 就可以了. 或者说,要证明 M 中所有函数的零次项与一次项系数减 1 之比为定值.

设在 M 中有两个线性函数 $f_1(x) = ax + b$ 和 $f_2(x) = ax + c$. 根据性质(1)和(2),函数 $g(x) = a\left(\dfrac{x-c}{a}\right) + b = x + (b-c) \in M$. 前面已经说明了首项系数为 1 的线性函数若要在 M 中,其常数项必须为 0,即 $b = c$. 换言之,在 M 中出现的所有不同函数的一次项系数均不相同.

然后来考虑常数项和一次项的关系. 假设在 M 中有两个函数, $f_1(x) = a_1 x + b_1$, $f_2(x) = a_2 x + b_2$, $a_1 \neq a_2$, 且均不等于 1. 将它们用两种不同的方式复合:

$$g_1(x) = f_1(f_2(x)) = a_1 a_2 x + a_1 b_2 + b_1 \in M,$$
$$g_2(x) = f_2(f_1(x)) = a_2 a_1 x + a_2 b_1 + b_2 \in M.$$

它们的一次项系数相同,因此根据上面证明的结论,可知 $a_1 b_2 + b_1 = a_2 b_1 + b_2$, 整理得

$$\frac{-b_1}{a_1 - 1} = \frac{-b_2}{a_2 - 1},$$

这表明任意两个一次项系数不为 1 的 M 中的函数,其不动点一定是同一个. 又由于 M 中一次项系数为 1 的函数(必然存在,读者可以试着证明为何)一定是 $f(x) = x$,任何实数都是其不动点,所以 M 中的函数一定有同一个不动点. 题中结论成立.

2.3 应用与实例

在数学竞赛中, 与函数迭代有关的题目层出不穷. 本节中我们来举一些这方面的例子.

训练营

▶ **例 1** 设 $p(x) = x^2 - 2$. 试证: 对任意正整数 n, 方程 $p^{(n)}(x) = x$ 的根全是相异实根.

证明

先来看 $p(x)$ 的根, 发现它的两根是 $\pm\sqrt{2}$. 而当 $|x| > 2$ 时, 会有 $p(x) > 2$, 这样 $p^{(n)}(x) > 2$, 因此 $p^{(n)}(x)$ 的根全部分布在 $[-2, 2]$ 之内.

因此我们只要考察 $p(x)$ 在 $[-2, 2]$ 的迭代即可. 设 $\varphi(x) = \arccos\dfrac{x}{2}$, $x \in [-2, 2]$, 则 $\varphi^{-1}(t) = 2\cos t$, $t \in [0, \pi]$.

$$
\begin{aligned}
\varphi(p(\varphi^{-1}(t))) &= \arccos\left(\frac{(2\cos t)^2 - 2}{2}\right) \\
&= \arccos(2\cos^2 t - 1) \\
&= \arccos(\cos(2t)) = g(t).
\end{aligned}
$$

注意这个复合函数 $g(t)$ 并不是 $2t$, 因为 φ 的值域只是 $[0, \pi]$. 但是没有关系, 我们要用的仅仅是

$$
p^{(n)}(x) = \varphi^{-1}(g^{(n)}(\varphi(x))) = 2\cos\left(g^{(n)}\left(\arccos\frac{x}{2}\right)\right).
$$

事实上,

$$
g(t) = \begin{cases} 2t, & t \in \left[0, \dfrac{\pi}{2}\right], \\ 2\pi - 2t, & t \in \left(\dfrac{\pi}{2}, \pi\right], \end{cases}
$$

因此对任意正整数 m，$\cos(mg(t)) = \cos(2mt)$.

因此，

$$\begin{aligned}
\varphi(g^{(n)}(t)) &= 2\cos(g(g^{(n-1)}(t))) \\
&= 2\cos(2g^{(n-1)}(t)) = 2\cos(2g(g^{(n-2)}(t))) \\
&= 2\cos(4g^{(n-2)}(t)) = 2\cos(4g(g^{(n-3)}(t))) \\
&= \cdots = 2\cos(2^{n-1}g(t)) = 2\cos(2^n t),
\end{aligned}$$

故

$$\begin{aligned}
p^{(n)}(x) &= \varphi^{-1}(g^{(n)}(\varphi(x))) \\
&= 2\cos\left(2^n \arccos\frac{x}{2}\right).
\end{aligned}$$

这里的做法是严格的. 实际上，如果不严格地使用多值函数 $\arccos(x)$ 来作桥函数，也能得到一样的结果.

回到原题，我们来看 $p^{(n)}(x) = 2\cos\left(2^n \arccos\dfrac{x}{2}\right)$ 的根的分布. 一方面，从多项式的角度来看，$p^{(n)}(x)$ 是一个 2^n 次的多项式，因此它的根一共有 2^n 个，如果我们能够找到 2^n 个互不相同的实根，那么就证明了它是没有重根的. 解 $2\cos\left(2^n \arccos\dfrac{x}{2}\right) = 0$，得

$$2^n \arccos\frac{x}{2} = k\pi + \frac{\pi}{2}, \quad k = 0, 1, 2, \cdots, 2^n - 1,$$

即

$$x = 2\cos\left(\frac{2k+1}{2^{n+1}}\pi\right), \quad k = 0, 1, 2, \cdots, 2^n - 1.$$

当 k 取这 2^n 个不同整数时，π 前面的系数在 $[0, 1]$ 之间变动，因此会得到 2^n 个不同的 x 值，于是我们找到了 2^n 个不同的根. 证明完毕.

▶ 例 2　在圆 O 中任意构造一个内接 $\triangle ABC$，它的三个内角分别记作 $\angle A_0$，$\angle B_0$，$\angle C_0$. 然后取 $\overset{\frown}{AB}$，$\overset{\frown}{BC}$，$\overset{\frown}{CA}$ 的中点，记作 C_1，A_1，B_1，得到一个新的内接 $\triangle A_1 B_1 C_1$. 依此类推得到 $\triangle A_n B_n C_n$，$n \in \mathbf{N}^*$. 求证：

$$\lim_{n \to +\infty} \angle A_n = \lim_{n \to +\infty} \angle B_n = \lim_{n \to +\infty} \angle C_n = \frac{\pi}{3}.$$

证明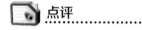

先来看 $\angle A_n$. 根据它的构造方法, 它所对应的弧段是半段 $\angle B_{n-1}$ 所对应的弧段和半段 $\angle C_{n-1}$ 所对应的弧段之和, 故

$$\angle A_n = \frac{\angle B_{n-1} + \angle C_{n-1}}{2} = \frac{\pi}{2} - \frac{\angle A_{n-1}}{2}.$$

令 $f(x) = \frac{\pi}{2} - \frac{x}{2}$, 则 $\angle A_n = f^{(n)}(\angle A_1)$, 这又回到了函数迭代的讨论.

这里的 $f(x)$ 是一个线性函数, 对于线性函数的迭代我们在前面已经研究得非常清楚. 为了加深读者的印象, 我们再尝试着用不动点方法做一遍.

求解 $f(x) = x$, 得到 f 的不动点为 $\frac{\pi}{3}$, 因此可将 $f(x)$ 表示为

$$f(x) = -\frac{1}{2}\left(x - \frac{\pi}{3}\right) + \frac{\pi}{3},$$

故

$$f^{(n)}(x) = \frac{1}{2^n}\left(x - \frac{\pi}{3}\right) + \frac{\pi}{3}.$$

因 $\angle A \in (0, \pi)$, 故 $\angle A - \frac{\pi}{3}$ 有界, 因此

$$\lim_{n \to +\infty} \angle A_n = \lim_{n \to +\infty} \frac{1}{2^n}\left(\angle A - \frac{\pi}{3}\right) + \frac{\pi}{3} = \frac{\pi}{3}.$$

$\angle B_n$ 和 $\angle C_n$ 的极限亦同理.

点评

需要说明的是, 虽然 $\angle A_n$, $\angle B_n$, $\angle C_n$ 的极限均存在, 但是圆周上的点 A_n, B_n, C_n 的极限并不存在.

▶ **例 3** 将一张包括边界的地图等比例缩小以后以任意角度放入原地图内 (不将地图翻转). 证明: 有且仅有一点代表了两张地图的同一位置.

证明 🔎

把原地图放在复平面内,不妨使得复数 0 和 1 都在原地图内.把地图缩小并旋转的过程用 f 来代表.容易知道,在 f 的作用下,任意三角形的像均和原三角形相似,并且保持定向不变.地图所在的复平面上的区域记作 M,它在 f 下的像记作 $f(M)$.由题意,$f(M) \subset M$.

设 $f(0) = \alpha$,$f(1) = \beta$ 是两个不同的复数,且因为变换使得距离缩小,故 $|\alpha - \beta| < 1$.

在 M 内任取一个 $z \neq 0, 1$,它在变换下的像为 $f(z)$,根据相似关系,我们有

$$\frac{f(z) - \alpha}{\beta - \alpha} = \frac{z - 0}{1 - 0},$$

即

$$f(z) = (\beta - \alpha)z + \alpha.$$

这时,有些读者可能会觉得只需要求解 $f(z) = z$,解得 $z = \dfrac{\alpha}{1 + \alpha - \beta}$,就是该变换的不动点了.但是有一个重要的问题被忽略了,那就是:这样求解出的 z 是不是还在地图 M 之中?

为了回答这个问题,我们换一种看似更麻烦,但是能很好地回答 z 是不是在 M 中的做法,而且这样的思想对于证明另一个在高等数学中很重要的定理——压缩映像原理也非常重要.

这个想法就是迭代.

任取 $z_0 \in M$,记 $z_1 = f(z_0) \in f(M) \subset M$,以此类推,得到一个点列 $\{z_n = f^{(n)}(z) \mid n = 0, 1, 2, \cdots\} \subset M$.而 M 是一个闭集,因此如果这个点列的极限存在,则必然在 M 之中.

而 f 是一个复线性函数,和实数情形一样,它的 n 次迭代式容易求得.首先求解 f 的不动点(之前已经求得),故

$$f(z) = (\beta - \alpha)\left(z - \frac{\alpha}{1 + \alpha - \beta}\right) + \frac{\alpha}{1 + \alpha - \beta},$$

因此

$$f^{(n)}(z_0) = (\beta - \alpha)^n\left(z_0 - \frac{\alpha}{1 + \alpha - \beta}\right) + \frac{\alpha}{1 + \alpha - \beta}.$$

由于 $|\beta-\alpha|<1$，故 $\lim\limits_{n\to+\infty} f^{(n)}(z_0)$ 存在，记作 γ（事实上就是 $\dfrac{\alpha}{1+\alpha-\beta}$，但是为了能够推广，我们尽量避免使用它的具体数值）.

首先，γ 是 M 中点列的极限，M 是闭集，因此 $\gamma\in M$.

其次，f 是连续函数，

$$f(\gamma)=f\Big(\lim_{n\to+\infty} f^{(n)}(z)\Big)=\lim_{n\to+\infty} f(f^{(n)}(z))=\lim_{n\to+\infty} f^{(n+1)}(z)=\gamma,$$

因此 γ 是 f 的不动点.

最后我们来证明不动点的唯一性. 假设有两个不同的不动点 γ_1 和 γ_2，那么 $|f(\gamma_1)-f(\gamma_2)|=|\gamma_1-\gamma_2|$，与 f 的压缩性矛盾. 故不动点唯一.

作为这个问题的推广，我们来证明高等数学中的"压缩映像原理". 证明中需要用到一点高等数学中完备性的知识，有兴趣的读者可以参考相关的书籍.

定理 2.4（平面上的压缩映像原理） 设 M 是平面上的闭集，f 是 M 到自身的映射，满足如下条件：

$$|f(x)-f(y)|\leqslant \gamma |x-y|,$$

其中 $0\leqslant\gamma<1$. 求证：f 在 M 中存在唯一的不动点.

证明 🔎

这是压缩映像原理在平面上的版本，证明需要借助复平面的完备性.

设集合 M 是复平面的子集，任意取一个 $z_0\in M$，在 f 的不断作用下，会产生一个复平面上的点列

$$\{z_0, f(z_0), f^{(2)}(z_0), \cdots, f^{(n)}(z_0), \cdots\}.$$

定理中的条件蕴含了 f 是连续函数，因为当 $|x-y|\leqslant\delta$ 时，$|f(x)-f(y)|\leqslant\gamma\delta$，符合连续的定义.

设 $|f(z_0)-z_0|=A$，则 $|f^{(2)}(z_0)-f(z_0)|\leqslant\gamma A$，$|f^{(3)}(z_0)-f^{(2)}(z_0)|\leqslant\gamma^2 A$，$\cdots$，$|f^{(n+1)}(z_0)-f^{(n)}(z_0)|\leqslant\gamma^n A$.

我们希望 $f^{(n)}(z_0)$ 存在极限，而这需要借助由复平面的完备性蕴含的柯西（Cauchy）收敛定理. 事实上，当 $n>m$ 时，

$$|f^{(n)}(z_0)-f^{(m)}(z_0)|\leqslant\sum_{j=m}^{n-1}|f^{(j+1)}(z_0)-f^{(j)}(z_0)|$$

$$\leqslant A \sum_{j=m}^{n-1} \gamma^j \leqslant \frac{A\gamma^m}{1-\gamma},$$

因此当 $n, m \to +\infty$ 时会收敛于零. 故根据柯西收敛准则, $f^{(n)}(z_0) - z_0 = \sum_{j=0}^{n-1}(f^{(j+1)}(z_0) - f^{(j)}(z_0))$ 在 $n \to +\infty$ 时有极限, 记为 α, 则

$$\lim_{n \to +\infty} f^{(n)}(z_0) = z_0 + \alpha.$$

此时由于 f 连续, 故

$$f(z_0 + \alpha) = f\left(\lim_{n \to +\infty} f^{(n)}(z_0)\right) = \lim_{n \to +\infty} f^{(n+1)}(z_0) = z_0 + \alpha,$$

即 $z_0 + \alpha$ 是 f 的不动点. 不动点的存在性得证.

另一方面, 如果有两个不同的不动点 z_1, z_2, 因为

$$| z_1 - z_2 | = | f(z_1) - f(z_2) | \leqslant \gamma | z_1 - z_2 |,$$

所以 $z_1 = z_2$, 矛盾. 因此唯一性也成立.

▶ **例 4** 设一个矩形的长为 1, 宽为 $\frac{\sqrt{5}-1}{2}$, 将之放入平面直角坐标系中, 使得左下方的顶点落在原点, 右下方的顶点落在 $(1, 0)$ 处, 然后按左-下-右-上的逆时针顺序不断地从矩形中割去最大的正方形, 每次在上次割去后剩下的部分中操作. 如第一次的割线是 $x = \frac{\sqrt{5}-1}{2}$, 第二次的割线是 $y = \frac{3-\sqrt{5}}{2}$ 等等. 这样不断割去正方形后, 剩下的部分将收缩至一点, 求该点的坐标.

解

设 $\alpha = \frac{\sqrt{5}-1}{2}$, 容易发现 $\frac{1-\alpha}{\alpha} = \alpha$, 即每次留下的矩形都是相似的.

前四次操作的割线分别是

$$x = \alpha, \ y = 1 - \alpha, \ x = 2 - 2\alpha, \ y = 3\alpha - 2.$$

因为这四条直线构成的矩形和原矩形相似, 故可以把每四次操作看成是一组操作, 其作用是把一个大矩形变为一个和它相似的小矩形.

先来看横坐标的变换. 第一组操作前, 矩形边界的横坐标分别为 $0, 1$, 第一组操作后横坐标为 $\alpha, 2 - 2\alpha$, 因此如果有一个线性函数 (表示相似变换) $f(x) =$

$Ax + B$，满足 $f(0) = \alpha$，$f(1) = 2 - 2\alpha$，那么第二次操作后矩形边界的横坐标为 $f(\alpha) = f^{(2)}(0)$ 和 $f(2 - 2\alpha) = f^{(2)}(1)$．依此类推，第 n 次操作后边界的横坐标分别为 $f^{(n)}(0)$ 和 $f^{(n)}(1)$．这又是一个函数迭代的问题．

根据 $f(0) = \alpha$，$f(1) = 2 - 2\alpha$，解得 $f(x) = (2 - 3\alpha)x + \alpha$，其不动点为 $x = \dfrac{\alpha}{3\alpha - 1}$，故

$$f^{(n)}(x) = (2 - 3\alpha)^n \left(x - \frac{\alpha}{3\alpha - 1} \right) + \frac{\alpha}{3\alpha - 1},$$

其极限就是不动点 $\dfrac{\alpha}{3\alpha - 1} = \dfrac{5 + \sqrt{5}}{10}$．

对于纵坐标的处理有两种方法，第一种是模仿求横坐标的方法，有兴趣的读者可以自己尝试．而更好的办法是发现第一组操作结束后，矩形的左下到右上的对角线都在直线 $y = \alpha x$ 之上，因此每一组操作以后该对角线都在这一直线上，因此纵坐标的极限应为横坐标的极限乘以 α，即 $\dfrac{\sqrt{5}}{5}$．

因此极限的坐标为 $\left(\dfrac{5 + \sqrt{5}}{10}, \dfrac{\sqrt{5}}{5} \right)$．

这个例子还能继续作如下有趣的推广．

▶ **例 5** 在例 4 中设矩形的长为 1，宽为 θ．

（1）将例 4 中的操作进行 n 次之后（假设该操作可以进行），求所得矩形的长宽比；

（2）如果该操作能一直进行下去，证明：$\theta = \dfrac{\sqrt{5} - 1}{2}$．

解

（1）设在操作之前的长宽比为 $1 : x$，则在长上截去 x 之后，长宽比变为

$$\frac{x}{1 - x} = \frac{1}{\dfrac{1 - x}{x}}.$$

也就是说，如果令 $f(x) = \dfrac{1 - x}{x}$，那么操作前后的长宽比从 $1 : x$ 变为了 $1 : f(x)$．经过这样 n 次操作（如果可以进行）以后，长宽比将变为 $1 : f^{(n)}(x)$，

我们需要计算 f 的 n 次迭代. f 是一个分式线性函数, 之前我们已经在 2.2 节例 13 中通过求得其不动点计算过它的 n 次迭代. 求解 $f(x) = x$, 即 $x^2 + x - 1 = 0$, 得它的两个不动点为 $\alpha = \dfrac{\sqrt{5}-1}{2}$ 和 $\beta = \dfrac{-\sqrt{5}-1}{2}$.

因此根据

$$f^{(n)}(x) = \frac{\alpha(c\alpha+d)^n(x-\beta) - \beta(c\beta+d)^n(x-\alpha)}{(c\alpha+d)^n(x-\beta) - (c\beta+d)^n(x-\alpha)},$$

将 $a = -1, b = 1, c = 1, d = 0$ 代入, 得操作 n 次之后的长宽比为

$$
\begin{aligned}
f^{(n)}(\theta) &= \frac{\alpha^{n+1}(\theta-\beta) - \beta^{n+1}(\theta-\alpha)}{\alpha^n(\theta-\beta) - \beta^n(\theta-\alpha)} \\
&= \frac{(\alpha^{n+1}-\beta^{n+1})\theta + (\alpha^n-\beta^n)}{(\alpha^n-\beta^n)\theta + (\alpha^{n-1}-\beta^{n-1})}.
\end{aligned}
$$

(2) 记 $F_n = \alpha^n - \beta^n$, 则 $F_1 = \alpha - \beta = \sqrt{5}$, $F_2 = \alpha^2 - \beta^2 = -\sqrt{5}$. 而由 α, β 满足的方程, 易知

$$F_{n+1} = F_{n-1} - F_n.$$

因为该过程能不断继续下去, 所以满足

$$\text{任取 } n \in \mathbf{N}^*, \ f^{(n)}(x) \in (0, 1).$$

我们先考虑 $f^{(n)}(x) > 0$, 这个要求等价于 $F_{n+1}x + F_n$ 与 $F_n x + F_{n-1}$ 同号.

容易看到, 当 $n \geqslant 1$ 且为奇数时, $F_n > 0$; 当 $n \geqslant 1$ 且为偶数时, $F_n < 0$. 而 $F_1 x + F_0 = \sqrt{5}x > 0$, 故 x 应满足

$$\text{任取 } k \in \mathbf{N}^*, \ F_{2k}x + F_{2k-1} > 0, \ F_{2k+1}x + F_{2k} > 0.$$

注意到 F_{2k} 及 F_{2k+1} 的符号, 得

$$-\frac{F_{2k}}{F_{2k+1}} < x < -\frac{F_{2k-1}}{F_{2k}}, \ k \in \mathbf{N}^*,$$

即

$$-\frac{\alpha^{2k}-\beta^{2k}}{\alpha^{2k+1}-\beta^{2k+1}} < x < -\frac{\alpha^{2k-1}-\beta^{2k-1}}{\alpha^{2k}-\beta^{2k}}, \ k \in \mathbf{N}^*.$$

令 $\gamma = \dfrac{\alpha}{\beta} = -\alpha^2$, 则

$$x > -\frac{\alpha^{2k} - \beta^{2k}}{\alpha^{2k+1} - \beta^{2k+1}}$$

$$= -\frac{(1 - \gamma^{2k})\beta^{2k}}{(1 - \gamma^{2k+1})\beta^{2k+1}}$$

$$= \alpha \frac{1 - \gamma^{2k}}{1 - \gamma^{2k+1}},$$

这最后一个值小于 α，而其极限为 α，故 $\theta \leqslant \alpha$. 同理，

$$x < -\frac{\alpha^{2k-1} - \beta^{2k-1}}{\alpha^{2k} - \beta^{2k}}$$

$$= -\frac{(1 - \gamma^{2k-1})\beta^{2k-1}}{(1 - \gamma^{2k})\beta^{2k}}$$

$$= \alpha \frac{1 - \gamma^{2k-1}}{1 - \gamma^{2k}},$$

这最后一个值大于 α，而其极限为 α，故 $\theta \geqslant \alpha$.

所以在仅考虑 $f^{(n)}(x) > 0$ 而尚未考虑 $f^{(n)}(x) < 1$ 的情形下，θ 的值便已只能是 $\theta = \dfrac{\sqrt{5}-1}{2}$，而此时 $f^{(n)}(\theta) = \theta$，自然满足小于 1 的条件. 因此若该操作能无限进行下去的话，长宽比只能为 $1 : \dfrac{\sqrt{5}-1}{2}$.

▶ **例 6** 设 $D = \{1, 2, 3, \cdots, 9\}$，$f : D \to D$ 是一一映射. 试求 D 的一个排列 $\{x_i\}_{i=1}^{9}$，使得 $\displaystyle\sum_{i=1}^{9} x_i f^{(2520)}(i) = 285$.

解 🌐

敏锐的读者或许已经发现，2520 这个数能被 1，2，3，$\cdots$，9 整除. 如果 f 对每个元素的轨道周期是 2520 的因子的话，由于 f 是一一映射，就能得到 $f^{(2520)}(x) = x$.

那么 f 对每个元素的轨道周期怎么计算呢？对任意的 $i \in \{1, 2, \cdots, 9\}$，考察如下的数列

$$\{i, f(i), f^{(2)}(i), \cdots, f^{(9)}(i)\}.$$

这个数列中有 10 个元素，因此一定有两个是相同的，不妨设 $f^{(j)}(i) = f^{(k)}(i)$，

则 i 的轨道周期之一为 $(k-i) \mid 2520$, 因此 $f^{(2520)}(i) = i$, $i = 1, 2, \cdots, 9$.

问题转化为求排列 $\{x_i\}_{i=1}^{9}$, 使得 $\sum\limits_{i=1}^{9} i x_i = 285$. 经过计算, 发现 $285 = 1^2 + 2^2 + \cdots + 9^2$, 故根据排序不等式, 使得 $\sum\limits_{i=1}^{9} x_i f^{(2520)}(i) = 285$ 成立的排列只有顺序排列, 即 $x_i = i$, $i = 1, 2, \cdots, 9$.

▶ **例 7** 设 f 是 $\mathbf{N}^*$ 到 $\mathbf{N}^*$ 的函数, p, k 是两个固定的正整数, 且 $f^{(p)}(n) = n + k$, $n \in \mathbf{N}^*$. 求证: f 存在的充要条件是 $p \mid k$.

分析 如果贸然认为这样的函数只有 $f(x) = x + \dfrac{k}{p}$ 就大错特错了, 实际上这样的函数并不唯一. 如当 $k = 4$, $p = 2$ 时, 函数

$$f(n) = \begin{cases} n+1, & 2 \mid n, \\ n+3, & 2 \mid (n+1), \end{cases}$$

就满足 $f(f(n)) = n + 4$.

证明 🔍

充分性: 取 $f(n) = n + \dfrac{k}{p}$. 由于 $p \mid k$, 这样的函数的确是 $\mathbf{N}^*$ 到 $\mathbf{N}^*$ 的, 容易验证 $f^{(p)}(n) = n + k$.

必要性: 试图通过求得 f 的形式来得到结论是不太现实的. 从 $f^{(p)}(x) = x + d$ 是一个单射来看, f 本身也是一个单射 (复合函数如果是单射, 每个组成部分都是单射). 我们来考察如下的 $p+1$ 个集合:

$$\mathbf{N}^*, f(\mathbf{N}^*), f^{(2)}(\mathbf{N}^*), \cdots, f^{(p)}(\mathbf{N}^*),$$

易知这个集合序列是递减的, 即前一项包含了后一项, 且最后一项恰为 $\{k+1, k+2, \cdots\}$.

定义如下的 p 个差集

$$G_0 = \mathbf{N}^* \backslash f(\mathbf{N}^*), G_1 = f(\mathbf{N}^*) \backslash f^{(2)}(\mathbf{N}^*), \cdots, G_{p-1} = f^{(p-1)}(\mathbf{N}^*) \backslash f^{(p)}(\mathbf{N}^*),$$

这 p 个集合当然互不包含, 其并集为 $\{1, 2, \cdots, k\}$. 最关键的一点是 $f(G_j) = G_{j+1}$, $j = 0, 1, 2, \cdots, p-1$, 原因如下.

首先, 对任意 $y \in G_{j+1} = f^{(j+1)}(\mathbf{N}^*) \backslash f^{(j+2)}(\mathbf{N}^*)$, 设 $y = f^{(j+1)}(x)$, 记 $m =$

$f^{(j)}(x) \in f^{(j)}(\mathbf{N}^*)$. 如果有 s 使得 $m = f^{(j+1)}(s)$, 那么 $y = f(m) = f^{(j+2)}(s)$, 这不可能, 故 $m \notin f^{(j+1)}(\mathbf{N}^*)$. 这样就说明了 y 的原像在 $G_j = f^{(j)}(\mathbf{N}^*) \backslash f^{(j+1)}(\mathbf{N}^*)$ 内.

另一方面, 任取 $x \in G_j = f^{(j)}(\mathbf{N}^*) \backslash f^{(j+1)}(\mathbf{N}^*)$, 设 $x = f^{(j)}(m)$, 则 $f(x) = f^{(j+1)}(m) \in f^{(j+1)}(\mathbf{N}^*)$. 若存在 s, 使得 $f(x) = f^{(j+2)}(s) \in f^{(j+2)}(\mathbf{N}^*)$, 则由于 f 是单射, 故 $x = f^{(j)}(m) = f^{(j+1)}(s)$, 这与 $x \notin f^{(j+1)}(\mathbf{N}^*)$ 相矛盾. 故 $f(x) \in G_{j+1} = f^{(j+1)}(\mathbf{N}^*) \backslash f^{(j+2)}(\mathbf{N}^*)$.

我们证明了 f 是 G_j 到 G_{j+1} 的一个双射, 因此

$$|G_0| = |G_1| = \cdots = |G_{p-1}|,$$

又因为这是两两不交, 总和为 k 个元素的集合, 因此每个集合中的元素恰好为 $\dfrac{k}{p}$ 个, 故 $p \mid k$.

求典型函数的迭代对一些单调函数迭代的大小估计也有相当重要的作用, 这样做的理论依据是下面的定理.

定理 2.5 设 f, φ, ψ 都是定义在区间 I 上且可以迭代的函数. 如果 φ, ψ 均递增, 且 $\varphi \leqslant f \leqslant \psi$, $x \in I$, 那么

$$\varphi^{(n)}(x) \leqslant f^{(n)}(x) \leqslant \psi^{(n)}(x).$$

该定理的证明不难, 读者可以自己尝试. 接下来我们给出一个该定理的有趣应用.

▶ **例 8** 设 $f(x) = \sin x$, $x \in \left(0, \dfrac{\pi}{4}\right)$. 证明:

$$\frac{x}{\sqrt{1 + 3nx^2}} \leqslant f^{(n)}(x) \leqslant \frac{x}{\sqrt{1 + \dfrac{nx^2}{4}}}.$$

证明 🔍

当 $x \in \left(0, \dfrac{\pi}{4}\right)$ 时, 显然有 $\sin x \leqslant x \leqslant \tan x$, 故

$$\cos x \leqslant \frac{\sin x}{x} \leqslant \cos \frac{x}{2}.$$

而

$$\cos^2 x = 1 - \sin^2 x \geqslant 1 - x^2 \geqslant \frac{1}{1 + 3x^2},$$

$$\cos^2 \frac{x}{2} = 1 - \sin^2 \frac{x}{2} \leqslant 1 - \frac{x^2}{4} \cos^2 \frac{x}{2} \Rightarrow \cos^2 \frac{x}{2} \leqslant \frac{1}{1 + \dfrac{x^2}{4}},$$

即当 $x \in \left(0, \dfrac{\pi}{4}\right)$ 时，有

$$\frac{x}{\sqrt{1 + 3x^2}} \leqslant \sin x \leqslant \frac{x}{\sqrt{1 + \dfrac{x^2}{4}}}.$$

通过迭代，可知

$$\frac{x}{\sqrt{1 + 3nx^2}} \leqslant \sin^{(n)}(x) \leqslant \frac{x}{\sqrt{1 + \dfrac{nx^2}{4}}},$$

故原式成立.

事实上，利用一些高等数学知识，对于 $\sin^{(n)}(x)$ 趋向于零的速度我们还可以估计得更加确切.

▶ 例 9 证明：对任意的 $x \in (0, \pi)$，

$$\lim_{n \to +\infty} \sqrt{n} \sin^{(n)}(x) = \sqrt{3}.$$

证明 🔎

令 $\varphi_c(x) = \dfrac{1}{\sqrt{\dfrac{1}{x^2} + \dfrac{1}{3c^2}}}$，其中 $c > 0$ 是参数. 利用泰勒（Taylor）公式展开，知

$$\sin x = x - \frac{x^3}{6} + o(x^3),$$

$$\varphi_c(x) = x - \frac{1}{6c^2} x^3 + o(x^3),$$

故任取 $\epsilon > 0$，总存在 $\delta > 0$，当 $0 < x < \delta$ 时，有

$$\varphi_{1-\epsilon}(x) \leqslant \sin x \leqslant \varphi_{1+\epsilon}(x).$$

利用 φ_c 的单调性，即上例中的迭代函数估计定理，得

$$\varphi_{1-\epsilon}^{(n)}(x) \leqslant \sin^{(n)}(x) \leqslant \varphi_{1+\epsilon}^{(n)}(x).$$

由于

$$\varphi_{1-\epsilon}^{(n)}(x) = \cfrac{1}{\sqrt{\cfrac{1}{x^2} + \cfrac{n}{3(1-\epsilon)^2}}}$$

$$= \cfrac{1-\epsilon}{\sqrt{\cfrac{(1-\epsilon)^2}{x^2} + \cfrac{n}{3}}}$$

$$\geqslant \cfrac{1-\epsilon}{\sqrt{\cfrac{1}{x^2} + \cfrac{n}{3}}},$$

$$\varphi_{1+\epsilon}^{(n)}(x) = \cfrac{1}{\sqrt{\cfrac{1}{x^2} + \cfrac{n}{3(1+\epsilon)^2}}}$$

$$= \cfrac{1+\epsilon}{\sqrt{\cfrac{(1+\epsilon)^2}{x^2} + \cfrac{n}{3}}}$$

$$\leqslant \cfrac{1+\epsilon}{\sqrt{\cfrac{1}{x^2} + \cfrac{n}{3}}},$$

因此

$$\left| \sqrt{n}\sin^{(n)}(x) - \cfrac{1}{\sqrt{\cfrac{1}{nx^2} + \cfrac{1}{3}}} \right| \leqslant \cfrac{\epsilon}{\sqrt{\cfrac{1}{nx^2} + \cfrac{1}{3}}}.$$

至此我们已经证得了对于比较小的 $x \in (0, \delta)$,

$$\lim_{n \to +\infty} \sqrt{n}\sin^{(n)}(x) = \sqrt{3}.$$

对于一般的 $x \in (0, \pi)$,因为 $\sin x = x$ 仅有一解 $x = 0$,故经过有限次 $\sin$ 的作用之后,函数值会落到 $(0, \delta)$ 内(事实上这个次数和 x 无关,这可以用来说明极限的一致性). 设这个次数为 m,则我们有

$$\lim_{n \to +\infty} \sqrt{n-m}\sin^{(n)}(x) = \lim_{n \to +\infty} \sqrt{n-m}\sin^{(n-m)}(\sin^{(m)}(x)) = \sqrt{3}.$$

注意到

$$\lim_{n \to +\infty} \sqrt{\frac{n}{n-m}} = 1,$$

利用极限的乘法法则,即得对一切 $x \in (0, \pi)$,均有

$$\lim_{n \to +\infty} \sqrt{n} \sin^{(n)}(x) = \sqrt{3}.$$

证明完毕.

![演习场]

习题 2

1. 设 $f(x) = 19x + 89$，求 $f^{(100)}(5)$ 的末位数字.

2. 设 n 是正整数，$f(n)$ 是 $n^2 + 1$ 的各位数码之和，求 $f^{(100)}(1990)$ 的值.

3. 已知 $f(x) = |1 - 2x|$，$x \in [0, 1]$，求方程 $f(f(f(x))) = \dfrac{x}{2}$ 的解的个数.

4. 设 $f(x)$ 是 $[0, 1]$ 上的函数，

$$f(x) = \begin{cases} 2x + \dfrac{1}{3}, & 0 \leqslant x < \dfrac{1}{3}, \\ \dfrac{3(1-x)}{2}, & \dfrac{1}{3} \leqslant x \leqslant 1. \end{cases}$$

试在 $[0, 1]$ 上找出五个不同的点 x_0，x_1，x_2，x_3，x_4，使得

$$f(x_0) = x_1,\ f(x_1) = x_2,\ f(x_2) = x_3,\ f(x_3) = x_4,\ f(x_4) = x_0.$$

5. 已知 $f(x) = \dfrac{x+6}{x+2}$，求 $f^{(n)}(x)$.

6. 设 $f(x) = (2x-1)^2$，$0 \leqslant x \leqslant 1$. 求证：对任意给定的正整数 n，必有实数 x_n，使得 $f^{(n)}(x_n) = x_n$，但当 $1 \leqslant k \leqslant n-1$ 时，$f^{(k)}(x_n) \neq x_n$.

7. 已知 $f(x) = 4x(1-x)$，$0 \leqslant x \leqslant 1$.

(1) 求 $f^{(n)}(x)$；

(2) 设使 $f^{(n)}(x)$ 取最大值和最小值的 x 的个数分别为 a_n，b_n，试用 n 表示出 a_n，b_n.

8. 若 $x_1 = a > 2$，$x_{n+1} = \dfrac{x_n^2}{2(x_n - 1)}$（$n = 1, 2, \cdots$），求 $\{x_n\}$ 的通项.

▷▶ 第三讲　函数方程 ◀◁

3.1　函数方程简介

▷ 知 识 桥

　　在学习数学的早期我们就开始接触各种各样的方程. 将所要求的值表示为未知数, 根据语义或者逻辑关系来建立方程, 从而求得未知数的方法是最接近我们思维的方法. 方程的形式也是从简单到复杂. 小学里我们第一次接触到的是类似 $x+1=2$, $3x=6$ 这样的只需要一次变换就可以得到解的代数方程, 渐渐地我们可以接受稍复杂的变换, 于是就开始求解一些多元一次的方程组, 例如

$$\begin{cases} 2x+3y=7, \\ 4x-5y=3, \end{cases}$$

以及一元二次的方程, 例如

$$x^2+3x+4=0.$$

　　正是因为解方程的需要, 我们将实数系统推广到了复数系统. 这之后我们开始尝试接触一元高次方程. 随着次数的升高, 用解析法求解一般的方程变得困难或是根本不可能, 但是对于 n 次多项式方程, 有相应的理论能保证它至多拥有 n 个根. 此外, 在具体求根时, 虽然求得解析解在大多数时候是不可能的, 但是求得数值上的近似解有相当多的方法.

　　除了研究这些仅有一个或有限个解的方程, 我们有时候也研究有无穷多解的方程. 例如 $y=x^2$, $(x, y)\in \mathbf{R}^2$, 这个方程的全部解在直角坐标平面上就表示为一条抛物线, 而 $x^2+y^2+z^2=1$, $(x, y, z)\in \mathbf{R}^3$ 的所有解在空间直角坐标系中表示为一个球面等等. 这些满足一定等式条件的点的全体都可以用方程来

表示.

一般地,拥有连续的无穷多个解的方程总是未知数的个数多于方程的个数. 在这样的多项式方程中,如果还要求解为整数,就是丢番图方程(Diophantine equation)了. 例如,当 a, b 为整数时,方程

$$ax + by = 1$$

是否有整数解取决于 a, b 是不是互素(贝祖定理). 又如

$$x^2 + y^2 = z^2$$

的正整数解表示所有具有整数边长的直角三角形. 而根据费马大定理(Fermat's Last Theorem),当 $n \geqslant 3$ 时

$$x^n + y^n = z^n$$

没有正整数解. 此外,对佩尔方程(Pell's equation)

$$x^2 - ny^2 = 1$$

的研究也是很有趣的事情.

上面所提到的方程都是数值方程,也就是说其中的未知项表示的是数值. 还有另一类方程,它们不将数值作为未知项,而是将函数作为未知项,这样的方程称作**函数方程**(functional equation). 使得恒等关系被满足的函数称为函数方程的解. 在函数方程中,除了给出一个或几个和未知函数有关的等式之外,给出函数的定义域及取值范围也是相当关键的.

训练营

接下来我们看几个熟悉的函数方程的例子.

▶ **例1** 求所有的 $f: \mathbf{R} \to \mathbf{R}$,使得 $f(-x) = -f(x)$.

解

该函数方程的解是全体奇函数,事实上这就是奇函数的定义.

▶ **例2** 求所有的 $f: \mathbf{R} \to \mathbf{R}$,使得 $f(x) = f(x + 2\pi)$.

解

该函数方程的解是全体以 2π 为周期的周期函数,事实上这就是周期函数的

定义.

以上的两个函数方程都是给出一个未知函数,却有无穷多的解. 让我们再看一个例子.

▶ **例3** 求所有的 $f: \mathbf{R} \to \mathbf{R}$,使得 $f(-x) = -f(x)$,且 $f(xy) = x^4 f(y)$.

解

$$f(-xy) = -f(xy) = -x^4 f(y).$$

另一方面,

$$f(-xy) = (-x)^4 f(y) = x^4 f(y),$$

因此

$$f(-xy) = -f(-xy),$$

即对任意 $x, y \in \mathbf{R}$,$f(-xy) = 0$. 特别地,取 $y = -1$,即得 $f(x) \equiv 0$,代入原方程知该解满足一切等式,故这个函数方程组仅有一解.

知识桥

从上面几个例子可以看到,函数方程解的个数与未知数及方程的个数关系不大,这和数值方程的情形很不相同. 对于数值方程的情形,如果有 n 个未知数,可以看成系统有 n 的自由度,而每一个方程表示了一个限制,因此自由度会减 1. 所以一般地,n 个未知数,m 个独立方程的系统会产生 $n - m$ 维的解集. 这在线性的数值方程中表现得尤其明显. 但是在函数方程的讨论中,上述性质不再成立. 有时候单个方程会有无穷多的解,而附加了一个条件以后,解的个数可能不变,可能减少得有限,也可能减少得异常多. 这种在一个简单关系中蕴含的深层次联系正是函数方程吸引人的所在.

在历史上,许多世界闻名的数学家都研究过函数方程,如达朗贝尔(d'Alembert,法国)、欧拉(Euler,瑞士)、柯西(Cauchy,法国)、高斯(Gauss,德国)、勒让德(Legendre,法国)、达布(Darboux,法国)、阿贝尔(Abel,挪威)、希尔伯特(Hilbert,德国)等等. 这其中,达朗贝尔在思考弦的振动时研究了定义在 $\mathbf{R}$ 上的有三个未知函数 f, g, h 的函数方程

$$f(x + y) + f(x - y) = g(x)h(y).$$

柯西曾经研究了形如

$$f(x+y) = f(x) + f(y),$$

$$f(x+y) = f(x)f(y),$$

$$f(xy) = f(x) + f(y),$$

$$f(xy) = f(x)f(y)$$

的函数方程,并提出了所谓的柯西法(后面会详细介绍),这样的方程在正态概率分布中有应用.因此,对函数方程的研究也是有很多应用背景的.

函数方程的分类标准有很多,比较常见的有如下几种.

1. 按未知函数的定义域分

可以分为定义域是离散的(如自然数集 **N** 或整数集 **Z** 等)集合,以及定义域是连续的(如实数集 **R**)或稠密的(如有理数集 **Q**)集合.

2. 按元分

函数方程中的未知函数是几元函数,就称该方程为几元函数方程.

3. 按阶分

函数方程中的未知函数最多经过几次迭代,就称其为几阶函数方程.

4. 按次分

对于多项式型的函数方程,如 $f^3(x) = f(x) + 2x$ 等,其中未知函数的最高次项的次数是几,就称其为几次函数方程.

5. 按未知函数的个数来分

即函数方程中出现多少个未知函数.如在达朗贝尔研究的那个方程中,未知函数有三个;而柯西研究的那些方程中,未知函数都只有一个.

3.2 离散型函数方程

一、一个简单方程引发的思考

训练营

▶ **例1** 试求所有函数 $f: \mathbf{N}^* \to \mathbf{N}^*$，满足：

(1) $f(2) = 2$；

(2) 任取 $m, n \in \mathbf{N}^*$，$f(mn) = f(m)f(n)$；

(3) 任取 $m < n$，$f(m) < f(n)$.

解

在三个条件中，条件(2)通常称为"可乘性"，条件(3)表示 f 是严格递增的.

在求解定义在正整数上的函数方程时，一个很重要的工具是数学归纳法，利用数学归纳法可以将一些性质延拓到无穷. 我们用数学归纳法来解决本题.

根据条件(2)，我们得到

$$f(1) = f(1 \cdot 1) = f^2(1).$$

因为 f 的值域中不包含0，因此 $f(1) = 1$. 同理，在条件(2)中取 $m = n = 2$，得 $f(4) = f(2 \cdot 2) = f^2(2) = 4$. $f(3)$ 的值可以通过条件(3)来夹逼得到. 因为

$$2 = f(2) < f(3) < f(4) = 4,$$

所以 $f(3) = 3$.

有了 $f(3)$，根据条件(2)就能计算出 $f(6) = f(2 \cdot 3) = f(2)f(3) = 6$，再用 $f(4) = 4$ 及 $f(6) = 6$，通过条件(3)的夹逼就得到了 $f(5) = 5$. 这个从 $f(3)$ 到 $f(5)$ 的过程值得借鉴，它是我们解出所有 $f(n)$ 的基础.

利用数学归纳法，归纳基础已经证得. 假设我们已经得到了 $f(1) = 1$，$f(2) = 2, \cdots, f(2k) = 2k$，$k$ 是某一正整数，接下来我们来求 $f(2k+1)$ 和 $f(2k+2)$. 首先 $2k+2 = 2(k+1)$，故 $f(2k+2) = f(2)f(k+1) = 2k+2$. 而利用 $f(2k)$ 和 $f(2k+2)$ 的值，以及函数的严格递增性，就得到了 $f(2k+1) = 2k+1$. 至此

我们证明了对于一切 $n \in \mathbf{N}^*$，都有 $f(n) = n$.

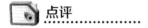

点评

在上面的证明中，我们反复地用到了正整数集的离散性及有序性，这些性质在定义域为离散集合的函数方程中是相当常用的，读者应很好地掌握.

▶ **例 2**　试求所有函数 $f: \mathbf{N}^* \to \mathbf{N}^*$，满足：

(1) $f(2) = 2$；

(2) 对一切互素的 $m, n \in \mathbf{N}^*$，$f(mn) = f(m)f(n)$；

(3) 任取 $m < n$，$f(m) < f(n)$.

解

本题的条件比上一题要弱一些. 和上题一样，我们可以首先得到 $f(1) = 1$. 但是随后马上就产生了不同，我们不能再像刚才一样求得 $f(4)$ 了. 这就要求我们用一些不同的方法来求得 $f(3)$，$f(4)$，…

事实上，$f(3)$ 依旧是等于 3 的，可以通过下面的方法来证明.

$$f(3)f(5) = f(3 \cdot 5) = f(15) < f(18)$$
$$= f(2 \cdot 9) = f(2)f(9) = 2f(9)$$
$$< 2f(10) = 2f(2 \cdot 5) = 4f(5),$$

因此我们得到了 $f(3) < 4$. 而根据函数的严格递增性，$f(3) > f(2) = 2$，这样便可确定 $f(3) = 3$.

之后用数学归纳法来确定每个 $f(n)$ 的过程与上题也有所不同，但主要思想是一样的. 我们先来看 $f(4)$，$f(5)$，$f(6)$. 根据条件(2)，取 $m = 2$ 及 $n = 3$，可得

$$f(6) = f(2 \cdot 3) = f(2)f(3) = 2 \times 3 = 6,$$

然后利用

$$3 = f(3) < f(4) < f(5) < f(6) = 6,$$

通过条件(3)及正整数的离散性即得 $f(4) = 4$，$f(5) = 5$.

这一方法可以让我们用数学归纳法得到一切 $f(n)$. 同样地，归纳基础已经证明. 假设我们已经得到了 $f(1) = 1$，$f(2) = 2$，…，$f(k) = k$，这里 $k \geqslant 3$，则因为 $(k-1, k) = 1$（注意，这里不能像刚才那样用 $f(2k) = f(2)f(k)$ 了），故

$f(k^2-k)=f(k-1)f(k)=k^2-k.$ 而

$$k=f(k)<f(k+1)<f(k+2)<\cdots$$
$$<f(k^2-k-1)<f(k^2-k)=k^2-k,$$

为了满足严格递增性,对每一个 $j\in\{k+1,k+2,\cdots,k^2-k-1\}$,均有 $f(j)=j$. 特别地,$f(k+1)=k+1$,故假设成立.

因此本题的解和上题一样,也只有 $f(n)=n$.

由此可见,例 1 中的条件(2)是可以作适当减弱的. 也许有人会问,$f(2)=2$ 这一条件是不是必要呢? 如果没有的话,会不会也只有 $f(n)=n$ 一个解呢? 让我们来看下面这道例题.

▶ **例 3** 证明:不存在函数 $f:\mathbf{N}^*\to\mathbf{N}^*$,使得:

(1) $f(2)=3$;

(2) 任取 $m,n\in\mathbf{N}^*$,$f(mn)=f(m)f(n)$;

(3) 任取 $m<n$,$f(m)<f(n)$.

证明 🔎

用反证法. 假设这样的 f 存在,并设 $f(3)=l\in\mathbf{N}^*$. 根据不等关系 $2^3<3^2$,可得

$$3^3=f^3(2)=f(2^3)<f(3^2)=l^2,$$

因此 $l>5$.

另一方面,由于 $2^5>3^3$,因此

$$3^5=f^5(2)=f(2^5)>f(3^3)=l^3,$$

即 $l^3<243$,故 $l<7$.

这样我们得到 $f(3)=6$,于是 $f(6561)=f(3^8)=6^8$,$f(8192)=f(2^{13})=3^{13}$. 根据条件(3),应有 $6^8<3^{13}$,这相当于要求 $2^8<3^5$,即 $256<243$,矛盾.

因此这样的函数 f 不存在.

如果我们把条件(3),即函数的递增性去掉,会发生什么情况呢?

▶ **例 4** 证明:存在无穷多个函数 $f:\mathbf{N}^*\to\mathbf{N}^*$,满足:

(1) $f(2)=2$;

(2) 任取 $m,n\in\mathbf{N}^*$,$f(mn)=f(m)f(n)$.

证明 🔍

我们采用构造法来证明这个命题. 在构造的过程中, 需要利用正整数的另一个重要性质, 即任意正整数的素因数分解存在且唯一. 用数学的语言来说, 即对任意的 $n \in \mathbf{N}^*$, 存在唯一的素数集合

$$\{p_1, p_2, \cdots, p_k\}$$

及正整数集合

$$\{\alpha_1, \alpha_2, \cdots, \alpha_k\},$$

使得

$$n = p_1^{\alpha_1} p_2^{\alpha_2} \cdots p_k^{\alpha_k}.$$

我们将所有的素数从小到大排列, 记作 $\{q_n\}_{n=1}^{+\infty}$, 即 $q_1 = 2, q_2 = 3, q_3 = 5, \cdots$. 任意取正整数数列 $\{r_n\}_{n=2}^{+\infty}$, 并定义函数 f, 使 $f(2) = 2$, $f(q_j) = r_j$, $j \geqslant 2$, 然后利用性质(2), 就可以将定义延拓到整个正整数集上.

容易验证, 这样定义的函数每个都满足题中条件, 而且根据数列的不同选取, 就可以生成无穷多个满足条件的函数.

注意到此前的例子中, 我们在很多地方用到了正整数集作为值域时的离散性和有序性. 如果值域不再是正整数集, 而是正实数集, 结论又会如何呢?

▶ **例 5**　试求所有函数 $f: \mathbf{N}^* \to \mathbf{R}^+$, 满足:

(1) $f(2) = 2$;

(2) 任取 $m, n \in \mathbf{N}^*$, $f(mn) = f(m)f(n)$;

(3) 任取 $m < n$, $f(m) < f(n)$.

解 ❓

与例 1 中一样, 我们可以证得 $f(1) = 1$ 和 $f(4) = 4$, 但是 $f(3)$ 的值却无法求得. 虽然我们知道 $2 < f(3) < 4$, 但是现在的值域是实数, 在 $(2, 4)$ 之间的实数有无穷多个, 因此我们需要采用完全不同的方法来得到 $f(3)$. 在此例中离散性和有序性不再有效.

事实上, 虽然 $f(3)$ 无法马上得到, 但是仍可以根据条件(2)得到 $f(2^k) = 2^k$, $k \in \mathbf{N}^*$. 然后我们任意取正整数 m, 并设 $f(m) = l$, 则对一切 $n \in \mathbf{N}^*$, 均有 $f(m^n) = l^n$. 选取 $k \in \mathbf{N}^*$, 使得

$$2^k \leqslant m^n < 2^{k+1},$$

则

$$f(2^k) \leqslant f(m^n) < f(2^{k+1}),$$

即

$$2^k \leqslant l^n < 2^{k+1},$$

故

$$\frac{1}{2} < \left(\frac{m}{l}\right)^n < 2,$$

而这个不等式对于所有 $n \in \mathbf{N}^*$ 均成立.

如果 $m > l$, 那么 $\lim\limits_{n \to +\infty} \left(\frac{m}{l}\right)^n \to +\infty$, 不可能永远小于 2; 如果 $m < l$, 那么 $\lim\limits_{n \to +\infty} \left(\frac{m}{l}\right)^n \to 0$, 不可能永远大于 $\frac{1}{2}$. 故只能是 $f(m) = l = m$.

因此满足条件的函数还是只有 $f(n) = n$ 这一个.

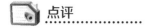 **点评**

从这个例子以及它的变化, 我们可以总结一些定义在正整数集上的函数方程解法的共同思想. 在正整数集上的主要运算有加法和乘法, 此外还有很重要的顺序, 即任意两个正整数都可以比较大小, 而且它们之间的自然数只有有限个. 在求解定义在正整数集上的函数方程时, 以上的一些性质都是非常基础的. 下面我们还将看到这些性质在求解函数方程中发挥的作用.

知识桥

二、 离散型函数方程的基本解法

从上面那些相似的例题中可以看出, 求解函数方程的过程通常是一个数学知识综合应用的过程. 在求解时一般来说没有系统的方法或步骤可循.

在求解定义域为 $\mathbf{N}^*$ 或 $\mathbf{Z}$ 的函数方程时, 比较常见的过程是通过赋值、代入、迭代、待定函数值等方法,利用正整数的离散性、有序性、任意非空集合必有最小值等性质,结合数学归纳法来求得并证明解. 在具体的解题过程中,常常需要将上述性质及方法综合应用.

▶ 例6 试求所有函数 $f: \mathbf{N}^* \to \mathbf{N}^*$,使得对一切 $n \in \mathbf{N}^*$,均有

$$f(f(n)) < f(n+1).$$

解

设 d 是 f 值域中的最小值,即

$$d = \min\{f(n) \mid n \in \mathbf{N}^*\}.$$

因为值域是正整数集 $\mathbf{N}^*$ 的子集,因此 d 存在且唯一. 设 $m \in \mathbf{N}^*$ 是 d 的一个原象,即 $f(m) = d$. 如果 $m > 1$,则 $f(f(m-1)) < f(m) = d$,即正整数 $f(m-1)$ 在 f 的作用下,函数值比 d 更小,与 d 的最小性相矛盾. 故 $m = 1$,$f(n)$ 的最小值仅在 $n = 1$ 时取到.

接下来我们考察集合 $\{f(n) \mid n \in \mathbf{N}^*\}$. 和刚才的做法一样,该集合也有最小值,而且这个最小值只能在 $n = 2$ 时取到. 因为该集合中的数均大于 d,故可得 $f(1) < f(2)$. 以此类推,用同样的方法可以证得

$$f(1) < f(2) < f(3) < \cdots < f(n) < \cdots,$$

即 f 是严格递增的. 注意到 f 是 $\mathbf{N}^*$ 到 $\mathbf{N}^*$ 的映射,故结合上面的不等式链,可知任取 $k \in \mathbf{N}^*$,$f(k) \geqslant k$.

假设对于某个 k,$f(k) \geqslant k+1$,则两边作用一次 f,得

$$f(f(k)) \geqslant f(k+1),$$

这和题目的条件相矛盾. 因此对一切 $k \in \mathbf{N}^*$,均有 $f(k) = k$.

点评

在本例中,我们反复使用了"非空正整数集必有最小数"这一性质来证明函数 f 的递增性,这种方法相当巧妙.

▶例7 求所有函数 $f: \mathbf{N}^* \to \mathbf{N}^*$，使得对任意正整数 m, n，都有

$$f(f(m) + f(n)) = m + n.$$

解

首先我们来证明 f 是一个单射. 当 $f(m) = f(n)$ 时，根据题意，

$$
\begin{aligned}
f(m) = f(n) &\Rightarrow f(m) + f(1) = f(n) + f(1) \\
&\Rightarrow f(f(m) + f(1)) = f(f(n) + f(1)) \\
&\Rightarrow m + 1 = n + 1 \\
&\Rightarrow m = n.
\end{aligned}
$$

当 $k < n$ 时，根据题意有

$$
\begin{aligned}
f(f(m+k) + f(n-k)) &= (m+k) + (n-k) = m+n \\
&= f(f(m) + f(n)).
\end{aligned}
$$

由于 f 是单射，故

$$f(m+k) + f(n-k) = f(m) + f(n). \tag{1}$$

接下来我们证明 $f(1) = 1$. 采用反证法. 假设 $f(1) = c > 1$，则可得

$$f(2c) = f(f(1) + f(1)) = 1 + 1 = 2,$$

且

$$f(c+2) = f(f(1) + f(2c)) = 2c + 1.$$

假如 $c = 2$，则根据上面两个等式，$2 = f(4) = 5$，矛盾. 因此 $c \geqslant 3$. 根据式(1)，可得

$$
\begin{aligned}
2 + c &= f(2c) + f(1) \\
&= f(2c - (c-2)) + f(1 + (c-2)) = f(c+2) + f(c-1) \\
&= 2c + 1 + f(c-1),
\end{aligned}
$$

因此 $f(c-1) = (2+c) - (2c+1) = 1 - c < 0$，这不可能. 故 c 只能等于 1. 这样，$f(2) = f(2c) = 2$，$f(3) = f(c+2) = 2c + 1 = 3$.

接下来我们用数学归纳法证明 $f(n) = n$，$n \in \mathbf{N}^*$. 归纳基础已经证得. 假设对 $k = 1, 2, \cdots, n$，$n \geqslant 2$，均有 $f(k) = k$，则根据

$$f(k+1) + f(1) = f(k) + f(2),$$

可知

$$f(k+1) = f(k) + f(2) - f(1) = k + 2 - 1 = k + 1.$$

因此满足题意的函数只有 $f(n) = n$, $n \in \mathbf{N}^*$ 这一个.

点评

以上例题中主要采取的方法是赋值法,并引入了一些递降的思想.

▶**例 8** 设 $f: \mathbf{N}^* \to \mathbf{N}^*$ 是严格递增的函数,满足

$$f(f(n)) = 3n, \quad n \in \mathbf{N}^*.$$

求 $f(2009)$.

解

根据 $f(f(n)) = 3n$ 知, f 是单射. 因为如果 $f(m) = f(n)$, 那么在两边作用一次 f, 即得 $3m = 3n$.

在 $f(f(n)) = 3n$ 两边作用一次 f, 根据复合函数的结合律得

$$f(3n) = f(f(f(n))) = 3f(n),$$

这一关系是相当重要的.

$f(3) = 3f(1)$, 假如 $f(1) = 1$, 则

$$3 = 3 \times 1 = f(f(1)) = f(1) = 1,$$

这不可能,因此 $f(1) > 1$. 于是根据严格递增性,

$$3 = f(f(1)) > f(1) > 1,$$

故 $f(1) = 2$. 两边作用一次 f, 得 $f(2) = f(f(1)) = 3$, 然后有 $f(3) = f(f(2)) = 6$ 等. 但是这个过程不是每次增加 1, 而且无法增加到 2009.

我们尝试对所有的 $k \in \mathbf{N}^*$ 都求出 $f(k)$. 注意到

$$f(3) = f(f(2)) = 6, \quad f(6) = f(f(3)) = 9,$$

而

$$f(3) < f(4) < f(5) < f(6),$$

故

$$f(4) = 7, \ f(5) = 8.$$

随后我们又可以得到

$$f(7) = f(f(4)) = 12, \ f(8) = f(f(5)) = 15,$$
$$f(9) = f(f(6)) = 18,$$

因此

$$f(12) = f(f(7)) = 21, \ f(15) = f(f(8)) = 24,$$
$$f(18) = f(f(9)) = 27.$$

由函数的严格递增性，得

$$f(10) = 19, \ f(11) = 20, \ f(13) = 22,$$
$$f(14) = 23, \ f(16) = 25, \ f(17) = 26.$$

至此 $f(1)$ 到 $f(18)$ 已全部求得.

假设我们已经得到了

$$f(k) = n, \ f(k+1) = n+1,$$

则

$$f(n) = f(f(k)) = 3k, \ f(n+1) = f(f(k+1)) = 3k+3,$$

而

$$f(3k) = f(f(n)) = 3n, \ f(3k+3) = f(f(n+1)) = 3n+3,$$

故

$$f(3k+1) = 3n+1, \ f(3k+2) = 3n+2,$$

即如果两个相邻正整数 $k, k+1$ 的函数值也相邻，那么从 $3k$ 到 $3k+3$ 的四个连续正整数的函数值也连续，且 $f(3k) = 3f(k)$.

假设正整数 n 在 $[3^m, 2 \times 3^m]$ 之中，则由于

$$f(3^m) = 3^m f(1) = 2 \times 3^m,$$
$$f(2 \times 3^m) = 3^m f(2) = 3^{m+1},$$

故由严格递增性，得

$$f(3^m + j) = 2 \times 3^m + j, \ j = 0, 1, 2, \cdots, 3^m.$$

而当 n 在 $(2 \times 3^m, 3^{m+1})$ 之中时，由于

$$f(3^m + j) = 2 \times 3^m + j, \quad j = 0, 1, 2, \cdots, 3^m,$$

所以

$$f(2 \times 3^m + j) = f(f(3^m + j)) = 3^{m+1} + 3j = 3n - 3^{m+1},$$
$$j = 1, 2, \cdots, 3^m - 1.$$

因此

$$f(n) = \begin{cases} n + 3^m, & 3^m \leqslant n \leqslant 2 \times 3^m, \\ 3n - 3^{m+1}, & 2 \times 3^m < n < 3^{m+1}. \end{cases}$$

容易验证这样的 f 满足所有的要求.

最后我们来计算 $f(2009)$. 因为 $2 \times 3^6 = 1458 < 2009 < 3^7 = 2187$，故 $f(2009) = 3 \times 2009 - 3^7 = 6027 - 2187 = 3840$.

点评

本例的求解主要利用了赋值法以及正整数的顺序性.

▶ **例 9** 设函数 $f: \mathbf{N}^* \to \mathbf{N}^*$ 满足如下条件：

(1) 当 $m < n$ 时，$f(m) < f(n)$；

(2) 对一切 $n \in \mathbf{N}^*$，有

$$f(2n) = f(n) + n;$$

(3) 当且仅当 n 是素数时 $f(n)$ 是素数.

求 $f(2009)$.

解

利用条件(2)，可以得到 $f(2) = f(1) + 1$，$f(4) = f(2) + 2 = f(1) + 3$. 于是根据条件(1)，得 $f(3) = f(1) + 2$.

我们猜测

$$f(n) = f(1) + (n - 1).$$

用数学归纳法来证明. 归纳基础 $n = 1, 2$ 已经证得. 假设对于 $n = 1, 2, \cdots, k$，上式均成立. 当 $n = k + 1$ 时，我们来分情况讨论.

当 $k+1$ 为偶数时,

$$f(k+1) = f\left(\frac{k+1}{2}\right) + \frac{k+1}{2} = f(1) + \left(\frac{k+1}{2} - 1\right) + \frac{k+1}{2}$$
$$= f(1) + k.$$

当 $k+1$ 为奇数时,

$$f(k+2) = f\left(\frac{k+2}{2}\right) + \frac{k+2}{2} = f(1) + \left(\frac{k+2}{2} - 1\right) + \frac{k+2}{2}$$
$$= f(1) + (k+1),$$

再利用 $f(k) = f(1) + (k-1)$ 和条件(1),得到 $f(k+1) = f(1) + k$.

至此我们通过数学归纳法证明了猜测.

最后来确定 $f(1)$ 的值. 注意到我们还没有使用条件(3),可以设想这个条件就是用来确定 $f(1)$ 的值. 我们自然猜测 $f(1) = 1$.

假设这不成立,即 $f(1) = m > 1$. 考察

$$(m+1)! + 2, (m+1)! + 3, \cdots, (m+1)! + m, (m+1)! + (m+1),$$

这是连续的 m 个合数. 取超过 $(m+1)! + (m+1)$ 的最小素数 p(由于素数有无穷多个,且非空正整数集必有最小元素,这样的 p 总存在). 令 $n = p - m + 1$,则 $f(n) = m + (p - m + 1 - 1) = p$ 是素数. 而

$$n = p - m + 1 > (m+1)! + (m+1) - m + 1 = (m+1)! + 2,$$

如果它也是素数,那么与 p 的最小性相矛盾.

因此 m 只能等于 1. 故满足题意的函数只有

$$f(n) = n, \quad n \in \mathbf{N}^*.$$

 点评

本例中我们充分地利用了正整数中素数与合数的分布来确定 $f(1)$ 的值.

▶ **例 10** 试求所有有界函数 $f: \mathbf{Z} \to \mathbf{Z}$,满足对任意 $m, n \in \mathbf{Z}$,都有

$$f(m+n) + f(m-n) = 2f(m)f(n).$$

 解

首先将 $m = n = 0$ 代入题中的方程,得

$$2f(0) = 2f^2(0),$$

即 $f(0) = 0$ 或 $f(0) = 1$.

(i) $f(0) = 0$.

将 $n = 0$ 代入方程,得

$$2f(m) = 2f(m)f(0) = 0, m \in \mathbf{Z},$$

即 $f(m) \equiv 0$.

(ii) $f(0) = 1$.

在方程中取 $m = n$,得

$$f(2m) + 1 = 2f^2(m).$$

这样,$f(2) = 2f^2(1) - 1$,$f(4) = 2f^2(2) - 1$,依次类推. 如果 $f(1)$ 比较大的话,序列 $f(2)$,$f(4)$,$f(8)$,$\cdots$ 将会很快放大,从而和 f 的有界性矛盾. 事实上,如果 $|f(1)| \geqslant 2$,我们可以通过数学归纳法证明

$$f(2^k) \geqslant 2k, k \leqslant 1.$$

首先,$f(2^1) = f(2) = 2f^2(1) - 1 \geqslant 7 \geqslant 2$. 其次,假设 $f(2^k) \geqslant 2k$,则

$$f(2^{k+1}) = 2f^2(2^k) - 1$$
$$\geqslant 2(2k)^2 - 1 = 8k^2 - 1$$
$$\geqslant 2(k+1),$$

故这会导致函数 f 无界.

因此,$f(1)$ 只可能在 $1, 0, -1$ 三者中选取.

若 $f(1) = 1$,则 $f(m+1) + f(m-1) = 2f(m)$,即 $f(m)$ 的值成等差数列. 由于 $f(0) = f(1) = 1$,故 $f(n) \equiv 1$.

若 $f(1) = 0$,则 $f(m+1) + f(m-1) = 2f(m)f(1) = 0$,且

$$f(m+2) = -f(m),$$

因此

$$f(n) = \begin{cases} 0, & n = 2k+1, \\ 1, & n = 4k, \\ -1, & n = 4k+2, \end{cases} \quad k \in \mathbf{Z}.$$

若 $f(1) = -1$,则 $f(m+1) + f(m-1) = -2f(m)$,于是

$$f(n) = \begin{cases} 1, & n = 2k, \\ -1, & n = 2k+1, \end{cases} \quad k \in \mathbf{Z}.$$

经过验证,我们得到的四个函数均满足题意.故一共有四个解,分别为

$$f(n) = \begin{cases} 0, & n = 2k+1, \\ 1, & n = 4k, \\ -1, & n = 4k+2, \end{cases} \quad k \in \mathbf{Z};$$

$$f(n) = \begin{cases} 1, & n = 2k, \\ -1, & n = 2k+1, \end{cases} \quad k \in \mathbf{Z};$$

$$f(n) \equiv 0; \ f(n) \equiv 1.$$

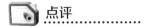 **点评**

本例中我们合理地利用了函数的有界性,得到 $f(1)$ 的取值范围,并对 $f(1)$ 的值进行讨论来得到所有的解.

▶ **例 11** 定义在正整数上的函数 f 满足如下的条件:

$$f(1) = 1, f(3) = 3, f(2n) = n,$$

$$f(4n+1) = 2f(2n+1) - f(n),$$

$$f(4n+3) = 3f(2n+1) - 2f(n).$$

试确定当 $1 \leqslant n \leqslant 1988$ 时,有多少个 n 是 f 的不动点.

解

首先让我们来计算一些函数值.

$f(1) = 1,$ $f(2) = f(1) = 1,$

$f(3) = 3,$ $f(4) = f(2) = 1,$

$f(5) = 2f(3) - f(1) = 5,$ $f(6) = f(3) = 3,$

$f(7) = 3f(3) - 2f(1) = 7,$ $f(8) = f(4) = 1,$

$f(9) = 2f(5) - f(2) = 9,$ $f(10) = f(5) = 5,$

$f(11) = 3f(5) - 2f(2) = 13,$ $f(12) = f(6) = 3,$

$f(13) = 2f(7) - f(3) = 11,$ $f(14) = f(7) = 7,$

$f(15) = 3f(7) - 2f(3) = 15,$ $f(16) = f(8) = 1,$

      ...

如果用二进制数来表示这些函数关系,则有

n	$f(n)$	n	$f(n)$
$(1)_2$	$(1)_2$	$(10)_2$	$(1)_2$
$(11)_2$	$(11)_2$	$(100)_2$	$(1)_2$
$(101)_2$	$(101)_2$	$(110)_2$	$(11)_2$
$(111)_2$	$(111)_2$	$(1000)_2$	$(1)_2$
$(1001)_2$	$(1001)_2$	$(1010)_2$	$(101)_2$
$(1011)_2$	$(1101)_2$	$(1100)_2$	$(11)_2$
$(1101)_2$	$(1011)_2$	$(1110)_2$	$(111)_2$
$(1111)_2$	$(1111)_2$	$(10\,000)_2$	$(1)_2$

因此猜测当

$$n = a_k 2^k + a_{k-1} 2^{k-1} + \cdots + a_1 2^1 + a_0,\ a_j \in \{0, 1\},\ a_k = 1$$

时,

$$f(n) = a_0 2^k + a_1 2^{k-1} + \cdots + a_{k-1} \cdot 2 + a_k,$$

即二进制数 $(1a_{k-1}a_{k-2}\cdots a_1 a_0)_2$ 的函数值为

$$(a_0 a_1 \cdots a_{k-2} a_{k-1} 1)_2.$$

下面我们来证明这一猜测. 作为归纳基础,当 $n = 1, 2, 3$ 时,猜测成立. 假设该猜测对于所有 $[1, n-1]$ 中的正整数均成立,则我们对 n 的二进制表示进行分类讨论.

情形 1: n 的二进制表示的最后一位是 0,即 $n \equiv 0 \pmod 2$.

设 $n = (1a_{k-1}a_{k-2}\cdots a_1 0)_2$,则 $\dfrac{n}{2} = (1a_{k-1}a_{k-2}\cdots a_1)_2 \in [0, n-1]$,故由题意及归纳假设,

$$\begin{aligned}
f(n) &= f\left(\frac{n}{2}\right) \\
&= f((1a_{k-1}a_{k-2}\cdots a_1)_2) \\
&= (0a_1 a_2 \cdots a_{k-2} a_{k-1} 1)_2,
\end{aligned}$$

符合猜测.

情形 2：n 的二进制表示的末两位为 01，即 $n \equiv 1 \pmod{4}$.

设 $n = (1a_{k-1}a_{k-2} \cdots a_2 01)_2$，且 $n = 4k+1$，则 $k = (1a_{k-1}a_{k-2} \cdots a_2)_2$. 根据题意及归纳假设，

$$\begin{aligned}
f(n) &= 2f(2k+1) - f(k) \\
&= 2f((1a_{k-1}a_{k-2} \cdots a_2 1)_2) - f((1a_{k-1}a_{k-2} \cdots a_2)_2) \\
&= (1a_2 a_3 \cdots a_{k-1} 10)_2 - (a_2 a_3 \cdots a_{k-2} a_{k-1} 1)_2 \\
&= (10 a_2 a_3 \cdots a_{k-1} 1)_2,
\end{aligned}$$

也符合猜测.

情形 3：n 的二进制表示的末两位为 11，即 $n \equiv 3 \pmod{4}$.

设 $n = (1a_{k-1}a_{k-2} \cdots a_2 11)_2$，且 $n = 4k+3$，则 $k = (1a_{k-1}a_{k-2} \cdots a_2)_2$. 根据题意及归纳假设，

$$\begin{aligned}
f(n) &= 3f(2k+1) - 2f(k) \\
&= 3f((1a_{k-1}a_{k-2} \cdots a_2 1)_2) - 2f((1a_{k-1}a_{k-2} \cdots a_2)_2) \\
&= (1a_2 a_3 \cdots a_{k-1} 1)_2 + (1a_2 a_3 \cdots a_{k-1} 10)_2 - (a_2 a_3 \cdots \\
&\quad a_{k-2} a_{k-1} 10)_2 \\
&= (11 a_2 a_3 \cdots a_{k-1} 1)_2,
\end{aligned}$$

也符合猜测.

故对一切 $n \in \mathbf{N}^*$，$n = (1a_{k-1}a_{k-2} \cdots a_1 a_0)_2$，均有

$$f(n) = (a_0 a_1 \cdots a_{k-2} a_{k-1} 1)_2.$$

最后我们来看 f 的不动点有哪些. 根据 f 的对应法则，所有 f 的不动点应该是那些二进制的回文数. 根据乘法原理，二进制数中位数不同的回文数的个数如下表：

位数	回文数个数	位数	回文数个数
1	1	2	1
3	2	4	2
5	4	6	4
7	8	8	8
9	16	10	16
11	32	12	32

而 $1988 = (11\,111\,000\,100)_2$ 是 11 位二进制数,在 11 位的二进制回文数中,只有 $(11\,111\,011\,111)_2 = 2015$ 及 $(11\,111\,111\,111)_2 = 2047$ 比它大,故在 $[1, 1988]$ 中, f 的不动点共有 $2(1+2+4+8+16) + 30 = 92$ 个.

 点评

这个例子是 1988 年 IMO 中的一道题,可以说是 IMO 历史上出现过的最精致的试题之一. 然而作为函数方程的例题,它却显得有些奇怪. 但是它所蕴含的思想还是非常典型的,那就是通过计算 n 比较小时 $f(n)$ 的值,再经过猜测和数学归纳来证明结论. 在求解离散情形的函数方程时,这种先猜后证的思想是很有用的.

▶ **例 12** 试求所有的函数 $f: \mathbf{Z} \to \mathbf{Z}$,使得 $f(0) = 1$,且

$$f(f(n)) = f(f(n+2) + 2) = n, \quad n \in \mathbf{Z}.$$

解

因为 $f(f(n)) = n$,如果 $f(m) = f(n)$,则

$$m = f(f(m)) = f(f(n)) = n,$$

即 f 是单射. 因此方程的第一个等号可简化为

$$f(n) = f(n+2) + 2.$$

于是,只要求出 $f(0)$ 和 $f(1)$ 的值,即可归纳地求出所有 $f(n)$ 的值.

题中已知 $f(0) = 1$,再根据 $0 = f(f(0)) = f(1)$,知 $f(1) = 0$,故可利用数学归纳法,根据 $f(n+2) = f(n) - 2$,证得

$$f(n) = 1 - n.$$

代入题中的方程,这样的 f 确实满足要求. 故本题的解为 $f(n) = 1 - n$.

▶ **例 13** 试求所有函数 $f: \mathbf{N} \to \mathbf{N}$,使得 $f(1) > 0$,且

$$f(m^2 + n^2) = f^2(m) + f^2(n).$$

解

注意到函数的定义域及值域包含 0,最容易想到的就是在等式中令 $m = n = 0$,

得到 $f(0) = 2f^2(0)$，即 $f(0) = 0$ 或 $f(0) = \dfrac{1}{2}$．因为值域为 $\mathbf{N}$，故 $f(0) = 0$．

在等式中令 $m = 0$，即得 $f(n^2) = f^2(n)$，因此

$$f(m^2 + n^2) = f(m^2) + f(n^2).$$

另外，因为 $f(1) = f(1^2) = f^2(1)$，且 $f(1) > 0$，故 $f(1) = 1$．

我们来计算一些 $f(n)$ 的值：

$$f(2) = f(1^2 + 1^2) = 2f(1^2) = 2,$$
$$f(4) = f(2^2 + 0^2) = f^2(2) = 4,$$
$$f(5) = f(1^2 + 2^2) = f^2(1) + f^2(2) = 5,$$
$$f(8) = f(2^2 + 2^2) = 2f^2(2) = 8,$$

而 $3,6,7$ 因不能分解为两个完全平方数之和，故暂时无法得到其函数值．

注意到

$$25 = f^2(5) = f(5^2) = f(25) = f(4^2 + 3^2)$$
$$= f^2(4) + f^2(3) = 16 + f^2(3),$$

故 $f(3) = 3$（因为 f 的值域非负）．于是

$$f(9) = f(3^2) = f^2(3) = 9,$$
$$f(10) = f(3^2 + 1^2) = f^2(3) + f^2(1) = 10.$$

这样，

$$50 = 2f^2(5) = f(5^2 + 5^2) = f(7^2 + 1^2) = f^2(7) + 1,$$
$$100 = f^2(10) = f(10^2) = f(6^2 + 8^2) = f^2(6) + 64,$$

故 $f(6) = 6$，$f(7) = 7$．即对 $n \in [0,10]$，均有 $f(n) = n$．

我们自然会猜测对所有的 $n \in \mathbf{N}$，均有 $f(n) = n$．但是上面的过程显得有些杂乱，并不是按照从小到大的顺序依次得到 $f(n)$ 的．所得的结论是不是能推广到更大的 n 呢？

答案是肯定的．对于比较大的 n，推导过程可以有规律得多．我们将用数学归纳法来证明这一点．

对于 $n \geqslant 11$，假设 $[0, n-1]$ 中的整数 m 都满足 $f(m) = m$．我们对 n 除以 5 的余数进行讨论．

当 $n = 5k + 1$，$k \in \mathbf{Z}$ 时，因为

$$(5k+1)^2 + 2^2 = (4k+2)^2 + (3k-1)^2,$$

而 $2, 4k+2, 3k-1 \leqslant 5k = n-1$，故

$$f^2(5k+1) = f^2(4k+2) + f^2(3k-1) - f^2(2),$$

即 $f(5k+1) = 5k+1$.

而当 $n = 5k+2, 5k+3, 5k+4, 5k+5, k \in \mathbf{Z}$ 时，分别利用恒等式

$$(5k+2)^2 + 1^2 = (4k+1)^2 + (3k+2)^2,$$
$$(5k+3)^2 + 1^2 = (4k+3)^2 + (3k+1)^2,$$
$$(5k+4)^2 + 2^2 = (4k+2)^2 + (3k+4)^2,$$
$$(5k+5)^2 + 0^2 = (4k+4)^2 + (3k+3)^2,$$

同理可得 $f(n) = n$. 故根据数学归纳法知，对一切 $n \in \mathbf{N}$，均有 $f(n) = n$.

▶ 例 14   求所有的函数 $f: \mathbf{Z} \to \mathbf{Z}$，使得对于所有满足 $a+b+c=0$ 的整数 a, b, c，都有

$$f^2(a) + f^2(b) + f^2(c) = 2f(a)f(b) + 2f(b)f(c) + 2f(c)f(a).$$

解 ❓

令 $a = b = c = 0$，得 $3f^2(0) = 6f^2(0)$，所以

$$f(0) = 0.$$

令 $b = -a, c = 0$，得

$$(f(a) - f(-a))^2 = 0,$$

所以 f 是偶函数，即对所有 $a \in \mathbf{Z}$，

$$f(a) = f(-a).$$

令 $b = a, c = -2a$，得

$$2f^2(a) + f^2(2a) = 2f^2(a) + 4f(a)f(2a),$$

因此对所有 $a \in \mathbf{Z}$，

$$f(2a) = 0 \ \text{或} \ f(2a) = 4f(a). \tag{2}$$

若对某个 $r \geqslant 1, f(r) = 0$，则令 $b = r, c = -a-r$，得

$$(f(a+r) - f(a))^2 = 0,$$

所以 f 是以 r 为周期的周期函数，即对所有 $a \in \mathbf{Z}, f(a+r) = f(a)$.

特别地，若 $f(1) = 0$，则 f 是常数，于是对所有 $a \in \mathbf{Z}, f(a) = 0$. 这个函数显然满足题设条件. 下面设 $f(1) = k \neq 0$.

由式(2)知,$f(2) = 0$ 或 $f(2) = 4k$.

若 $f(2) = 0$,则 f 是以 2 为周期的周期函数,故对所有 $n \in \mathbf{Z}$,有

$$f(2n) = 0,$$

$$f(2n+1) = k.$$

若 $f(2) = 4k \neq 0$,则由式(2)知,$f(4) = 0$ 或 $f(4) = 16k$.

当 $f(4) = 0$ 时,f 是以 4 为周期的周期函数,且

$$f(3) = f(-1) = f(1) = k,$$

故对所有 $n \in \mathbf{Z}$,有 $f(4n) = 0, f(4n+1) = f(4n+3) = k, f(4n+2) = 4k$.

当 $f(4) = 16k \neq 0$ 时,令 $a = 1, b = 2, c = -3$,得

$$f^2(3) - 10kf(3) + 9k^2 = 0,$$

所以 $f(3) \in \{k, 9k\}$.

令 $a = 1, b = 3, c = -4$,得

$$f^2(3) - 34kf(3) + 225k^2 = 0,$$

所以 $f(3) \in \{9k, 25k\}$,故 $f(3) = 9k$.

下面我们用数学归纳法证明 $f(x) = kx^2, x \in \mathbf{Z}$.

当 $x \in \{0, 1, 2, 3, 4\}$ 时,命题已经成立,假设命题对 $x \in \{0, 1, \cdots, n\}(n \geqslant 4)$ 成立.

令 $a = n, b = 1, c = -n-1$,得

$$f(n+1) \in \{k(n+1)^2, k(n-1)^2\}.$$

令 $a = n-1, b = 2, c = -n-1$,得

$$f(n+1) \in \{k(n+1)^2, k(n-3)^2\}.$$

因为当 $n \neq 2$ 时,$k(n-1)^2 \neq k(n-3)^2$,所以 $f(n+1) = k(n+1)^2$,这就证明了 $f(x) = kx^2, x$ 是非负整数. 因为 f 是偶函数,所以 $f(x) = kx^2, x \in \mathbf{Z}$.

综上所述,可得

$$f_1(x) = 0,$$

$$f_2(x) = kx^2,$$

$$f_3(x) = \begin{cases} 0, & x \equiv 0 \pmod{2}, \\ k, & x \equiv 1 \pmod{2}, \end{cases}$$

$$f_4(x) = \begin{cases} 0, & x \equiv 0 \pmod{4}, \\ k, & x \equiv 1 \pmod{2}, \\ 4k, & x \equiv 2 \pmod{4}, \end{cases}$$

其中 k 是任意非零整数.

容易验证，f_1 和 f_2 满足题设条件.

对于 f_3，当 a,b,c 均为偶数时，

$$f(a) = f(b) = f(c) = 0,$$

满足题设条件；当 a,b,c 为一个偶数、两个奇数时，题目中等式左边等于 $2k^2$，右边也等于 $2k^2$，满足题设条件.

对于 f_4，由对称性及 $a+b+c=0$，只需考虑 $(f(a),f(b),f(c))$ 为 $(0,k,k)$，$(4k,k,k)$，$(0,0,0)$ 及 $(0,4k,4k)$ 这 4 种情况，显然它们都满足题设条件.

▶ **例 15** 设 $\alpha = \dfrac{\sqrt{5}+1}{2}$，$[x]$ 表示不超过 x 的最大整数.

(1) 证明：任取 $n \in \mathbf{N}$，$[\alpha([n\alpha]-n+1)] = n$ 或 $n+1$；

(2) 证明：对一切 $n \in \mathbf{N}$，

当 $[\alpha([n\alpha]-n+1)] = n$ 时，$[(n+1)\alpha] = [n\alpha]+2$；

当 $[\alpha([n\alpha]-n+1)] = n+1$ 时，$[(n+1)\alpha] = [n\alpha]+1$；

(3) 在此基础上求所有函数 $f: \mathbf{N}^* \to \mathbf{N}^*$，使得

$$f(f(n)) + f(n+1) = n+2, \quad n \in \mathbf{N}^*.$$

解 ❓

(1) 容易得到

$$\alpha([n\alpha]-n+1) > \alpha(n\alpha-1-n+1) = \alpha(\alpha-1)n = n,$$

以及

$$\alpha([n\alpha]-n+1) < \alpha(n\alpha-n+1) = \alpha(\alpha-1)n+\alpha = n+\alpha < n+2,$$

因此 $[\alpha([n\alpha]-n+1)] = n$ 或 $n+1$.

(2) 先去掉取整符号，得

$$(n+1)\alpha > n\alpha+1 > [n\alpha]+1,$$
$$(n+1)\alpha < n\alpha+2 < [n\alpha]+3,$$

因此 $[(n+1)\alpha]$ 的值只能在 $[n\alpha]+1$ 和 $[n\alpha]+2$ 中取.

若 $[(n+1)\alpha] = [n\alpha]+1$，则

$$[\alpha([n\alpha]-n+1)] = [\alpha([(n+1)\alpha]-n)]$$
$$> \alpha((n+1)\alpha-1-n)-1 = n,$$

故根据(1)，它只能等于 $n+1$.

而当 $[(n+1)\alpha]=[n\alpha]+2$ 时，有

$$[\alpha([n\alpha]-n+1)]=[\alpha([(n+1)\alpha]-n-1)]$$
$$<\alpha((n+1)\alpha-n-1)=n+1,$$

根据(1)，它只能等于 n.

(3) 将 $n=1$ 代入题目中的等式，得

$$f(f(1))+f(2)=3.$$

因为函数的值域是正整数，故 $f(f(1))=1$，$f(2)=2$ 或 $f(f(1))=2$，$f(2)=1$.

如果 $f(2)=1$，$f(f(1))=2$，我们假设 $f(1)=m$. $m=1,2$ 都不可能，故 $m\geqslant 3$，且 $f(m)=2$. 在方程中取 $n=2$，得

$$f(f(2))+f(3)=4,$$

故由 $f(3)=4-f(1)=4-m>0$，得 $m=3$，$f(3)=1$. 但是这样又有

$$f(f(2))+f(3)=f(1)+f(3)=3+1=4,$$

矛盾. 故这种情况不可能发生.

剩下的只有 $f(2)=2$，$f(f(1))=1$. 在方程中取 $n=2$，可得

$$f(f(2))+f(3)=4,$$

因此 $f(3)=2$. 接下来，我们可以得到

$$f(4)=5-f(f(3))=5-2=3,$$
$$f(5)=6-f(f(4))=6-2=4,$$
$$f(6)=7-f(f(5))=7-3=4,$$
$$f(7)=8-f(f(6))=8-3=5,$$
$$f(8)=9-f(f(7))=9-4=5.$$

用数学归纳法容易证明，当 $n\geqslant 3$ 时，$2\leqslant f(n)\leqslant n-1$，因此这个过程可以无限地进行下去. 但是这仅仅是一个递推的过程，我们还没有得到 $f(n)$ 的通项公式.

猜测

$$f(n)=[n\alpha]-n+1, \tag{3}$$

接下来用数学归纳法证明式(3).

首先，

$$f(1) = 1 = [\alpha] - 1 + 1,$$
$$f(2) = 2 = [2\alpha] - 2 + 1.$$

其次，如果假设式(3)在 $n = 1, 2, \cdots, j, j \geqslant 2$ 时成立，则利用递推关系式，

$$f(j+1) = j + 2 - f(f(j)) = j + 2 - f([j\alpha] - j + 1)$$
$$= j + 2 - [\alpha([j\alpha] - j + 1)] + ([j\alpha] - j + 1) - 1$$
$$= [j\alpha] + 2 - [\alpha([j\alpha] - j + 1)],$$

这最后一个取整符号正是我们在问题(1)和(2)中讨论过的.

当 $[\alpha([j\alpha] - j + 1)] = j$ 时，根据问题(2)，$[j\alpha] + 2 = [(j+1)\alpha]$，故此时
$$f(j+1) = [(j+1)\alpha] - j = [(j+1)\alpha] - (j+1) + 1.$$

当 $[\alpha([j\alpha] - j + 1)] = j + 1$ 时，根据问题(2)，$[j\alpha] + 2 = [(j+1)\alpha] + 1$，故此时

$$f(j+1) = [(j+1)\alpha] + 1 - (j+1) = [(j+1)\alpha] - (j+1) + 1.$$

因此式(3)成立，所求的函数 f 即

$$f(n) = [n\alpha] - n + 1.$$

知 识 桥

三、 离散型函数方程的进阶解法

上面我们讨论了一些离散型函数方程的基本解法，这里我们将用一些难度比较高的例题来说明一些进阶的方法.

首先我们来看一种通过证明唯一性和根据方程的形式来猜测解，从而得到所有解的方法.

训练营

▶ 例 16 试求所有函数 $f: \mathbf{Z}_+^3 \to \mathbf{R}$，使得当 $pqr = 0$ 时 $f(p, q, r) = 0$，且

$$f(p, q, r) = 1 + \frac{1}{6}(f(p+1, q-1, r) + f(p-1, q+1, r)$$

$$+ f(p-1, q, r+1) + f(p+1, q, r-1)$$
$$+ f(p, q+1, r-1) + f(p, q-1, r+1)),$$
$$p, q, r \geqslant 1,$$

这里 $\mathbf{Z}_+^3$ 表示所有非负整数构成的三元数组全体.

解 🌏

让我们首先来"猜"一个解. 从给出的方程来看, 等式的左边和右边出现 f 的地方, 其三个自变量的总和都是 $p+q+r$, 这说明这个函数的递推式是建立在每一个平面 $p+q+r=c$ 和第一卦限 $p, q, r \geqslant 0$ 的公共部分上的.

让我们分别来考虑 $p+q+r=c, c=0, 1, 2, 3, 4$ 的情况.

当 $c=0, 1, 2$ 时, 和为 c 的三个非负整数里必有一个是零, 因此函数值为零.

当 $c=3$ 时, 只有 $p=q=r=1$ 一个三元数组能使 $pqr \neq 0$. 根据方程, $f(1, 1, 1) = 1$.

当 $c=4$ 时, 可得

$$f(2, 1, 1) = 1 + \frac{1}{6}(f(1, 2, 1) + f(1, 1, 2)),$$

$$f(1, 2, 1) = 1 + \frac{1}{6}(f(1, 1, 2) + f(2, 1, 1)),$$

$$f(1, 1, 2) = 1 + \frac{1}{6}(f(2, 1, 1) + f(1, 2, 1)).$$

当 c 更大时, 用这种方法来求得 $f(p, q, r)$ 的值也是可行的, 但是计算量会大很多. 因此还是要通过"猜测—证明"的方法来求解. 根据 f 所满足的函数方程, 我们猜测 f 应该是一个包含 $p+q+r, pqr$ 等"元素"的对称函数. 注意到

$$(p+1)(q-1)r = pqr + qr - pr - r,$$

因此

$$(p+1)(q-1)r + (p-1)(q+1)r +$$
$$(p+1)q(r-1) + (p-1)q(r+1) +$$
$$p(q+1)(r-1) + p(q-1)(r+1) = 6pqr - 2(p+q+r),$$

故

$$f(p, q, r) = \frac{3pqr}{p+q+r}$$

是一个满足题意的函数.

然后我们来证明满足题意的函数只有一个. 以下的方法对于线性函数方程是相当有效的.

假设有两个函数 $g(p, q, r)$ 和 $h(p, q, r)$ 满足方程. 作差, 可得当 $pqr = 0$ 时差函数 $\varphi(p, q, r) = g(p, q, r) - h(p, q, r) = 0$, 且当 $p, q, r \geqslant 1$ 时,

$$\varphi(p, q, r) = \frac{1}{6}(\varphi(p+1, q-1, r) + \varphi(p-1, q+1, r)$$
$$+ \varphi(p-1, q, r+1) + \varphi(p+1, q, r-1)$$
$$+ \varphi(p, q+1, r-1) + \varphi(p, q-1, r+1)).$$

我们来证明 $\varphi \equiv 0$.

对于 $p + q + r = c$ 的所有三元非负整数组, 设 φ 在点 (p, q, r) 处取得最大值, 即

$$\varphi(p, q, r) = \max_{(x, y, z) \in \mathbf{Z}_+^3, x+y+z=c} \varphi(x, y, z).$$

若 $pqr = 0$, 则 φ 限制在 $x + y + z = c$ 上的最大值为零. 否则, 由于

$$\varphi(p, q, r) = \frac{1}{6}(\varphi(p+1, q-1, r) + \varphi(p-1, q+1, r)$$
$$+ \varphi(p-1, q, r+1) + \varphi(p+1, q, r-1)$$
$$+ \varphi(p, q+1, r-1) + \varphi(p, q-1, r+1)),$$
$$p, q, r \geqslant 1,$$

而右边的六个函数值均不大于 $f(p, q, r)$, 故每个函数值都等于 $f(p, q, r)$. 特别地, $f(p-1, q+1, r) = f(p, q, r)$. 反复这样做, 最终会得到 $f(0, p+q, r) = f(p, q, r)$, 所以 φ 限制在 $x + y + z = c$ 上的最大值为零.

同理, φ 限制在 $x + y + z = c$ 上的最小值也为零. 故 $\varphi \equiv 0$. 这表明满足题意的函数若存在则必唯一. 因此本题唯一的解为

$$f(p, q, r) = \frac{3pqr}{p+q+r}.$$

有一些离散型函数方程和整数的性质密切相关, 比如下面的例子.

▶ **例 17** 试求所有函数 $f: \mathbf{N}^* \times \mathbf{N}^* \to \mathbf{N}^*$，满足：

（1）对所有 $n \in \mathbf{N}^*$，$f(n, n) = n$；

（2）对所有 $m, n \in \mathbf{N}^*$，$f(m, n) = f(n, m)$；

（3）对所有 $m, n \in \mathbf{N}^*$，

$$\frac{f(m, m+n)}{f(m, n)} = \frac{m+n}{n}.$$

解 😕

求解离散型函数方程最好的入手方法是先去求解自变量比较小时的函数值，本题也不例外.

根据题意，有

$$f(1, 1) = 1,$$

$$f(1, 2) = f(2, 1) = f(1, 1+1) = \frac{1+1}{1} f(1, 1) = 2,$$

$$f(1, 3) = f(3, 1) = f(1, 1+2) = \frac{1+2}{2} f(1, 2) = 3,$$

$$f(2, 2) = 2,$$

等等. 先不看具体的函数值. 我们发现当 $p > q$ 时，求 $f(p, q)$ 的值需要通过 $f(p-q, q)$，这一点和求正整数对最大公因数的辗转相除法非常类似，这正是解决本题的关键.

回到具体的函数值上，先来计算 $f(1, n)$. 因为

$$f(1, 1+p) = \frac{1+p}{p} f(1, p), \ f(1, 1) = 1,$$

故 $f(1, n) = n$，$n \in \mathbf{N}^*$.

再来计算 $f(2, n)$. 因为

$$f(2, 2+p) = \frac{2+p}{p} f(2, p), \ f(2, 1) = 2, \ f(2, 2) = 2,$$

故当 n 为奇数时 $f(2, n) = 2n$，当 n 为偶数时 $f(2, n) = n$.

再来算几个稍微大一点的，如 $f(6, 15)$.

$$f(6, 15) = \frac{15}{9} f(6, 9) = \frac{5}{3} \left(\frac{9}{3} f(3, 6) \right)$$

$$= 5 \times \frac{6}{3} f(3, 3) = 30.$$

注意到 f 的递推式保证了 f 若存在必唯一，因此我们猜测：

$$f(m, n) = \mathrm{lcm}(m, n) = \frac{mn}{\gcd(m, n)},$$

其中 lcm，gcd 分别表示最小公倍数（least common multiple）和最大公因数（greatest common divisor）.

令 $g(m, n) = \dfrac{f(m, n)}{mn}$，则根据条件(3)，

$$nm(m+n) \cdot g(m, m+n) = (m+n)mn \cdot g(m, n),$$

即 $g(m, m+n) = g(m, n)$. 故根据辗转相除法，不断地作辗转相除直至无法继续，会从数对 (m, n) 变到数对 $(\gcd(m, n), \gcd(m, n))$，因此 $g(m, n) = \dfrac{1}{\gcd(m, n)}$. 再根据 g 的定义式，得

$$f(m, n) = mn \cdot g(m, n) = \frac{mn}{\gcd(m, n)} = \mathrm{lcm}(m, n).$$

正整数集不能进行无穷递降在许多时候也是解题的利器. 举例如下.

▶ 例 18 设 p 是给定的素数，$k = p-1$. 求所有的函数 $f: \mathbf{N}^* \to \mathbf{N}^*$，使得

$$f(n) + f(n+1) = f(n+2)f(n+3) - k.$$

解

在方程中用 $n+1$ 代替 n，得到

$$f(n+1) + f(n+2) = f(n+3)f(n+4) - k,$$

与原方程作差可得

$$f(n+2) - f(n) = f(n+3)(f(n+4) - f(n+2)),$$

因而

$$f(3) - f(1) = f(4)f(6)\cdots f(2n+2)(f(2n+3) - f(2n+1)), \tag{4}$$

$$f(4) - f(2) = f(5)f(7)\cdots f(2n+3)(f(2n+4) - f(2n+2)). \tag{5}$$

以下我们分 $f(1) > f(3)$，$f(1) = f(3)$，$f(1) < f(3)$ 三种情况进行讨论.

(1) $f(1) > f(3)$. 根据式(4)，可得

$$f(1) > f(3) > f(5) > f(7) > \cdots > f(2n+1) > \cdots,$$

形成了一个无穷递降的正整数数列，这不可能. 故此情形下无解.

(2) $f(1) = f(3)$. 根据式(4)，可得

$$f(1) = f(3) = \cdots = f(2n-1), \ n \in \mathbf{N}^*.$$

当 $f(1) = 1$ 时，由式(5)，可得

$$f(2n+4) - f(2n+2) = f(4) - f(2).$$

在原方程中取 $n = 1$，注意到 $f(1) = f(3) = 1$，即可得

$$f(4) = f(2) + p,$$

故 $f(2n) = f(2) + (n-1)p$，

$$f(n) = \begin{cases} 1, & n = 2k-1, \\ \left(\dfrac{n}{2} - 1\right)p + c, & n = 2k, \end{cases} \quad k \in \mathbf{N}^*,$$

其中 c 是任意正整数. 验证知它是问题的一个解.

当 $f(1) > 1$ 时，如果 $f(2) \neq f(4)$，那么根据式(5)，可得

$$| f(4) - f(2) | > | f(6) - f(4) | > \cdots$$
$$> | f(2n+4) - f(2n+2) | > \cdots$$

形成了一个无穷递降的正整数数列，这不可能. 因此 $f(2) = f(4)$，进而所有的 $f(2n)$ 均相等. 设所有奇数的函数值为 $A > 1$，所有偶数的函数值为 B，代入原方程，得 $A + B = AB - (p-1)$，即

$$(A-1)(B-1) = p,$$

故得到两个解

$$f(n) = \begin{cases} 2, & n = 2k-1, \\ p+1, & n = 2k, \end{cases} \quad k \in \mathbf{N}^*,$$

及

$$f(n) = \begin{cases} p+1, & n = 2k-1, \\ 2, & n = 2k, \end{cases} \quad k \in \mathbf{N}^*,$$

经验证两者都满足方程.

(3) $f(1) < f(3)$. 根据式(4),可知

$$f(1) < f(3) < f(5) < \cdots < f(2n+1) < \cdots$$

组成一个递增数列,故要使式(5)中不出现无穷递降的正整数数列,必须有 $f(2)$ $= f(4)$,进而所有偶数的函数值都相等.

如果 $f(2) > 1$,则同理可得所有奇数的函数值也都相等,这种情形已经讨论过.

如果 $f(2) = 1$,则所有奇数的函数值成等差数列.和上面的讨论类似,在这种情形下最终会得到

$$f(n) = \begin{cases} \dfrac{n-1}{2}p + c, & n = 2k-1, \\ 1, & n = 2k, \end{cases} \quad k \in \mathbf{N}^*,$$

其中 c 是任意正整数.验证知它也是问题的一个解.

因此这个函数方程有上文中列出的四种本质不同的解.

最后要介绍的是差分方程的方法,这和求数列通项的方法基本一致.我们用两个例子来说明.

▶ 例 19   试求所有的函数 $f: \mathbf{N} \to \mathbf{N}$,使得对一切 $n \in \mathbf{N}$,均有

$$f(f(n)) + f(n) = 2n + 3k,$$

其中 k 是一个固定的正整数.

解 ❓

我们将通过差分方程来求解这个函数方程.

设 $f(0) = m$,在以下的证明中我们要求出这个 m. 根据题中的方程,我们有

$$f(m) = f(f(0)) = 3k - f(0) = 3k - m,$$
$$f(3k - m) = f(f(m)) = 3k + 2m - f(m) = 3m,$$
$$f(3m) = f(f(3k - m))$$
$$= 3k + 2(3k - m) - f(3k - m) = 9k - 5m,$$
$$\cdots$$

这提示我们 f 将一些 m 与 k 的线性组合映射成另一些 m 与 k 的线性组合，于是我们试图去找其中的规律. 设 $\{u_n\}$ 和 $\{v_n\}$ 分别是上述过程中第 n 个等式的 m 和 k 之前的系数，则当 $n \geqslant 2$ 时，

$$
\begin{aligned}
u_{n+1}m + v_{n+1}k &= f(u_n m + v_n k) \\
&= f(f(u_{n-1}m + v_{n-1}k)) \\
&= 3k + 2(u_{n-1}m + v_{n-1}k) - f(u_{n-1}m + v_{n-1}k) \\
&= 2u_{n-1}m + (2v_{n-1} + 3)k - (u_n m + v_n k) \\
&= (-u_n + 2u_{n-1})m + (3 - v_n + 2v_{n-1})k,
\end{aligned}
$$

故可得递推式：

$$
\begin{aligned}
&u_1 = 1,\ v_1 = 0; \\
&u_2 = -1,\ v_2 = 3; \\
&u_{n+1} = 2u_{n-1} - u_n,\ n \geqslant 2; \\
&v_{n+1} = 3 + 2v_{n-1} - v_n,\ n \geqslant 2.
\end{aligned}
$$

于是我们要求解两个差分方程：

$$
u_{n+1} + u_n - 2u_{n-1} = 0,\ u_1 = 1,\ u_2 = -1;
$$

$$
v_{n+1} + v_n - 2v_{n-1} = 3,\ v_1 = 0,\ v_2 = 3.
$$

这两个方程的齐次形式是相通的，特征方程都是 $x^2 + x - 2 = 0$，两根分别为 $x = 1$ 和 $x = -2$. 因此根据线性差分方程的理论，

$$
u_n = A + B(-2)^n.
$$

注意到 $\{v_n\}$ 满足

$$
(v_{n+1} - (n+1)) + (v_n - n) - 2(v_{n-1} - (n-1)) = 0,
$$

故

$$
v_n = n + C + D(-2)^n,
$$

其中的常数 A, B, C, D 要根据 u_1, u_2, v_1, v_2 来定. 将它们的数值代入有待定系数的通项公式，得

$$
A = \frac{1}{3},\ B = -\frac{1}{3},\ C = -\frac{1}{3},\ D = \frac{1}{3}.
$$

因此，

$$u_n = \frac{1}{3}(1 - (-2)^n),$$

而

$$v_n = -\frac{1}{3}(1 - (-2)^n) + n = -u_n + n.$$

接下来我们利用 f 的值域是非负整数这一点来确定 m. 因为所有的 $u_n m + v_n k$ 均在值域中,故

$$0 \leqslant u_n m + v_n k = u_n(m - k) + nk, \ n \geqslant 1.$$

根据 u_n 的通项公式,当 n 是奇数时,$u_n > 0$,因此

$$m - k + \frac{nk}{u_n} \geqslant 0.$$

而当 n 是偶数时,$u_n < 0$,因此

$$m - k + \frac{nk}{u_n} \leqslant 0.$$

注意到影响 u_n 大小的主要是 $(-2)^n$,它是指数形式增长的,快于线性增长的 n,故

$$\lim_{n \to +\infty} \frac{n}{u_n} = 0.$$

因此,将 n 保持为奇数趋向于无穷和将 n 保持为偶数趋向于无穷,可得 $0 \leqslant m - k \leqslant 0$,故 $f(0) = m = k$.

定义一个新的函数 $g(n) = f(n+1) - 1$,则

$$\begin{aligned}
g(g(n)) &= f(g(n) + 1) - 1 \\
&= f(f(n+1)) - 1 \\
&= 3k + 2(n+1) - f(n+1) - 1 \\
&= 2n + 3k - g(n),
\end{aligned}$$

即 g 同样也满足

$$g(g(n)) + g(n) = 2n + 3k.$$

更重要的是,g 的值域也包含在非负整数集之中,这只需要说明 f 的值域不包含 0 即可. 假设有 $f(n) = 0$,则根据

$$f(f(n)) + f(n) = 2n + 3k,$$

可得 $f(0) = 2n + 3k$，这和刚刚证得的 $f(0) = k$ 矛盾.

因此 g 和 f 满足的方程相同，定义域及取值范围也相同. 但是注意，至此我们并不能说 $f = g$，因为该函数方程的解的唯一性并不明显. 不过我们可以用和刚才完全相同的方法（在此不再重复，有兴趣的读者可以作为练习试一下），得到 $g(0) = k$，故 $f(1) = g(0) + 1 = k + 1$.

既然我们确定了 $f(1)$ 的唯一值 $k + 1$，那么和 f 满足相同方程、拥有相同定义域和取值范围的 g 也将 1 映成 $k + 1$，即 $g(1) = k + 1$，故 $f(2) = g(1) + 1 = k + 2$. 而这又将导致 $g(2) = k + 2$ 和 $f(3) = g(2) + 1 = k + 3$. 依次类推，利用数学归纳法，我们得到 $f(n) = k + n$ 是本函数方程的唯一解，验证后得知它的确满足条件.

点评

上述构造一个函数 g，然后从 0 开始逐步与 f 等同，并利用 $g(n)$ 得到 $f(n+1)$ 的值的方法相当具有技巧性，读者可以好好体会一下其中的奇妙之处.

如果觉得这种方法太过精巧华丽，我们在这里再提供一个比较朴实的方法.

任意取定一个非负整数 j，通过函数迭代来定义 $b_n = f^{(n)}(j)$，则原始方程蕴含了

$$b_1 + b_2 = 3k + 2j,$$

和递推式

$$b_{n+1} + b_n = 2b_{n-1} + 3k.$$

和之前的方法相同，这个递推方程可以解得

$$b_n = C + D(-2)^n + nk,$$

结合 $b_n \geqslant 0$，$n \in \mathbf{N}$，可得 $D = 0$，故 $b_n = C + nk$. 代入 $b_1 + b_2 = 2j + 3k$ 中，得 $C = j$，即 $b_n = j + nk$. 特别地，$f(j) = b_1 = j + k$，验证可知它的确是原方程的解.

▶ 例 20　试求所有函数 $f: \mathbf{Z} \to \mathbf{Z}$，使得对一切整数 m, n，均有

$$f(m+n) + f(m)f(n) = f(mn+1). \tag{6}$$

解

在方程 (6) 中取 $n = 0$，可得

$$f(m)(1 + f(0)) = f(1), m \in \mathbf{Z}.$$

如果 $1 + f(0) \neq 0$，那么 $f(m)$ 就恒等于一个常数. 而能满足方程(6)的唯一常数解是 $f \equiv 0$.

以下我们来讨论非常数解. 此时 $1 + f(0) = 0$，故

$$f(0) = -1, f(1) = 0.$$

在式(6)中取 $n = -1$，可得

$$f(m-1) + f(m)f(-1) = f(-m+1). \tag{7}$$

如果在式(7)中取 $m = 2$，得 $f(-1)(f(2) - 1) = -f(1) = 0$，因此有 $f(-1) = 0$ 或 $f(2) - 1 = 0$. 以下我们分两种情况来讨论.

情形 1： $f(-1) = 0$.

根据式(7)，此时 f 是一个偶函数. 在方程(6)中取 $n = 2$，得

$$f(m+2) + f(m)f(2) = f(2m+1), \tag{8}$$

而取 $n = -2$，并注意到 $f(-n) = f(n)$，将得到

$$f(m-2) + f(m)f(2) = f(2m-1). \tag{9}$$

用 $m+1$ 代替式(9)中的 m，使得它的右端和式(8)相同，可得

$$f(m-1) + f(m+1)f(2) = f(2m+1), \tag{10}$$

对比式(8)和式(10)，可得递推形式的差分方程

$$f(m+2) + f(m)f(2) = f(m-1) + f(m+1)f(2). \tag{11}$$

因为已经有了 $f(-1)$，$f(0)$，$f(1)$ 这三个值，所以当 $f(2)$ 确定时，这个差分方程就递归地确定了唯一的一个函数. 接着我们就用特征函数法得到通项公式.

差分方程(11)所对应的特征方程为 $x^3 - f(2)x^2 + f(2)x - 1 = 0$，即 $(x-1)(x^2 + (1 - f(2))x + 1) = 0$.

设 α，β 是方程 $x^2 + (1 - f(2))x + 1 = 0$ 的两根，当 $f(2) \neq -1, 3$ 时，$\alpha \neq \beta$，故由差分方程(11)生成的通项可以表示成

$$f(m) = A + B\alpha^m + C\beta^m,$$

这里 A, B, C 是常数. 根据 $f(-1) = 0$，$f(0) = -1$，$f(1) = 0$，可解得

$$A = \frac{1-f(2)}{f(2)-3}, \ B = C = \frac{1}{f(2)-3}.$$

将式(8)和式(9)作差,得

$$f(m+2) - f(m-2) = f(2m+1) - f(2m-1),$$

即

$$(\alpha^{m+2} - \beta^{m+2}) - (\alpha^{m-2} - \beta^{m-2}) = (\alpha^{2m+1} - \beta^{2m+1}) - (\alpha^{2m-1} - \beta^{2m-1}),$$

经整理后,得

$$\alpha^{2m} - \beta^{2m} = (f(2)-1)(\alpha^m - \beta^m), \ m \in \mathbf{Z}. \tag{12}$$

在式(12)中取 $m = 2$,因为此时 $f(2) \neq 1$,故得 $\alpha^2 + \beta^2 = f(2) - 1$. 另一方面,根据韦达定理,$\alpha^2 + \beta^2 = (1-f(2))^2 - 2$,故 $f(2) - 1 = 2$ 或 -1,而此时 $f(2) \neq 3$,故 $f(2) = 0$.

将之代入式(11),得 $f(m+2) = f(m-1)$. 而已知 $f(-1) = 0$,$f(0) = -1$,$f(1) = 0$,故此时

$$f(3m) = -1, \ f(3m+1) = 0, \ f(3m+2) = 0, \ m \in \mathbf{Z}.$$

接下来我们讨论 $x^2 + (1-f(2))x + 1 = 0$ 有重根,即 $f(2) = -1$ 或 3 的情形.

(i) $f(2) = -1$. 此时根据式(8)及式(9),可得

$$f(m+2) - f(m) = f(2m+1), \tag{13}$$

$$f(m-2) - f(m) = f(2m-1). \tag{14}$$

如果在式(14)中用 $m+2$ 来代替 m,可得

$$f(m) - f(m+2) = f(2m+3). \tag{15}$$

通过比较式(13)和式(15),得到 $f(2m+1) = -f(2m+3)$. 注意到 $f(-1) = 0$,故对一切 $m \in \mathbf{Z}$,均有 $f(2m+1) = 0$. 再将这个结果代入式(13),知一切偶数的函数值均相等. 而 $f(0) = -1$,故得到一个解

$$f(2m) = -1, \ f(2m+1) = 0, \ m \in \mathbf{Z}.$$

(ii) $f(2) = 3$. 此时根据式(11),可得

$$f(m+2) = 3f(m+1) - 3f(m) + f(m-1).$$

将 $m=1$ 代入，得 $f(3)=3\times3-3\times0-1=8$. 猜测对 $m\in\mathbf{N}$，均有 $f(m)=m^2-1$. 由于

$$3((m+1)^2-1)-3(m^2-1)+(m-1)^2-1=$$
$$m^2+4m+3=(m+2)^2-1,$$

故这一猜测用数学归纳法容易证明. 又因为在得出 $f(-1)=0$ 时已经证明了 f 是偶函数，故得到一个解

$$f(m)=m^2-1,\ m\in\mathbf{Z}.$$

情形 2： $f(2)=1$.

在式(6)中取 $m=n=-1$，得

$$f(-2)+f(-1)^2=f(2)=1, \tag{16}$$

而在式(6)中取 $m=2$，$n=-2$，得

$$-1+f(-2)=f(-3). \tag{17}$$

再次利用式(6)，可得

$$f(2m)+f(m-1)f(m+1)=f(m^2),$$
$$f(2m)+f^2(m)=f(m^2+1),$$

联立两式得

$$f(m^2+1)-f(m^2)=f^2(m)-f(m-1)f(m+1),$$

在上式中用 $-m$ 代替 m，可得

$$f^2(-m)-f(-m-1)f(-m+1)=f(m^2+1)-f(m^2)$$
$$=f^2(m)-f(m-1)f(m+1).$$

取 $m=2$，并将式(17)代入，得

$$f^2(-2)-f(-1)f(-2)+f(-1)-1=0,$$

此即 $f(-2)=1$，或 $f(-2)=f(-1)-1$. 我们来分情况讨论.

(i) $f(-2)=1$. 根据式(16)，我们可得 $f(-1)=0$. 和之前一样，利用式(7)可知 f 是偶函数. 因此 $f(-2)=f(2)=1$. 故根据式(11)，可得

$$f(m+2)=f(m+1)-f(m)+f(m-1).$$

利用初始值 $f(-1)=0$，$f(0)=-1$，$f(1)=0$，$f(2)=1$，可用数学归纳法证得此时的解为

$$f(4m) = -1, f(4m+2) = 1, f(2m+1) = 0, m \in \mathbf{Z}.$$

(ii) $f(-2) = f(-1) - 1$. 将这个关系代入式(16),得 $f^2(-1) + f(-1) - 2 = 0$. 即 $f(-1) = 1$ 或 -2.

如果 $f(-1) = -2$, 则 $f(-2) = -3$. 在方程(6)中取 $n = -2$, 得

$$f(m-2) - 3f(m) = f(-2m+1). \tag{18}$$

而在方程(6)中取 $n = -1$, 得

$$f(m-1) - 2f(m) = f(-m+1).$$

在上式中用 $2m$ 代替 m, 并和式(18)作比较, 得

$$f(2m-1) - 2f(2m) = f(m-2) - 3f(m).$$

而由方程(6), 也可以导出 $f(m+1) + f(2)f(m-1) = f(2m-1)$, 因而

$$2f(2m) = f(m+1) + 3f(m) + f(m-1) - f(m-2).$$

由以上这些式子和 $-2, -1, 0, 1, 2$ 处的函数值, 可用数学归纳法证得此情况下的解为

$$f(m) = m - 1, m \in \mathbf{Z}.$$

如果 $f(-1) = 1$, 则 $f(-2) = 0$. 用相同的方法可以归纳得

$$f(3m) = -1, f(3m+1) = 0, f(3m+2) = 1, m \in \mathbf{Z}.$$

至此我们得到七组不同的解:

$$f(m) \equiv 0;$$
$$f(m) = m^2 - 1;$$
$$f(m) = m - 1;$$
$$f(2m) = -1, f(2m+1) = 0;$$
$$f(4m) = -1, f(4m+2) = 1, f(2m+1) = 0;$$
$$f(3m) = -1, f(3m+1) = 0, f(3m+2) = 0;$$
$$f(3m) = -1, f(3m+1) = 0, f(3m+2) = 1.$$

对于后五个解, 将方程(6)中的 m, n 关于 $2, 3$ 或 4 的余数分情况讨论, 容易验证这七个解均满足题中的方程.

演习场

习题 3.a

1. 设函数 $f(x)$ 满足: $af(x)+bf\left(-\dfrac{1}{x}\right)=\sin x(|a|\neq|b|)$，求 $f(x)$.

2. 设 $f(x)$ 为 $\mathbf{R}\to\mathbf{R}$ 上的函数，对于任意 $x\in\mathbf{R}$，均有

$$f(x^2+2x-3)+3f(x^2-4x)=2x^2-5x+1,$$

求 $f(1)$ 的值.

3. 试求所有函数 $f:\mathbf{N}^*\to\mathbf{N}^*$，使得

(1) 对所有正整数 n，$f(n)$ 都是完全平方数；

(2) $f(m+n)=f(m)+f(n)+2mn$，$m,n\in\mathbf{N}^*$.

4. 试求所有函数 $f:\mathbf{N}^*\to\mathbf{N}^*$，使得

$$f(m^2+f(n))=f^2(m)+n,\ m,n\in\mathbf{N}^*.$$

5. 设 $f,g:\mathbf{N}\to\mathbf{N}$，满足

(1) $f(1)>0$，$g(1)>0$；

(2) $f(g(n))=g(f(n))$，$n\in\mathbf{N}$；

(3) $f(m^2+g(n))=f^2(m)+g(n)$，$m,n\in\mathbf{N}$；

(4) $g(m^2+f(n))=g^2(m)+f(n)$，$m,n\in\mathbf{N}$.

证明：$f(n)=g(n)=n$.

6. 试求所有函数 $f:\mathbf{N}^*\to\mathbf{N}^*$，使得

$$f(f(f(n)))+f(f(n))+f(n)=3n.$$

7. 试求所有函数 $f:\mathbf{N}^*\to\mathbf{N}^*$，使得 f 为双射，并且对任意 $m,n\in\mathbf{N}^*$，均有

$$f(3mn+m+n)=4f(m)f(n)+f(m)+f(n).$$

8. 假设正整数集被分划成两个互不相交的集合的并：

$$\mathbf{N}^*=\{f(1),f(2),\cdots,f(n),\cdots\}\bigcup\{g(1),g(2),\cdots,g(n),\cdots\},$$

其中

$$f(1)<f(2)<\cdots<f(n)<\cdots,$$

$$g(1)<g(2)<\cdots<g(n)<\cdots,$$

并且 $g(n) = f(f(n)) + 1$. 求 $f(240)$.

9. 对于怎样的整数 k, 存在函数 $f: \mathbf{N}^* \rightarrow \mathbf{R}$, 使得

(1) $f(1995) = 1996$;

(2) 对任意正整数 x, y, 均有 $f(xy) = f(x) + f(y) + kf(\gcd(x, y))$?

10. 试求所有函数 $f: \mathbf{Z} \rightarrow \mathbf{Z}$, 使得对任意整数 m, n, 均有

$$f(m + n) + f(mn) = f(m)f(n) + 1.$$

3.3 连续型函数方程

知识桥

一、概述

在前一节中我们考察了一些定义域及值域均为离散集合,如 **N**, **Z** 等的函数方程. 在处理这些函数方程时,我们能很清楚地感觉到,正整数或是整数的性质对求解方程有相当重要的作用. 在此之中,数学归纳法(或者是正整数集的子集必有最小值等性质),以及在 n 和 $n+1$ 中没有其他正整数而产生的"相邻"起到了最关键的作用.

当我们转而考虑定义域及值域为实数或有理数的函数方程时,数学归纳法已不再适用,所谓的"相邻"概念此时也失去了意义. 这就是处理连续型函数方程时所遇到的主要困难.

我们必须再次强调,解函数方程是一种知识的综合运用过程,通常没有系统的方法可以遵循,主要是依靠经验的累积、对隐含条件的挖掘能力,以及灵感的瞬间闪现. 一般来说,在求解连续型函数方程时,比较常见的方法有换元法、赋值法、柯西法等等,还需要借助实数的可加性、可乘性、非零实数的可逆性等性质,以及函数的有界性、连续性、单调性等附加条件.

二、多项式函数方程

如果规定所求函数方程的解必须是多项式形式,这样的函数方程就称为多项式函数方程. 之所以把多项式函数方程单列出来,是因为在求解这样的方程时,我们可以利用一些一般函数所没有的性质,例如多项式的次数、系数,以及根的分布等等.

首先让我们来看几个通过分析次数和系数得到多项式函数方程解的例子.

训练营

▶ 例 1 设 $P(x)$,$Q(x)$ 是多项式函数,且对一切 $x \in \mathbf{R}$,满足:

$$P^3(x) = x^{2009}Q^3(x),$$

求 $P(x)$ 和 $Q(x)$.

解

当 $Q(x)$ 不恒等于零时，$P(x)$ 也不恒等于零，此时可设 $P(x) = a_n x^n + a_{n-1}x^{n-1} + \cdots + a_1 x + a_0$，其中 $a_n \neq 0$；$Q(x) = b_m x^m + b_{m-1}x^{m-1} + \cdots + b_1 x + b_0$，其中 $b_m \neq 0$.

取立方后，$P^3(x)$ 的首项为 $a_n^3 x^{3n}$，而 $Q^3(x)$ 的首项为 $b_m^3 x^{3m}$. 根据题中的方程，可得

$$3n = 3m + 2009,$$

这样的正整数 n, m 不存在.

所以满足方程的多项式只有 $P(x) = Q(x) \equiv 0$.

▶ **例2** 求所有满足条件

$$P(xy) = P(x)P(y), \quad x, y \in \mathbf{R}$$

的多项式 $P(x)$.

解

当 $P(x) \equiv 0$ 时，题中的方程显然满足.

当 $P(x)$ 不恒等于零时，

在方程中选取 $y = x$，可得

$$P(x^2) = P^2(x), x \in \mathbf{R},$$

进而用数学归纳法容易证明，对一切正整数 m，均有

$$P(x^m) = P^m(x), x \in \mathbf{R}.$$

如果 $P(x)$ 不是单项式，那么可以设 $P(x) = a_n x^n + a_{n-k}x^{n-k} + \cdots + a_1 x + a_0$，其中 $a_n \neq 0, a_{n-k} \neq 0$. 这样，

$$a_n x^{mn} + a_{n-k}x^{(n-k)m} + \cdots + a_1 x^m + a_0$$
$$= a_n^m x^{nm} + Ca_n^{m-1}a_{n-k}x^{(m-1)n+(n-k)} + \cdots + a_0^m.$$

比较次高次项的次数，可得

$$(n-k)m = (m-1)n + (n-k), m \in \mathbf{N}^*,$$

得到 $k = 0$，这表明 f 是单项式. 再对比最高次项的系数，得

$$a_n = a_n^m, \ m \in \mathbf{N}^*,$$

故 $a_n = 1$.

经过验证，得知满足题意的多项式为 $P(x) = x^n$，$n \in \mathbf{N}$ 或 $P(x) \equiv 0$.

▶ **例 3** 设 c 是一个给定的实常数，试求所有满足条件

$$P(cx) = cP(x)$$

的多项式函数 $P(x)$.

解 ❓

我们来对常数 c 分情况进行讨论.

(i) 当 $c = 0$ 时，方程转化为 $P(0) = 0$，此时任何多项式只要使得常数项为零，均能满足题中的要求，即 $P(x) = xQ(x)$，$Q(x)$ 是任意多项式.

(ii) 当 $c = 1$ 时，方程转化为 $P(x) = P(x)$，这条件对任意函数都是满足的，此时解为任意多项式.

(iii) 当 $c = -1$ 时，方程转化为 $P(-x) = -P(x)$，即该多项式必须是奇函数. 设

$$P(x) = \sum_{j=0}^{n} a_j x^j,$$

则

$$P(x) + P(-x) = \sum_{j=0}^{n} a_j (x^j + (-x)^j) = \sum_{j=0, \ 2 \mid j}^{n} 2a_j x^j \equiv 0,$$

故多项式 $P(x)$ 中应没有偶次项，即此时满足条件的多项式为

$$P(x) = \sum_{j=1}^{k} a_j x^{2j-1}.$$

(iv) 当 $c \neq 0, \pm 1$ 时，$P(x) \equiv 0$ 显然满足条件. 若 $P(x)$ 不恒等于零，设 $P(x) = a_n x^n + a_{n-1} x^{n-1} + \cdots + a_1 x + a_0$，其中 $a_n \neq 0$，则

$$P(cx) = a_n (cx)^n + a_{n-1} (cx)^{n-1} + \cdots + a_1 (cx) + a_0,$$

$$cP(x) = a_n cx^n + a_{n-1} cx^{n-1} + \cdots + a_1 cx + a_0.$$

对比最高次项的系数，可得 $c^n = c$. 因为 $c \neq 0, \pm 1$，故 $n = 1$. 容易验证，此

时 $P(x) = ax$ 均满足条件.

综上所述,对不同的 c 的值,会有不同的多项式满足条件.

以上我们看到了一些通过对系数及次数分析求得解的例子.但是更多的情况下,通过对系数和次数的分析很难挖掘出题目所隐含的条件,这时候就需要借助于多项式的根的性质及与之相关的整除性来求解了.

▶ 例 4 试求所有满足

$$xP(x-1) = (x-15)P(x) \tag{1}$$

的多项式 $P(x)$.

解

本题通过比较多项式的次数和最高次项的系数显然得不到任何有用的结论.所以我们转而考虑 $P(x)$ 的因子.

注意到式(1)的左边是 x 的倍数,而右边的 $x-15$ 与 x 互素,故可得 $x \mid P(x)$.令 $P(x) = xP_1(x)$,代入式(1),可得

$$(x-1)P_1(x-1) = (x-15)P_1(x).$$

同样可以证明 $(x-1) \mid P_1(x)$,故可设 $P_1(x) = (x-1)P_2(x)$,于是

$$(x-2)P_2(x-1) = (x-15)P_2(x).$$

用这样的方法反复进行下去,令 $P_m(x) = (x-m)P_{m+1}(x)$,会得到

$$(x-14)P_{14}(x-1) = (x-15)P_{14}(x),$$

因此 $P_{14}(x)$ 能被 $(x-14)$ 整除.令 $P_{14}(x) = (x-14)P_{15}(x)$,则

$$P_{15}(x-1) = P_{15}(x). \tag{2}$$

此外,$P(x) = x(x-1)\cdots(x-14)P_{15}(x)$.假设 $P_{15}(x)$ 的次数不小于 1,则它在复数范围内必然存在一个根 z.注意到因为式(2)成立,故如果 z 是根,那么 $z-1$,$z-2$,$z-3$,$\cdots$,$z-n$,$\cdots$ 均是根,这样 P_{15} 就存在无数个不同的根,这不可能.故 $P_{15}(x)$ 只能是常数.

因此满足题意的多项式只可能是

$$P(x) = cx(x-1)(x-2)\cdots(x-14),$$

其中 c 是任意实常数.经验证,这样的 $P(x)$ 均是函数方程(1)的解.

▶**例5** 是否存在非常数的实系数多项式 $P(x)$ 与 $Q(x)$,使得

$$(P(x))^{10} + (P(x))^9 = (Q(x))^{21} + (Q(x))^{20}$$

成立?

解 ❓

假设存在这样的 $P(x)$ 与 $Q(x)$,对条件式两边求导得

$$(10P(x)+9) \cdot P'(x) \cdot (P(x))^8 = (21Q(x)+20) \cdot Q'(x) \cdot (Q(x))^{19}.$$

对任意复数 a,若 $Q(a)=0$,则

$$(P(a))^{10} + (P(a))^9 = 0,$$

因此 $P(a)=0$ 或 $P(a)=-1$,均有 $10P(a)+9 \neq 0$,这说明 $10P(x)+9$ 与 $Q(x)$ 无公共因式,因此

$$(10P(x)+9) \mid (21Q(x)+20)Q'(x).$$

由原式两边次数相等,利用求多项式次数的 deg 函数,可设 $\deg P(x) = 21k$,$\deg Q(x) = 10k$(其中 k 是正整数),则在上式中,

$$\deg(10P(x)+9) = 21k, \quad \deg((21Q(x)+20)Q'(x)) = 20k-1,$$

矛盾!

因此假设不成立,即不存在这样的 $P(x)$ 与 $Q(x)$。

点评 ....

若存在这样的 $P(x)$ 与 $Q(x)$,则 $P(x)$ 与 $Q(x)$ 的次数需分别为 $21k$ 与 $10k$(其中 k 是正整数)。经过对简单情形的尝试,知不存在较为简单的构造,故可以考虑证明不存在这样的函数。

· ·

▶**例6** 试求所有的实系数多项式函数 $P(x)$,使得

$$P(x)P(x+1) = P(x^2+x+1). \tag{3}$$

解 ❓

首先来看 $P(x)$ 为常数的情形。设 $P(x) = c$,则由题意,$c^2 = c$,故 $c = 0$ 或 $c = 1$,经验证都满足题意。

当 $P(x)$ 不为常数时,$P(x)$ 一定有有限个复数根。设 $\alpha \in \mathbf{C}$ 是它的一个根,则由式(3),可知 $\alpha^2 + \alpha + 1$ 也是它的根。而在式(3)中用 $x-1$ 代替 x,可得

$$P(x-1)P(x) = P((x-1)^2 + (x-1) + 1) = P(x^2-x+1).$$

由于 $P(\alpha) = 0$，故 $P(\alpha^2 - \alpha + 1) = 0$，即 $\alpha^2 - \alpha + 1$ 也是根.

因为 $P(x)$ 的根只有有限个，故其中必然有一个或几个模最大的根. 设 α 是其中的一个，则根据最大性可知

$$|\alpha^2 + \alpha + 1| \leqslant |\alpha|, \ |\alpha^2 - \alpha + 1| \leqslant |\alpha|,$$

这样便有

$$2|\alpha| = |(\alpha^2 + \alpha + 1) - (\alpha^2 - \alpha + 1)|$$
$$\leqslant |\alpha^2 + \alpha + 1| + |\alpha^2 - \alpha + 1| \leqslant 2|\alpha|.$$

因此 $|\alpha^2 + \alpha + 1| = |\alpha^2 - \alpha + 1|$，且 $(\alpha^2 + \alpha + 1)$ 和 $(\alpha^2 - \alpha + 1)$ 方向相反. 故

$$(\alpha^2 + \alpha + 1) = -(\alpha^2 - \alpha + 1),$$

即 $\alpha = \pm i$. 于是模最大的根一定是 i 或者 $-i$，由共轭虚根定理知这两个根必定同时出现，故 $P(x)$ 包含因子 $(x - i)(x + i) = x^2 + 1$.

令 $P(x) = (x^2 + 1)Q(x)$，这里 $Q(x)$ 依然是一个实系数多项式. 根据式 (3)，可得

$$Q(x)Q(x+1)(x^2+1)((x+1)^2+1) =$$
$$Q(x^2+x+1)((x^2+x+1)^2+1).$$

注意到

$$(x^2+1)((x+1)^2+1) = x^4 + 2x^3 + 3x^2 + 2x + 2$$
$$= (x^2+x+1)^2 + 1,$$

故

$$Q(x)Q(x+1) = Q(x^2+x+1),$$

即 $Q(x)$ 所满足的方程和 $P(x)$ 相同.

如果 $Q(x)$ 是常数，则根据上面的分析知 $Q(x) \equiv 0$ 或 1. 不然的话，同理可得 $Q(x)$ 也有因子 $x^2 + 1$. 反复进行这样的变换，多项式的次数每次减少 2，总能在有限次内使得次数变成 0. 因此能满足函数方程 (3) 的多项式一定是 $P(x) \equiv 0, P(x) \equiv 1$ 或

$$P(x) = (x^2+1)^m, \ m \in \mathbf{N}.$$

容易验证，这的确是原函数方程的解.

▶ **例 7** 试求一切多项式函数 $P(x)$,使得

$$P(x)P(x+1) = P(x^2).$$

解 ❓

我们采取和上一个例题类似的方法. 常数解只有 $P(x) \equiv 0$ 或 $P(x) \equiv 1$. 假设 α 是 $P(x)$ 的一个根,则由题中的方程,可知

$$\alpha^2, \ \alpha^4, \ \alpha^8, \ \cdots, \ \alpha^{2^n}, \ \cdots$$

均是根. 若 $|\alpha| \neq 0, 1$,则这无数个复数的模均不相同,这不可能. 故 $|\alpha| = 1$ 或 0. 又根据题意,

$$(\alpha-1)^2, \ (\alpha-1)^4, \ \cdots, \ (\alpha-1)^{2^n}, \ \cdots$$

也都是根,故 $|\alpha-1|^2$ 的模为 1 或 0,即 $|\alpha-1| = 1$ 或 0. 在复平面上,单位圆周或原点上的复数 z 使得 $z-1$ 也在单位圆周或原点上,这样的 z 总共有 4 个,它们分别是 $0, 1, w, \overline{w}$,其中

$$w = \frac{1}{2} + \frac{\sqrt{3}}{2}i.$$

若 w 是根,则由题意,$(w^2-1)^2$ 也是根. 而

$$(w^2-1)^2 = w^4 - 2w^2 + 1 = -w - 2w^2 + 1$$
$$= -3w^2,$$

长度为 3,这不可能. 同理,若 $\overline{w}$ 是根,则 $-3\overline{w}^2$ 是根,也不可能. 因此,$P(x)$ 的根只可能是 0 或 1. 故 $P(x)$ 的形式一定是

$$P(x) = cx^m(1-x)^n.$$

将这个表达式代入原方程,可得

$$c^2 x^m (1-x)^n (x+1)^m (-x)^n = cx^{2m}(1-x^2)^n,$$

即

$$c^2 x^n (x+1)^m = -cx^m (x+1)^n,$$

故 $c = -1, m = n$.

容易验证,该函数方程的所有解为:$P(x) \equiv 0$, $P(x) \equiv 1$ 或 $P(x) = -x^m(1$

$-x)^m$，其中 m 是任意给定的正整数.

▶ **例 8** 试求满足条件

$$P(x+1) = P(x) + 2x + 1$$

的多项式函数 $P(x)$.

解 ❓

容易发现 $P(x) = x^2$ 满足方程. 是不是还有别的多项式函数也满足条件呢？

我们做变换 $R(x) = P(x) - x^2$. 容易知道，$R(x)$ 仍是一个多项式，且

$$\begin{aligned}
R(x+1) &= P(x+1) - (x+1)^2 \\
&= P(x) + 2x + 1 - (x^2 + 2x + 1) \\
&= P(x) - x^2 = R(x).
\end{aligned}$$

如果 $R(x)$ 不等于常数，那么 $R(x)$ 在复数范围内一定只有有限个根. 但是如果 α 是 $R(x)$ 的根，那么 α，$\alpha+1$，$\alpha+2$，… 都是它的根，这样就有无数个根，出现矛盾.

因此 $R(x)$ 是常数，故 $P(x) = x^2 + c$，c 是任意常数. 经验证，这的确是原函数方程的解.

▶ **例 9** 试确定所有不恒等于常数的有理系数多项式函数 $P(x)$，使得当 $|x| \leqslant 1$ 时，有

$$P(x) = P\left(\frac{-x + \sqrt{3 - 3x^2}}{2}\right).$$

解 ❓

首先取 $x = 0$，可得

$$P(0) = P\left(\frac{\sqrt{3}}{2}\right).$$

根据因式定理，可知 x 能够被 $P(x) - P(0)$ 整除. 同理，$x - \dfrac{\sqrt{3}}{2}$ 能够被 $P(x) - P\left(\dfrac{\sqrt{3}}{2}\right) = P(x) - P(0)$ 整除. 因为 $P(x) - P(0)$ 是一个有理系数多项

式,且 $\frac{\sqrt{3}}{2}$ 是它的根,故 $-\frac{\sqrt{3}}{2}$ 也是它的根. 这样, $P(x) - P(0)$ 就有因子

$$x\left(x - \frac{\sqrt{3}}{2}\right)\left(x + \frac{\sqrt{3}}{2}\right) = \frac{4x^3 - 3x}{4}.$$

我们令

$$P(x) = P(0) + (4x^3 - 3x)P_1(x), \tag{4}$$

$P_1(x)$ 仍是一个有理系数的多项式.

当 $x \in [-1, 1]$ 时,令 $t = \frac{1}{2}(-x + \sqrt{3 - 3x^2})$,则

$$4t^3 - 3t = \frac{1}{2}(-x + \sqrt{3 - 3x^2})^3 - \frac{3}{2}(-x + \sqrt{3 - 3x^2})$$

$$= \frac{1}{2}(-x + \sqrt{3 - 3x^2})(x^2 + 3 - 3x^2 - 2x\sqrt{3 - 3x^2} - 3)$$

$$= -x(-x + \sqrt{3 - 3x^2})(x + \sqrt{3 - 3x^2})$$

$$= 4x^3 - 3x,$$

故

$$P(x) = P(t) = P(0) + (4t^3 - 3t)P_1(t) = P(0) + (4x^3 - 3x)P_1(t). \tag{5}$$

对比式(4)和式(5),可得对一切 $x \in [-1, 1]$,均有

$$P_1(x) = P_1(t) = P_1\left(\frac{-x + \sqrt{3 - 3x^2}}{2}\right),$$

即 $P_1(x)$ 和 $P(x)$ 满足的方程相同.

注意到 $P_1(x)$ 的最高次项的次数正好比 $P(x)$ 的最高次项的次数少 3,故经过有限次减去常数项再除以 $4x^3 - 3x$,总可以使 $P_n(x)$ 的次数 $\leqslant 2$,此时 $P_n(x)$ 只能是常数.

故满足题意的多项式一定是

$$P(x) = \sum_{j=0}^{k} a_j(4x^3 - 3x)^j, \ a_j \in \mathbf{Q}$$

的形式. 容易验证,这样的函数均满足条件.

▶ **例 10** 试求所有的实系数多项式函数 $P(x)$，使得它所有的根都是实数，而且

$$P(x)P(-x) = P(x^2-1).$$

解

乍看之下，该方程和前几例中的方程很相似，但是用前面的方法却无法直接得到答案，有兴趣的读者可以一试.

着手点仍然在多项式的根上. 假设 α 是多项式 $P(x)$ 的一个根，由题意，α^2-1，$(\alpha^2-1)^2-1$，$\cdots$ 均是 $P(x)$ 的根，因此这个序列一定是有周期的，否则将会出现无穷多个根.

假如 $\alpha = \alpha^2-1$，即 $\alpha = \gamma$ 或 $\alpha = \widetilde{\gamma}$，其中

$$\gamma = \frac{1+\sqrt{5}}{2}, \quad \widetilde{\gamma} = \frac{1-\sqrt{5}}{2},$$

此时 $x-\gamma$ 或 $x-\widetilde{\gamma}$ 是 $P(x)$ 的一个因式.

假如 $(\alpha^2-1)^2-1 = \alpha$，不难解得，此时 α 有四种可能，即 $\alpha = 0, 1, \gamma$ 或 $\widetilde{\gamma}$. 注意到如果 0(或 -1)是 $P(x)$ 的根，则由题意，$P^2(0) = P(-1)$，因此 -1(或 0)也是 $P(x)$ 的根，即 0 或 -1 作为根总是同时出现的. 所以此种情况下，$x(x+1)$，$x-\gamma$，$x-\widetilde{\gamma}$ 之一是 $P(x)$ 的一个因式.

定义

$$P_{i,j,k}(x) = (x^2+x)^i(\gamma-x)^j(\widetilde{\gamma}-x)^k.$$

对于满足题意的 $P(x)$ 而言，一定存在唯一一组三元非负整数组 (i,j,k)，使得 $P(x)$ 可以分解成

$$P(x) = P_{i,j,k}(x)Q(x),$$

这里的 $Q(x)$ 不再以 γ 及 $\widetilde{\gamma}$ 为根，而 0 和 -1 也不能同时是 $Q(x)$ 的根.

由于对任意非负整数 i, j, k，

$$\begin{aligned}
P_{i,j,k}(x)P_{i,j,k}(-x) &= (x^2+x)^i(x^2-x)^i(\gamma-x)^j \cdot \\
&\quad (\gamma+x)^j(\widetilde{\gamma}-x)^k(\widetilde{\gamma}+x)^k \\
&= (x^4-x^2)^i(\gamma^2-x^2)^j(\widetilde{\gamma}^2-x^2)^k \\
&= ((x^2-1)^2+(x^2-1))^i(\gamma- \\
&\quad (x^2-1))^j(\widetilde{\gamma}-(x^2-1))^k \\
&= P_{i,j,k}(x^2-1),
\end{aligned}$$

对比之下可以发现

$$Q(x)Q(-x) = Q(x^2-1).$$

注意：此时的 $Q(x)$ 除了 γ 和 $\widetilde{\gamma}$ 之外，也不能以 0 或 -1 为根，这是因为根据 $Q^2(0) = Q(-1)$，-1 和 0 要么同时是根，要么同时不是根. 而如前所述，$Q(x)$ 中不能同时包含 0 和 -1 两个根.

设 $Q(x)$ 不是常数多项式，则根据题意，它也是只有实根的实系数多项式. 设 α 是 $Q(x) = 0$ 的最小的根.

若 $\alpha > \gamma$，则 $\alpha^2 - 1 > \alpha$ 也是根，进而 $(\alpha^2-1)^2 - 1$，$((\alpha^2-1)^2-1)^2 - 1$，$\cdots$ 严格递增，且每个都是 $Q(x)$ 的根，这样 $Q(x)$ 就拥有了无穷多个根，这不可能.

若 $\widetilde{\gamma} < \alpha < \gamma$，则 $\alpha^2 - \alpha - 1 < 0$，即 $\alpha^2 - 1 < \alpha$，这和 α 是最小的根这一假定矛盾.

若 $\alpha < -1$，由于 $Q(x^2-1) = Q(x)Q(-x)$，而 $Q(x)$ 的所有根都是实根，故 $Q(x^2-1)$ 能够在实数范围内分解成一些一次式的乘积. 由于 α 是根，故 $(x^2-1) - \alpha$ 能被 $Q(x^2-1)$ 整除，因此 $x^2 - 1 - \alpha$ 一定要能在实数范围内分解，即 $1 + \alpha > 0$，这和 $\alpha < -1$ 的假设矛盾.

因此最小的根 α 一定满足 $-1 < \alpha < \widetilde{\gamma} < \gamma$，然而此时

$$\begin{aligned}
(\alpha^2-1)^2 - 1 &= \alpha + ((\alpha^2-1)^2 - 1 - \alpha) \\
&= \alpha + \alpha(\alpha+1)(\alpha-\gamma)(\alpha-\widetilde{\gamma}) < \alpha,
\end{aligned}$$

这又和 α 的最小性相矛盾.

因此 $Q(x)$ 只能是常数函数，故 $P(x)$ 一定是

$$P(x) = c(x^2+x)^i \left(\frac{1-\sqrt{5}}{2} - x\right)^j \left(\frac{1+\sqrt{5}}{2} - x\right)^k$$

的形式. 对比最高次项的系数知 $c = c^2$，故 $c = 0$ 或 1. 经验证（在上面的解答中已经验证过了），所有的解为 $P(x) \equiv 0$ 或

$$P(x) = (x^2+x)^i \left(\frac{1-\sqrt{5}}{2} - x\right)^j \left(\frac{1+\sqrt{5}}{2} - x\right)^k,$$

其中 i, j, k 为任意三个非负整数.

最后我们来看一个多元多项式函数方程的例子.

▶例 11 试求一切二元多项式函数 $P(x, y)$,使得它满足

$$P(x, y) = P(x+1, y+1).$$

解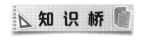

作一个变量代换,令

$$u = \frac{x+y}{2}, \ v = \frac{x-y}{2}, \ Q(u, v) = P(u+v, u-v) = P(x, y),$$

这样,$Q(x)$ 是关于 u, v 的二元多项式,而和题目中等价的方程为

$$Q(u, v) = Q(u+1, v).$$

利用数学归纳法容易证明,对一切 $n \in \mathbf{N}$,均有 $Q(u, v) = Q(u+n, v)$.

再设 $R(u, v) = Q(u, v) - Q(0, v)$,则 $R(0, v) = 0$,且对一切 $n \in \mathbf{N}$,$R(u+n, v) = R(u, v)$. 因此对每个固定的 v,一元多项式 $R_v(u) = R(u, v)$ 以所有自然数为其根,故 $R(u, v) \equiv 0$,即 $Q(u, v) = Q(0, v)$. 此即

$$P(x, y) = P\left(\frac{x-y}{2}, \frac{y-x}{2}\right),$$

于是 $P(x, y)$ 只能是 $x - y$ 的函数,即

$$P(x, y) = \sum_{j=0}^{n} a_n (x-y)^n.$$

容易验证,这样的多项式满足条件.

知 识 桥

三、 换元法

换元法在求解代数方程时就已经为我们所知晓. 它在求解某些函数方程时也能发挥重要的作用,我们用一些例子来说明.

训 练 营

▶例 12 求解如下的函数方程:

$$f(\cos x - 2) = \sin^2 x + 4, \ (-\infty < x < +\infty).$$

解 ❓

因为我们要求的是 $f(x)$ 的具体形式,所以自然会想到令 $t = \cos x - 2$. 然而这样的一个 t 会对应多个 x,采用倒解 x 再代入题目中方程右边的方式便不可行. 注意到三角函数之间的关系,我们有 $\sin^2 x + \cos^2 x = 1$,故

$$\sin^2 x = 1 - \cos^2 x = 1 - (t+2)^2,$$

从而

$$f(t) = 1 - (t+2)^2 + 4$$
$$= -t^2 - 4t + 1,$$

所以所求的函数为

$$f(x) = -x^2 - 4x + 1.$$

经检验,它确实是函数方程的解.

▶ 例 13 试求所有定义在 $\mathbf{R}\backslash\{0, 1\}$ 上的函数 f,满足:

$$f(x) + f\left(\frac{1}{1-x}\right) = \frac{2(1-2x)}{x(1-x)}.$$

解 ❓

本例与函数迭代有密切的关系. 设

$$\varphi(x) = \frac{1}{1-x},$$

则

$$\varphi^{(2)}(x) = \frac{x-1}{x},$$

$$\varphi^{(3)}(x) = x,$$

即 f 迭代三次以后会得到恒同映射. 这就提示我们可以用换元法来求解.

对于 $x \neq 0, 1$,设

$$y = \frac{1}{1-x}, \ z = \frac{x-1}{x},$$

则 $\varphi(x)=y$，$\varphi(y)=z$，$\varphi(z)=x$，且 y，z 取值也不能为 0，1.

由题意，对任意 t，均有

$$f(t)+f(\varphi(t))=\frac{2(1-2t)}{t(1-t)}.$$

分别取 $t=x$，y，z，得

$$f(x)+f(y)=\frac{2(1-2x)}{x(1-x)},$$

$$f(y)+f(z)=\frac{2(1-2y)}{y(1-y)},$$

$$f(z)+f(x)=\frac{2(1-2z)}{z(1-z)},$$

解得

$$f(x)=\frac{1}{2}\left(\frac{2(1-2x)}{x(1-x)}+\frac{2(1-2z)}{z(1-z)}-\frac{2(1-2y)}{y(1-y)}\right)$$

$$=\frac{1}{2}\left(\frac{2(1-2x)}{x(1-x)}-\frac{2}{x}+2x-\frac{2x(2-x)}{1-x}\right)$$

$$=\frac{x+1}{x-1}.$$

经验证知

$$f(x)=\frac{x+1}{x-1}$$

确实是原函数方程的解.

我们再来列举几个类似的例题.

▶ 例 14 试求所有定义在 $\mathbf{R}\backslash\{-1,1\}$ 上的函数 f，使得

$$f(x)+2f\left(\frac{x-3}{x+1}\right)=x.$$

解 ❓

与上例相同，我们令

$$\varphi(x)=\frac{x-3}{x+1},$$

则

$$\varphi^{(2)}(x) = \frac{3+x}{1-x},$$

$$\varphi^{(3)}(x) = x,$$

即 f 迭代三次以后会得到恒同映射. 注意到当 $x \notin \{-1, 1\}$ 时, $\varphi^{(n)}(x)$, $n \in \mathbf{N}^*$ 均不属于 $\{-1, 1\}$.

令

$$y = \varphi(x) = \frac{x-3}{x+1}, \ z = \varphi^{(2)}(x) = \frac{3+x}{1-x},$$

则

$$f(x) + 2f(y) = x,$$

$$f(y) + 2f(z) = y = \frac{x-3}{x+1},$$

$$f(z) + 2f(x) = z = \frac{3+x}{1-x}.$$

解这个线性方程组, 得

$$f(x) = \frac{1}{9}(x + 4z - 2y)$$

$$= \frac{1}{9}\left(x + 4 \times \frac{3+x}{1-x} - 2 \times \frac{x-3}{x+1}\right)$$

$$= \frac{-x^3 + 6x^2 + 9x + 18}{9(x^2 - 1)}.$$

经过一个比较冗长的验证过程, 我们得知

$$f(x) = \frac{-x^3 + 6x^2 + 9x + 18}{9(x^2 - 1)}$$

的确是原函数方程的解.

▶ **例 15** 试求所有函数 $f: \mathbf{C} \to \mathbf{C}$, 使得

$$f(z) + zf(1-z) = 1 + z.$$

解 🌓

与刚才两题不同的是,如果我们令 $\varphi(z)=1-z$,那么 $\varphi^{(2)}(z)=1-(1-z)=z$. 因此,如果刚才的两个例子是把每三个点组成一组来求解,那么这里就是把每两个点组成一组来求解.

依题意,当用 $1-z$ 代替 z 时,我们得到线性方程组

$$\begin{cases} f(z)+zf(1-z)=1+z, \\ f(1-z)+(1-z)f(z)=1+(1-z)=2-z, \end{cases}$$

这个线性方程组的解的个数主要取决于系数行列式 $1-z(1-z)$ 是否等于零.

当 $1-z(1-z)\neq 0$,即

$$z\neq \frac{1}{2}\pm\frac{\sqrt{3}}{2}\mathrm{i}$$

时,根据 $(1-z+z^2)f(z)=1+z-2z+z^2$,可得

$$f(z)=\frac{1-z+z^2}{1-z+z^2}=1.$$

而当 $z=w_1=\frac{1}{2}+\frac{\sqrt{3}}{2}\mathrm{i}$ 或 $z=w_2=\frac{1}{2}-\frac{\sqrt{3}}{2}\mathrm{i}$ 时,根据题意,这两点中某点的函数值只与这两点中另一点的函数值相关,是一个"自洽"的系统,与两点之外其他点的函数值没有任何关系,它们只需满足

$$f(w_1)+w_1f(w_2)=1+w_1,$$
$$f(w_2)+w_2f(w_1)=1+w_2=2-w_1.$$

注意到 $w_1w_2=1$,以及 $w_1+w_2=1$,在第一个方程两边乘以 w_2,即得到第二个方程,所以其实限制只有一个. 故可以设 $f(w_1)=\alpha$,则 $f(w_2)=2-w_1-\alpha w_2$,这里 α 为任意复数.

经过验证,满足题意的所有解为

$$f(x)=\begin{cases} 1, & z\neq w_1, w_2, \\ \alpha, & z=w_1, \\ 2-w_1-\alpha w_2, & z=w_2, \end{cases}$$

其中

$$w_1 = \frac{1}{2} + \frac{\sqrt{3}}{2}i, \ w_2 = \frac{1}{2} - \frac{\sqrt{3}}{2}i, \ \alpha \text{ 为任意复数.}$$

▶ 例 16 设 α 是一个给定的实数. 求所有函数 $f: (0, +\infty) \to (0, +\infty)$，使得

$$\alpha x^2 f\left(\frac{1}{x}\right) + f(x) = \frac{x}{1+x}$$

对一切 $x \in (0, +\infty)$ 均成立.

解 ❓

与之前一样, 用 $\frac{1}{x}$ 来代替方程中的 x, 得到

$$\alpha \frac{1}{x^2} f(x) + f\left(\frac{1}{x}\right) = \frac{\frac{1}{x}}{1+\frac{1}{x}} = \frac{1}{1+x}.$$

由于 $x > 0$, 故不会产生奇点. 在这个方程的两边乘以 αx^2 后减去原方程, 可得

$$(\alpha^2 - 1)f(x) = \frac{\alpha x^2}{1+x} - \frac{x}{1+x}$$

$$= \frac{\alpha x^2 - x}{1+x}.$$

因此, 当 $\alpha \neq \pm 1$ 时,

$$f(x) = \frac{\alpha x^2 - x}{(1+x)(\alpha^2 - 1)},$$

经验证, 这的确是原函数方程的解.

而当 $\alpha = \pm 1$ 时, 由题意得对一切 $x > 0$, 均有

$$\frac{\alpha x^2 - x}{1+x} = 0,$$

这不可能. 故此时满足题意的 f 不存在.

▶ **例 17** 设 $g: \mathbf{C} \to \mathbf{C}$ 是一个给定的函数, $a \in \mathbf{C}$ 是一个复常数, w 是 1 的一个不等于 1 的三次单位根. 试求所有 $f: \mathbf{C} \to \mathbf{C}$, 使得任取 $z \in \mathbf{C}$, 均有

$$f(z) + f(wz + a) = g(z).$$

解

令 $\varphi(z) = wz + a$. 因为 w 是 1 的三次单位根, 故 $w^3 = 1$, 且 $w^2 + w + 1 = 0$. 于是

$$\varphi^{(2)}(z) = w(wz + a) + a = w^2 z + (w+1)a,$$

$$\varphi^{(3)}(z) = w(w^2 z + (w+1)a) + a = w^3 z + (w^2 + w + 1)a = z,$$

因此 φ 是一个三次迭代之后会成为恒同映射的函数. 我们得到线性方程组

$$\begin{cases} f(z) + f(wz + a) = g(z), \\ f(wz + a) + f(w^2 z + (w+1)a) = g(wz + a), \\ f(w^2 z + (w+1)a) + f(z) = g(w^2 z + (w+1)a), \end{cases}$$

因此

$$f(z) = \frac{1}{2}\left(g(z) + g(w^2 z + (w+1)a) - g(wz + a) \right),$$

经验证, 这的确是原函数方程的解.

▶ **例 18** 求所有函数 $f: \mathbf{R} \backslash \{0\} \to \mathbf{R}$, 使得任取 $x \neq 0$, 均有

$$\frac{1}{x} f(-x) + f\left(\frac{1}{x}\right) = x.$$

解

取 $x = -\dfrac{1}{y}$, 代入原方程, 得

$$-y f\left(\frac{1}{y}\right) + f(-y) = -\frac{1}{y}.$$

再将变量换成 x, 即

$$f(-x) - x f\left(\frac{1}{x}\right) = -\frac{1}{x},$$

和原方程联立,解得

$$2f(-x) = x^2 - \frac{1}{x},$$

再用 x 代替 $-x$,可得

$$f(x) = \frac{x^3 + 1}{2x},$$

经验证,这的确是原方程的解.

换元法的使用不仅仅限于和函数迭代相结合. 让我们再来看几个例子.

▶ **例 19**　试求所有函数 $f: \mathbf{R} \to \mathbf{R}$,使得

$$(x-y)f(x+y) - (x+y)f(x-y) = 4xy(x^2-y^2).$$

解

光从这个函数关系式很难直接看出什么来. 我们作代换

$$u = x + y, \ v = x - y,$$

则

$$x = \frac{u+v}{2}, \ y = \frac{u-v}{2}.$$

这是一个相当常见的变量代换,经过代换以后,原有的函数方程等价地变化为

$$vf(u) - uf(v) = (u^2 - v^2)uv, \ u, \ v \in \mathbf{R}.$$

上式在 $u = 0$ 或 $v = 0$ 时自然是满足的,而当 $u, \ v \neq 0$ 时,在上式两边除以 uv,得

$$\frac{f(u)}{u} - \frac{f(v)}{v} = u^2 - v^2,$$

或

$$\frac{f(u)}{u} - u^2 = \frac{f(v)}{v} - v^2,$$

即 $\dfrac{f(u)}{u} - u^2$ 在 $u \neq 0$ 时是一个定值. 设该值为 c,则当 $u \neq 0$ 时,$f(u) = cu + u^3$.

当 $u = 0$ 时,在 $vf(u) - uf(v) = (u^2 - v^2)uv$ 中取 $u = 0$, $v = 1$,即得 $f(0) = 0$,也符合 $f(u) = cu + u^3$.

最后将 $f(u) = cu + u^3$ 代入原函数方程,左边等于

$$(x-y)(c(x+y) + (x+y)^3) - (x+y)(c(x-y) + (x-y)^3)$$
$$= (x^2 - y^2)((x+y)^2 - (x-y)^2),$$

和右边相等. 故原函数方程的解为 $f(x) = cx + x^3$,其中 c 是任意实数.

▶ **例 20** 设 $f: \mathbf{R} \to \mathbf{R}$ 满足如下条件:

(1) 对任意实数 x, y,有

$$f(2x) = f\left(\sin\left(\frac{\pi x}{2} + \frac{\pi y}{2}\right)\right) + f\left(\sin\left(\frac{\pi x}{2} - \frac{\pi y}{2}\right)\right);$$

(2) 对任意实数 x, y,有

$$f(x^2 - y^2) = (x+y)f(x-y) + (x-y)f(x+y).$$

求 $f(2022 + \sqrt{2022} + \sqrt[3]{2022})$ 的值.

解

令 $u = x + y, v = x - y$,则

$$f(u+v) = f\left(\sin\frac{u\pi}{2}\right) + f\left(\sin\frac{v\pi}{2}\right), \tag{6}$$

$$f(uv) = uf(v) + vf(u). \tag{7}$$

在式(7)中令 $u = 0, v = 2$,得 $f(0) = 0$.

令 $u = 0$,代入式(6),得 $f(v) = f\left(\sin\frac{v\pi}{2}\right)$,同理可得 $f(u) = f\left(\sin\frac{u\pi}{2}\right)$,

所以

$$f(u+v) = f(u) + f(v). \tag{8}$$

在式(7)中令 $u = v = 1$,得 $f(1) = 0$.

在式(8)中令 $v = 1$,得 $f(u+1) = f(u)$,从而 $f(2022) = 0$.

在式(7)中令 $u = v$,得

$$f(u^2) = 2uf(u).$$

所以,$f(2022) = 2 \cdot \sqrt{2022} f(\sqrt{2022})$,故 $f(\sqrt{2022}) = 0$.

在式(7)中令 $v = u^2$,得

$$f(u^3) = uf(u^2) + u^2f(u) = 3u^2f(u),$$

所以　$f(2022) = 3 \cdot 2022^{\frac{2}{3}}f(\sqrt[3]{2022})$，于是 $f(\sqrt[3]{2022}) = 0$.

所以　$f(2022 + \sqrt{2022} + \sqrt[3]{2022}) = f(2022) + f(\sqrt{2022}) + f(\sqrt[3]{2022}) = 0$.

▶ 例 21　试求一切函数 $f: \mathbf{R} \to \mathbf{R}$，使得对任意 $x, y \in \mathbf{R}$，均有

$$f(f(x) + y) = f(x^2 - y) + 4f(x)y.$$

解

容易发现 $f(x) \equiv 0$ 是一个解. 那么这个函数方程还有没有其他的解呢？

我们的想法很简单，就是设法消去方程的左端项和右端的第一项. 但是现在左端项和右端的第一项并不相同，这就需要我们选取适当的 y 来使得它们相同. 要使得 $f(x) + y = x^2 - y$，这就需要令

$$y = \frac{x^2 - f(x)}{2}.$$

这样，我们得到

$$f(x)(x^2 - f(x)) = 0, \quad x \in \mathbf{R}.$$

注意这个方程和原方程并不等价，它只是原方程的一个必要条件.

因此，对任意 $x \in \mathbf{R}$，要么 $f(x) = 0$，要么 $f(x) = x^2$. 但是这并不是说原函数方程有两个解 $f(x) = 0$ 和 $f(x) = x^2$. 到这里为止，还有可能出现对于某些 x，$f(x) = 0$，而对另一些 x，$f(x) = x^2$ 的情况.

然而无论在哪种情况下，均有 $f(0) = 0$. 在原来的函数方程中取 $x = 0$，可得对一切 $y \in \mathbf{R}$，均有 $f(y) = f(-y)$，即 f 是偶函数.

如果对某个非零的 a，有 $f(a) \neq a^2$，则 $f(a)$ 只能等于零. 此时在原方程中取 $x = a$，并用 $-y$ 代替 y，即得

$$f(-y) = f(a^2 + y).$$

结合刚才所证明的 f 是偶函数，我们可得 $f(a^2 + y) = f(y)$，即 f 是以 a^2 为周期的周期函数. 于是根据原方程，对所有 $x \in \mathbf{R}$，

$$\begin{aligned}
f(f(x)) = f(f(x) + a^2) &= f(x^2 - a^2) + 4f(x)a^2 \\
&= f(x^2) + 4f(x)a^2.
\end{aligned}$$

在原方程中取 $y = 0$，可得 $f(f(x)) = f(x^2)$，和上面的式子作比较，即得 $4a^2 f(x) = 0$ 对所有 $x \in \mathbf{R}$ 均成立．又因为 $a \neq 0$，故 $f(x) \equiv 0$．

至此我们证明了，如果对某个 $a \neq 0$，$f(a) \neq a^2$，则 $f(x) \equiv 0$．因此原函数方程至多只有两个不同的解：

$$f(x) \equiv 0,$$

$$f(x) = x^2, \ x \in \mathbf{R}.$$

经验证，这两个解都满足原函数方程．

 **点评**

从本例中可以看出，对同一个值 $f(f(x))$ 计算两次常常是求解函数方程时的有效手段．在以后的例题中我们还会经常用到这种方法．

▶ **例 22** 求解函数方程

$$\frac{f(x) - g(y)}{x - y} = h\left(\frac{x + y}{2}\right), \ x, y \in \mathbf{R}, \ x \neq y, \tag{9}$$

其中 f, g, h 均是定义于 $\mathbf{R}$ 并取值在 $\mathbf{R}$ 中的函数．

解

这是一道和三个不同函数有关的例题，而题目中只给出了一个方程，这就需要我们去深刻地挖掘条件中的隐含信息．首先作变量代换

$$s = \frac{x + y}{2}, \ t = \frac{x - y}{2},$$

方程(9)可等价地转化为

$$\frac{f(s + t) - g(s - t)}{2t} = h(s), \ s, t \in \mathbf{R}, \ t \neq 0. \tag{10}$$

在式(10)中用 $-t$ 代替 t，可得

$$\frac{f(s - t) - g(s + t)}{-2t} = h(s), \ s, t \in \mathbf{R}, \ t \neq 0. \tag{11}$$

在式(10)中分别取 $s = u + v$ 和 $s = u - v$，并取 $t = y$，作和得

$$h(u+v)+h(u-v) = \frac{1}{2y}(f(u+v+y)-g(u+v-y)+$$

$$f(u-v+y)-g(u-v-y))$$

$$= \frac{1}{2y}(f(u+(v+y))-g(u-(v+y)))+$$

$$\frac{1}{2y}(f(u-(v-y))-g(u+(v-y)))$$

$$= \frac{1}{y}((v+y)h(u)-(v-y)h(u))$$

$$= 2h(u).$$

在得到倒数第二行的等式时，我们利用了式(11). 这样我们可知

$$h(u+v)+h(u-v) = 2h(u),\ u,\ v \in \mathbf{R}.$$

（事实上，我们只证明了 $v \neq 0$ 的情形，$v = 0$ 的情形自然成立.）

在上式中再令 $p = u+v$，$q = u-v$，即得

$$h\left(\frac{p+q}{2}\right) = \frac{h(p)+h(q)}{2},\ p,q \in \mathbf{R}. \tag{12}$$

定义新的函数 $F: \mathbf{R} \to \mathbf{R}$，

$$F(p) = h(p)-h(0),\ p \in \mathbf{R}.$$

根据式(12)，我们可得

$$F(p)+F(q) = h(p)+h(q)-2h(0)$$

$$= 2\left(\frac{h(p)+h(q)}{2}-h(0)\right)$$

$$= 2\left(h\left(\frac{p+q}{2}\right)-h(0)\right)$$

$$= 2F\left(\frac{p+q}{2}\right),$$

且 $F(0) = 0$. 如果在上式中取 $q = 0$，即得

$$F(p) = 2F\left(\frac{p}{2}\right),\ p \in \mathbf{R}.$$

代回到 F 的等式，得

$$F(p+q) = F(p) + F(q), \ p, q \in \mathbf{R}. \tag{13}$$

需要注意的是,从得到等式(12)到这里得到 F 满足可加性的步骤是标准的,以后也经常要用到.

回到函数方程的求解过程. 我们可以将式(10)改写成

$$\frac{f(s+t) - g(s-t)}{2t} = h(s) = B + F(s), \ s,t \in \mathbf{R}, \ t \neq 0,$$

其中 $B = h(0)$ 是一个常数. 在其中分别取 $t = s$ 和 $t = -s$,得

$$f(2s) = g(0) + 2Bs + 2sF(s),$$
$$g(2s) = f(0) + 2Bs + 2sF(s).$$

再用 $\frac{s}{2}$ 来代替 s,得

$$f(s) = g(0) + Bs + \frac{1}{2}sF(s),$$

$$g(s) = f(0) + Bs + \frac{1}{2}sF(s).$$

将这些等式代入式(10),利用 F 的可加性即式(13),得

$$\frac{1}{2y}(g(0) - f(0) + 2By + yF(x) + xF(y)) = h(x),$$

在上式中取 $x = 1$,可得

$$\frac{1}{2y}(g(0) - f(0) + 2By + yF(1) + F(y)) = B + F(1),$$

解得

$$F(y) = yF(1) + f(0) - g(0).$$

因 F 需满足 $F(0) = 0$,故 $f(0) = g(0)$,即

$$F(y) = F(1)y = dy,$$

这里 $d = F(1)$ 是一个常数. 而 f, g, h 均可以用 F 来表示,把这些关系式代入,即得

$$f(x) = g(x) = ax^2 + bx + c,$$

$$h(x) = 2ax + b,$$

其中 a, b, c 均是常数, $a = \dfrac{d}{2}$, $b = B$, $c = f(0) = g(0)$. 经验证, 这的确是原函数方程的解.

 点评

在本例中, 我们通过给出的函数方程巧妙地将 3 个有密切联系的未知函数转化到求解 1 个未知函数的问题, 从而比较方便地得到了解的形式. 注意到在求解 F 时, 我们不仅仅利用了 F 的可加性, 还利用了 F 诱导出的函数 f, g, h 所满足的等式. 事实上, 光依靠 F 的可加性是无法得到 F 的表达式的, 这在后面的柯西法中会有详细的阐述.

▶ **例 23** 试求满足以下条件的函数 f: $\mathbf{R}^{+} \cup \{0\} \rightarrow \mathbf{R}^{+} \cup \{0\}$:

(1) $f(xf(y))f(y) = f(x+y)$, x, $y \geqslant 0$;

(2) $f(2) = 0$;

(3) $f(x) \neq 0$, $x \in [0, 2)$.

解

当 $x \geqslant 2$ 时, 取 $x = 2 + t$, 这里 $t \geqslant 0$. 根据条件 (1), 可得

$$f(x) = f(2+t) = f(tf(2))f(2) = 0,$$

故 f 在 $[2, +\infty)$ 中取值为零.

当 $x \in [0, 2)$ 时, 我们取 $t = 2 - x$, 这样 $t \in (0, 2]$, 且 $x + t = 2$. 代入条件 (1), 得

$$f(tf(x))f(x) = f(2) = 0.$$

因为 $f(x) \neq 0$, 故 $f(tf(x)) = 0$, 即 $tf(x) \geqslant 2$. 因此

$$f(x) \geqslant \frac{2}{t} = \frac{2}{2-x}.$$

如果对某个 $x \in [0, 2)$, 有 $f(x) > \dfrac{2}{2-x}$, 那么取 $y = 2 - x - \epsilon$, 其中 $\epsilon \in (0, 2-x)$ 是一个待定实数. 此时根据条件 (1),

$$f(yf(x))f(x) = f(y+x),$$

即

$$f((2-x-\epsilon)f(x))f(x)=f(2-\epsilon)\neq 0. \qquad (14)$$

而此时因为 $f(x)>\dfrac{2}{2-x}$，故当ϵ充分小的时候会有

$$(2-x-\epsilon)f(x)\geqslant 2,$$

因而式(14)左边等于零,矛盾.

故满足题意的函数只可能是

$$f(x)=\begin{cases} 0, & x\geqslant 2, \\ \dfrac{2}{2-x}, & 0\leqslant x<2. \end{cases}$$

最后还需要进行验证. 条件(2)和(3)是自然满足的,而对于条件(1),我们分 $x+y<2$ 和 $x+y\geqslant 2$ 来讨论.

当 $x+y<2$ 时,x, $y\in[0, 2)$,故条件(1)左边等于

$$f\left(\frac{2x}{2-y}\right)\frac{2}{2-y}=\frac{2-y}{2-x-y}\times\frac{2}{2-y}=\frac{2}{2-x-y},$$

和右边相等.

当 $x+y\geqslant 2$ 时,右边等于零.如果 $y\geqslant 2$,那么左边的 $f(y)=0$;如果 $y<2$,那么左边的 $f(xf(y))$ 中

$$xf(y)=\frac{2x}{2-y}\geqslant 2\frac{2-y}{2-y}=2,$$

故经 f 作用后等于零.因此左边和右边相等.验证完成.

四、 赋值法

所谓赋值法,就是对自变量赋予某些特殊的数值,从而挖掘出题中隐含的条件,并且通过这些新条件简化方程,逼近最终目标.

首先来看几个比较简单的函数方程.

训练营

▶ **例 24** 求解下列关于 $f: \mathbf{R} \to \mathbf{R}$ 的函数方程：

(1) $f(x+y) - 2f(x-y) + f(x) - 2f(y) = y - 2$；

(2) $f(x+y) + 2f(x-y) + f(x) + 2f(y) = 4x + y$.

解

(1) 令 $x = y = 0$，得 $-2f(0) = -2$，即 $f(0) = 1$.

再取 $x = 0$，得

$$-f(y) - 2f(-y) = y - 3.$$

利用换元法，在上式中用 $-y$ 代替 y，可得

$$-f(-y) - 2f(y) = -y - 3,$$

将两式联立，解得

$$f(y) = y + 1,$$

经验证，这的确是原函数方程的解.

(2) 同样，先令 $x = y = 0$，得到 $f(0) = 0$. 然后令 $y = 0$，得

$$f(x+0) + 2f(x-0) + f(x) + 2f(0) = 4x + 0,$$

即 $f(x) = x$，经验证，这的确是原函数方程的解.

▶ **例 25** 设 $f: \mathbf{R} \to \mathbf{R}$ 满足：

$$f(xy) = xf(x) + yf(y), \quad x, y \in \mathbf{R}.$$

证明：$f(x) \equiv 0$.

证明

将 $x = y = 0$ 代入，得 $f(0) = 0$. 再令 $x = y = 1$，得 $f(1) = 2f(1)$，故 $f(1) = 0$.
然后在原方程中令 $y = 1$，则当 $x \neq 1$ 时，有

$$f(x) = xf(x) + f(1) = xf(x),$$

故 $f(x) = 0$. 结合 $f(1) = 0$，知对一切 $x \in \mathbf{R}$，均有 $f(x) \equiv 0$. 容易验证，这的确
是原函数方程的解.

▶ **例 26** 试求所有函数 $f: \mathbf{R} \to \mathbf{R}$，使得对一切实数 $x,\,y \in \mathbf{R}$，均有

$$f(x+y) - f(x-y) = f(x)f(y). \tag{15}$$

解

在式(15)中调换 x 和 y 的位置，得

$$f(x+y) - f(y-x) = f(x)f(y),$$

和式(15)对比得

$$f(y-x) = f(x-y),$$

故 f 是一个偶函数.

在式(15)中取 $x=y$，得

$$f(2x) - f(0) = f^2(x),$$

而取 $y=-x$，利用 f 是偶函数，得

$$f(0) - f(2x) = f^2(x),$$

因此，对于同一个 $f^2(x)$，有两个互为相反数的数值 $f(2x)-f(0)$ 和 $f(0)-f(2x)$ 都与其相等，故对一切 $x \in \mathbf{R}$，均有 $f(2x) = f(0)$，即 $f(x)$ 是常数. 再由式(15)，得 $f(x) \equiv 0$. 验证知，这的确是原函数方程的解.

▶ **例 27** 求所有的函数 $f: \mathbf{R} \to \mathbf{R}$，满足方程：

$$f((x-y)^2) = f^2(x) - 2xf(y) + y^2. \tag{16}$$

解

很容易发现 $f(x)=x$ 是一个解. 那么这个方程还有没有其他解呢? 虽然不易发现，但事实上，$f(x)=x+1$ 也是满足方程的. 将 $f(x)=x+1$ 代入方程，左边为

$$f((x-y)^2) = (x-y)^2 + 1 = x^2 - 2xy + y^2 + 1,$$

而右边为

$$\begin{aligned} f^2(x) - 2xf(y) + y^2 &= (x+1)^2 - 2x(y+1) + y^2 \\ &= x^2 - 2xy + y^2 + 1, \end{aligned}$$

左右两边相等. 是不是还有其他解呢? 下面我们继续寻找.

在式(16) 中取 $y=0$，得

$$f(x^2)=f^2(x)-2xf(0),\tag{17}$$

而在式(16) 中取 $x=0$，得

$$f(y^2)=f^2(0)+y^2,\tag{18}$$

再取 $y=0$，得 $f(0)=f^2(0)$，故 $f(0)=0$ 或 $f(0)=1$. 而在式(16) 中取 $x=y$，得

$$f(0)=f^2(x)-2xf(x)+x^2=(f(x)-x)^2.$$

以下分情况讨论.

(i) $f(0)=0$，此时 $(f(x)-x)^2=0$，故 $f(x)=x$.

(ii) $f(0)=1$，此时 $(f(x)-x)^2=1$，故 $f(x)=x\pm1$，但是我们还无法确定对于哪些 x 有 $f(x)=x+1$，对于哪些 x 有 $f(x)=x-1$.

假如对某个 x_0，$f(x_0)=x_0-1$，则利用式(17) 和式(18)，可得

$$1+x_0^2=f(x_0^2)=f^2(x_0)-2x_0=(x_0-1)^2-2x_0=x_0^2-4x_0+1,$$

这样 x_0 只能为零. 但是 $f(0)=1$ 和 $f(0)=0-1$ 矛盾，因此这时对一切 $x\in\mathbf{R}$，均有 $f(x)=x+1$.

验证的过程在题目的开始已经进行过，故该函数方程有两个解，$f(x)\equiv x$ 及 $f(x)=x+1$.

▶ **例 28** 设 $f:\mathbf{R}\to\mathbf{R}$ 是满足条件：

(1) $f(x+y)=f(x)+f(y)$，$x,y\in\mathbf{R}$，

(2) $f\left(\dfrac{1}{x}\right)=\left(\dfrac{1}{x^2}\right)f(x)$，$x\neq0$

的函数，求 $f(x)$.

解 ❓

根据条件(1)，将 $x=y=0$ 代入，得 $f(0)=0$. 将 $y=-x$ 代入，得 $f(0)=f(x)+f(-x)$，因此 f 是奇函数，故

$$f(x-y)=f(x)+f(-y)=f(x)-f(y).$$

对于 $x\neq0,1$，根据恒等式

$$\frac{1}{x-1} - \frac{1}{x} = \frac{1}{x(x-1)},$$

可得

$$f\left(\frac{1}{x-1}\right) - f\left(\frac{1}{x}\right) = f\left(\frac{1}{x(x-1)}\right).$$

再利用条件(2),得到

$$\frac{f(x-1)}{(x-1)^2} - \frac{f(x)}{x^2} = \frac{f(x(x-1))}{x^2(x-1)^2},$$

即

$$x^2 f(x-1) - (x-1)^2 f(x) = f(x^2-x).$$

利用 f 的可加性,得

$$x^2 f(x) - x^2 f(1) - x^2 f(x) + 2x f(x) - f(x) = f(x^2) - f(x),$$

即

$$f(x^2) + x^2 f(1) = 2x f(x),$$

再用 $x + \dfrac{1}{x}$ 代替上面的 x,利用条件(2),得到

$$f(x^2 + x^{-2} + 2) + (x^2 + x^{-2} + 2) f(1) = 2(x + x^{-1}) f(x + x^{-1}),$$

展开得

$$f(x^2) + x^{-4} f(x^2) + f(2) + x^2 f(1) + x^{-2} f(1) + 2 f(1)$$
$$= 2x f(x) + 4 x^{-1} f(x) + 2 x^{-3} f(x).$$

将 $f(x^2) + x^2 f(1) = 2x f(x)$ 代入上式,整理得

$$f(x) = \left(\frac{f(2) + 2 f(1)}{4}\right) x,$$

此式对一切 $x \neq 0, 1$ 均成立. 注意到 $f(2) = f(1) + f(1) = 2 f(1)$, 故

$$f(x) = f(1) x,$$

这样在 $x=0,1$ 时该式仍成立. 最后,容易验证这样的函数 f 满足题中的两个条件. 故所求的函数为 $f(x) = cx$, c 是任一给定常数.

对于有些定义在有理数上的函数方程,我们可以在求解的过程中运用一些数学归纳法的思想.

▶ 例 29　设 $\mathbf{Q}$ 为全体有理数构成的集合.求所有函数 $f:\mathbf{Q}\to\mathbf{Q}$,满足对任意有理数 x,y,均有

$$4f(x)f(y)+\frac{1}{2}=f\Big(2xy+\frac{1}{2}\Big)+f(x-y).$$

解 ❓

在原方程中令 $y=0$,整理得

$$(4f(0)-1)f(x)=f\Big(\frac{1}{2}\Big)-\frac{1}{2}.$$

显然 f 不是常数函数(否则,假设 $f(x)=c$,则 $4c^2+\dfrac{1}{2}=2c$,无实数解).由上式可得 $4f(0)-1=0,f\Big(\dfrac{1}{2}\Big)=\dfrac{1}{2}$.

在原方程中令 $y=\dfrac{1}{2}$,得

$$2f(x)+\frac{1}{2}=f\Big(x+\frac{1}{2}\Big)+f\Big(x-\frac{1}{2}\Big).$$

令 $g(x)=f\Big(x+\dfrac{1}{2}\Big)-f(x)$,则对任意有理数 x,有

$$g\Big(x+\frac{1}{2}\Big)=g(x)+\frac{1}{2}.$$

在原方程中交换 x,y,并与原方程比较,立即知 f 为偶函数.

在原方程中用 $-y$ 代替 y,并与原方程比较(注意 f 为偶函数),得

$$f\Big(2xy+\frac{1}{2}\Big)+f(x-y)=f\Big(-2xy+\frac{1}{2}\Big)+f(x+y),$$

从而

$$\begin{aligned}
f(x+y)-f(x-y)&=f\Big(2xy+\frac{1}{2}\Big)-f\Big(-2xy+\frac{1}{2}\Big)\\
&=\Big(f\Big(2xy+\frac{1}{2}\Big)-f(2xy)\Big)+\Big(f(2xy)-f\Big(2xy-\frac{1}{2}\Big)\Big)\\
&=g(2xy)+g\Big(2xy-\frac{1}{2}\Big)=2g(2xy)-\frac{1}{2}.
\end{aligned}$$

令 $h(x)=g(x)-\dfrac{1}{4}$,则上式变为

$$f(x+y) - f(x-y) = 2h(2xy). \tag{19}$$

对任意正整数 n, 在式(19)中令 $y = \dfrac{n}{2}$, 得

$$2h(nx) = f\left(x + \frac{n}{2}\right) - f\left(x - \frac{n}{2}\right) = \sum_{i=-n}^{n-1}\left(f\left(x + \frac{i+1}{2}\right) - f\left(x + \frac{i}{2}\right)\right)$$

$$= \sum_{i=-n}^{n-1} g\left(x + \frac{i}{2}\right) = \sum_{i=-n}^{n-1}\left(g(x) + \frac{i}{2}\right) = 2ng(x) - \frac{n}{2} = 2nh(x).$$

在式(19)中将 y 换成 $-y$, 可知 h 是奇函数. 于是对任意函数 n 和有理数 x, 有 $h(nx) = nh(x)$. 从而对任意有理数 r, x, 有 $h(rx) = rh(x)$. 事实上, 设 $r = \dfrac{q}{p}$, p, q 是整数, $p \neq 0$, 则

$$p \cdot h\left(\frac{q}{p}x\right) = h(qx) = qh(x),$$

因此 $h\left(\dfrac{q}{p}x\right) = \dfrac{q}{p} \cdot h(x)$. 再取 $x = 1$, 可得 $h(r) = rh(1) = 2rh\left(\dfrac{1}{2}\right)$.

下面计算 $h\left(\dfrac{1}{2}\right)$. 由定义, $h\left(\dfrac{1}{2}\right) = g\left(\dfrac{1}{2}\right) - \dfrac{1}{4} = f(1) - f\left(\dfrac{1}{2}\right) - \dfrac{1}{4} = f(1) - \dfrac{3}{4}$. 在原方程中, 令 $x = y = \dfrac{1}{2}$, 可得 $f(1) = \dfrac{5}{4}$. 所以 $h\left(\dfrac{1}{2}\right) = \dfrac{1}{2}$. 故 $h(x) = x$.

最后, 在式(19)中令 $y = x$, 得

$$f(2x) = 2h(2x^2) + f(0) = 4x^2 + \frac{1}{4},$$

于是 $$f(x) = x^2 + \frac{1}{4}.$$

经验证, 上述函数满足原方程.

综上, 原方程有唯一解 $f(x) = x^2 + \dfrac{1}{4}$.

▶ 例 30　求所有函数 $f: \mathbf{Q}\backslash\{0\} \to \mathbf{Q}\backslash\{0\}$, 使得对一切 $x, y \in \mathbf{Q}\backslash\{0\}$, 均有

$$f\left(\frac{x+y}{3}\right) = \frac{f(x) + f(y)}{2}. \tag{20}$$

解

在式(20)中令 $x = z$, $y = 2z$, 我们得到

$$f(z) = \frac{f(z) + f(2z)}{2},$$

即对一切 $z \neq 0$，均有 $f(2z) = f(z)$．类似地，在式(20)中取 $x = y = 3z$，得到

$$f(2z) = f(3z),$$

这提示我们去证明对一切 $n \in \mathbf{N}^*$，均有 $f(nz) = f(z)$．

假设我们已经证明 $f(kz) = f(z)$，其中 $k = 1, 2, 3, \cdots, n$，$n \geqslant 3$．在式 (20)中取 $x = 3nz$，$y = 3z$，可得

$$f((n+1)z) = \frac{f(3nz) + f(3z)}{2}.$$

因为 $f(3nz) = f(nz) = f(z)$，故

$$f((n+1)z) = f(z),$$

即我们用数学归纳法证明了对一切正整数 n 及一切非零有理数 z，均有 $f(z) = f(nz)$．

取 $z = 1$，可得对一切正整数 n 均有 $f(n) = f(1)$．

对一切正有理数 $\dfrac{p}{q}$，其中 $p, q \in \mathbf{N}^*$，可得

$$f\left(\frac{p}{q}\right) = f\left(q \times \frac{p}{q}\right) = f(p) = f(1),$$

即一切正有理数的函数值均相等．

在式(20)中取 $x = 6$，$y = -3$，可得

$$f(1) = \frac{f(6) + f(-3)}{2},$$

故 $f(-3) = f(1)$．而之前已经证明了 $f(-3) = f(-1)$，故 $f(-1) = f(1)$．用与正有理数相同的方法，可得 f 在一切负有理数处的取值相同，且等于 $f(1)$．故 f 是常数函数．

容易验证 $f(x) = c$ 的确是原函数方程的解，这里 c 是任一非零有理数．

点评

通过待定某些特定点处的函数值来推导出函数方程中的隐藏关系，也是常用解题方法之一．

▶ 例31　试求所有函数 $f: \mathbf{R} \to \mathbf{R}$，使得 f 对一切 $x, y \in \mathbf{R}$，都有

$$f(xf(x)+f(y))=f^2(x)+y. \tag{21}$$

解

首先我们假设 $f(0)=s$，这里 s 是一个待定常数. 将 $x=0$ 代入式(21)，得到

$$f(f(y))=s^2+y, \tag{22}$$

这样，f 便是一个满射(因为对任意 $z\in\mathbf{R}$，令 $y=z-s^2$，则 $f(f(y))=z$). 特别地，当 $y=-s^2$ 时，$f(f(-s^2))=s^2-s^2=0$. 我们令 $a=f(-s^2)$，这样 $f(a)=0$.

如果在式(21)中令 $x=a$，那么我们得到对一切 $y\in\mathbf{R}$，

$$f(f(y))=y. \tag{23}$$

对比式(22)及式(23)，即知 $s=f(0)=0$，$a=f(-0^2)=0$. 此外，如果 $f(x)=f(y)$，那么在两边再作用一次 f，可知 $x=f(f(x))=f(f(y))=y$. 因此 f 不仅仅是满射，还是一个单射，也就是说 f 是一一对应的.

在式(21)中令 $y=0$，可得对一切 $x\in\mathbf{R}$，均有

$$f(xf(x))=f^2(x),$$

再用 $f(x)$ 代替上式中的 x，可得对一切 $x\in\mathbf{R}$，均有

$$f(xf(x))=f^2(f(x))=x^2,$$

因此 $f^2(x)=x^2$ 对所有 x 都成立，于是 $f(x)=\pm x$.

容易验证，$f(x)=x$ 及 $f(x)=-x$ 均是原函数方程的解. 但是注意，我们还没有排除对于某些 x，$f(x)=x$，而对另一些 x，$f(x)=-x$ 的情况.

假设有解 f，使得存在不同的实数 x，y，满足 $f(x)=x$，而 $f(y)=-y$，并且 $xy\neq 0$(如果 $xy=0$，那么正负并不产生任何影响). 将 x，y 代入式(21)，得到

$$f(x^2-y)=x^2+y.$$

根据刚才证得的结果，必须满足 $x^2-y=x^2+y$ 或 $x^2-y=-x^2-y$ 之一，然而这会导致 $x=0$ 或 $y=0$，矛盾. 因此满足题意的解只有两个，分别是 $f(x)=x$ 和 $f(x)=-x$.

▶ **例32** 试求一切函数 $f:\mathbf{R}\to\mathbf{R}$，使得对一切实数 x，y，均有

$$f(f(x+y))=f(x+y)+f(x)f(y)-xy. \tag{24}$$

解 ❓

假设 $f(0) = c$, 其中 c 是一个待定常数. 在式(24)中取 $x = y = 0$, 可得

$$f(c) = c + c^2,$$

而取 $y = -x$, 可得

$$f(c) = c + f(x)f(-x) + x^2.$$

比较以上两式, 即得对一切 $x \in \mathbf{R}$,

$$c^2 = f(x)f(-x) + x^2. \tag{25}$$

特别地, 对于 $x = c$ 上式也成立, 故 $f(c) = 0$ 或 $f(-c) = 0$.

若 $f(c) = 0$, 则将 $x = 0$, $y = c$ 代入式(24), 得

$$f(f(c)) = f(c) + f(0)f(c) - 0 \cdot c,$$

即 $c = 0$.

若 $f(-c) = 0$, 则将 $x = 0$, $y = -c$ 代入式(24), 得

$$f(f(-c)) = f(-c) + f(0)f(-c) - 0 \cdot (-c),$$

亦得 $c = 0$. 故无论哪种情形都有 $f(0) = 0$.

将 $y = 0$ 代入式(24), 注意到 $f(0) = 0$, 可得

$$f(f(x)) = f(x),$$

故

$$f(x)f(y) = xy. \tag{26}$$

根据式(25)及式(26), 可得

$$f(-1)f^2(x) = -x^2 = -f^2(x),$$

而 $f(x) \equiv 0$ 显然不是解, 故 $f(-1) = -1$. 将 $y = -1$ 代入式(26), 即得 $-f(x) = -x$, 故 $f(x) = x$.

经验证知, 原函数方程的解为 $f(x) = x$.

▶ **例 33** 试求所有函数 $f : \mathbf{R}^+ \bigcup \{0\} \to \mathbf{R}^+ \bigcup \{0\}$, 使得对一切 $x, y \in \mathbf{R}^+ \bigcup \{0\}$, 均有

$$f(x^2 + y^2) = f^2(x) + f^2(y). \tag{27}$$

解 ❓

在式(27)中取 $x = y = 0$，可得 $f(0) = 2f^2(0)$，因此 $f(0) = 0$ 或 $\frac{1}{2}$. 以下我们分两种情况讨论.

(i) $f(0) = 0$.

在式(27)中取 $y = 0$，得

$$f(x^2) = f^2(x),$$

可知 $f(1) = 0$ 或 $f(1) = 1$. 将上式代入式(27)，得到 $f(x^2 + y^2) = f(x^2) + f(y^2)$. 取 $x = \sqrt{s}$, $y = \sqrt{t}$，可得对一切 $s, t \in \mathbf{R}^+ \bigcup \{0\}$，均有

$$f(s + t) = f(s) + f(t),$$

即 f 具有可加性.

注意到 f 的值域，利用可加性可知，当 $x \leqslant y$ 时有 $f(x) \leqslant f(y)$.

当 $f(1) = 0$ 时，利用可加性能容易地证明对一切正整数 n，均有 $f(n) = 0$. 而任一实数 x 均可放置在区间 $[n, n+1)$ 之内，所以

$$0 = f(n) \leqslant f(x) \leqslant f(n+1) = 0,$$

即 $f(x) \equiv 0$.

当 $f(1) = 1$ 时，同样利用可加性和数学归纳法，能容易地证明对一切正整数 n，都有 $f(n) = n$.

对正有理数 $\frac{p}{q}$ 而言，利用可加性及数学归纳法可知

$$f\left(\frac{p}{q}\right) = pf\left(\frac{1}{q}\right),$$

而 $qf\left(\frac{1}{q}\right) = f(1) = 1$，故 $f\left(\frac{p}{q}\right) = \frac{p}{q}$，即对一切非负有理数 r，均有 $f(r) = r$.

对于无理数 x，如果 $f(x) > x$，我们可以在 $(x, f(x))$ 中找到有理数 r，于是

$$x < r = f(r) < f(x),$$

与 f 的非严格单调性相矛盾. 同理，如果 $f(x) < x$，取有理数 $r \in (f(x), x)$，

$$x > r = f(r) > f(x),$$

同样是一个矛盾. 因此对一切 $x \in \mathbf{R}^+ \bigcup \{0\}$, 均有 $f(x) = x$.

我们要提醒读者注意, 从 $f(1) = 1$ 开始就是标准的柯西方法, 在后面会有详细而系统的阐述.

(ii) $f(0) = \dfrac{1}{2}$.

此时我们在式(27)中取 $y = 0$, 可得

$$f(x^2) = f^2(x) + \frac{1}{4}, \tag{28}$$

将之代入式(27), 可得

$$f(x^2 + y^2) = f(x^2) + f(y^2) - \frac{1}{2}.$$

令 $x = \sqrt{s}$, $y = \sqrt{t}$, 得知对一切 $s, t \geqslant 0$, 均有

$$f(s + t) = f(s) + f(t) - \frac{1}{2}. \tag{29}$$

现在的情况和刚才不同, 无论是 $f(x)$ 或是 $g(x) = f(x) - \dfrac{1}{2}$ 都不能一眼就看出单调性(单调性在第一种情形的求解中是至关重要的). 对这种情形, 我们必须另辟蹊径.

对一切 $x \geqslant 0$, $f(2x) = 2f(x) - \dfrac{1}{2}$, $f(3x) = f(2x) + f(x) - \dfrac{1}{2} = 3f(x)$ -1. 事实上, 因为

$$nf(x) - \frac{n-1}{2} + f(x) - \frac{1}{2} = (n+1)f(x) - \frac{n}{2},$$

所以可以用数学归纳法证明对一切正整数 n, 均有

$$f(nx) = nf(x) - \frac{n-1}{2}. \tag{30}$$

因为 f 的值域是非负实数, 因此可以得到

$$f(x) \geqslant \frac{n-1}{2n}, \quad x \in \mathbf{R}^+ \bigcup \{0\}, \quad n \in \mathbf{N}^*.$$

令 $n \to +\infty$, 即知 $f(x) \geqslant \dfrac{1}{2}$ 对一切 $x \geqslant 0$ 成立. 这样根据式(29), 当 $x \geqslant y$

时 $f(x) \geqslant f(y)$，即 f 是非严格递增的.

在式(28)中取 $x=1$，可得

$$f^2(1) - f(1) + \frac{1}{4} = 0,$$

因此 $f(1) = \frac{1}{2}$. 又根据式(30)，对一切正整数 n，均有 $f(n) = \frac{1}{2}$. 这样，对任意实数 x，总能将它放置在区间 $[n, n+1)$ 之中，故

$$\frac{1}{2} = f(n) \leqslant f(x) \leqslant f(n+1) = \frac{1}{2},$$

即 $f(x) \equiv \frac{1}{2}$.

经过验证，原函数方程的解为 $f(x) \equiv 0$，$f(x) \equiv \frac{1}{2}$，$f(x) = x$ 这三个.

🏷 点评

事实上，$f(0) = \frac{1}{2}$ 的情形除了用上面的方法去模仿 $f(1) = f(0) = 0$ 的处理方法之外，还能通过巧妙的换元赋值来处理.

在式(28)中用 $x+y$ 代替 x，可得对一切 $x, y \geqslant 0$，均有

$$f(x^2 + y^2 + 2xy) = f^2(x+y) + \frac{1}{4},$$

反复利用式(29)，得

$$f(x^2) + f(y^2) + f(2xy) - 1 = f^2(x) + f^2(y) +$$
$$2f(x)f(y) - f(x) - f(y) + \frac{1}{2},$$

再利用式(28)，得

$$f(2xy) = 2f(x)f(y) - f(x) - f(y) + 1,$$

取 $y = \frac{1}{2}$，得

$$\left(2f(x) - 1\right)\left(1 - f\left(\frac{1}{2}\right)\right) = 0.$$

而在式(27)中取 $x = y = \frac{1}{2}$，可知

$$f\left(\frac{1}{2}\right)=2f^2\left(\frac{1}{2}\right),$$

即 $f\left(\frac{1}{2}\right)\neq 1$，故 $f(x)\equiv\frac{1}{2}$.

▶ **例 34**　试求所有函数 $f: \mathbf{R}\to\mathbf{R}$，使得对一切 x，$y\in\mathbf{R}$，均有

$$f(x^2+f(y))=f^2(x)+y. \tag{31}$$

解

方法一　设 $f(0)=c$，这里 c 是一个待定常数. 在式(31)中取 $x=0$，得到对一切 $y\in\mathbf{R}$，

$$f(f(y))=c^2+y. \tag{32}$$

如果取 $y=0$，可得对一切 $x\in\mathbf{R}$，

$$f(x^2+c)=f^2(x), \tag{33}$$

再令 $x=0$，得到

$$f(c)=c^2. \tag{34}$$

将上两式相加，可得

$$c^2+f(x^2+c)=f^2(x)+f(c),$$

两边用 f 作用一次，得

$$f(c^2+f(x^2+c))=f(f^2(x)+f(c)),$$

再利用式(31)，可得

$$f^2(c)+x^2+c=(f(f(x)))^2+c.$$

注意到式(32)及式(34)，即得

$$c^4+x^2+c=(c^2+x)^2+c,$$

即 $2c^2x=0$. 这对一切 x 均成立，故 $f(0)=0$. 于是式(32)和式(33)转化为

$$f(f(y))=y,$$

$$f(x^2)=f^2(x).$$

需要指出的是,上式表明当 $x \geqslant 0$ 时 $f(x) \geqslant 0$. 如果对于某个 x, $f(x)=0$,则

$$f(x^2)=f(x^2+f(x))=f^2(x)+x=x,$$

而另一方面 $f(x^2)=f^2(x)=0$, 故 $x=0$ 是 $f(x)=0$ 的充分必要条件. 这样当 $x>0$ 时 $f(x)>0$.

在式(31)中用 $f(x)$ 来代替 x,可得

$$f(f^2(x)+f(y)) = (f(f(x)))^2+y = x^2+y,$$

再用 f 作用一次,得

$$f(x^2+y) = f^2(x)+f(y) = f(x^2)+f(y),$$

即对 $z \in \mathbf{R}^+ \bigcup \{0\}$ 及 $y \in \mathbf{R}$, 均有 $f(y+z) = f(y)+f(z)$. 因此当 $x>y$ 时,

$$f(x) = f(x-y+y) = f(x-y)+f(y) > f(y),$$

即 f 是严格递增的.

f 的严格递增性和 $f(f(x)) = x$ 已足够证明 $f(x) = x$. 假设对某个 $x \in \mathbf{R}$, 有 $f(x) > x$, 则根据递增性,应有 $x = f(f(x)) > f(x)$, 矛盾. 同理,如果 $f(x) < x$, 根据递增性,应有 $x = f(f(x)) < f(x)$, 也矛盾. 故满足题意的函数至多只有一个,即 $f(x) = x$. 经验证,它的确是原函数方程的解.

我们再给出一个求解该函数方程的方法,这个方法并不依赖于函数的单调性,但是却更富技巧性,需要解题者有非常敏锐的直觉.

方法二 根据式(31),可得

$$f(f(y)) = y+f^2(0).$$

假设对某一个 $y \in \mathbf{R}$, 有 $f(y) < y$, 则取 $x = \sqrt{y-f(y)}$. 于是

$$f(y) = f(x^2+f(y)) = y+f^2(x),$$

这样 $y \leqslant f(y)$ 产生了矛盾. 故对一切 $y \in \mathbf{R}$, 均有 $f(y) \geqslant y$.

任意选取一个 $y_0 < -f^2(0)$, 并且考察 $b = f(y_0)$, 可得

$$b \leqslant f(b) = f(f(y_0)) = y_0+f^2(0) < 0,$$

于是 b 和 $f(b)$ 均是负的,且 $b \leqslant f(b)$, 因而

$$f^2(b) \leqslant b^2.$$

对任意 $x \in \mathbf{R}$,

$$b^2 + x \leqslant b^2 + f(x) \leqslant f(b^2 + f(x)) = x + f^2(b) \leqslant x + b^2,$$

故 $b^2 + x = b^2 + f(x)$, 即 $f(x) = x$. 经验证, 这的确是原函数方程的解.

▶ **例 35** 求一切函数 $f: \mathbf{R} \to \mathbf{R}$, 使得对任何 $x, y \in \mathbf{R}$, 均有

$$f(f(x-y)) = f(x) - f(y) + f(x)f(y) - xy. \tag{35}$$

解

假设 $f(0) = c$, c 是一个待定常数. 在式(35)中取 $y = 0$, 得

$$f(f(x)) = f(x) - c + cf(x), \tag{36}$$

取 $y = x$, 得

$$f(c) = f^2(x) - x^2, \tag{37}$$

而取 $x = 0$, 得

$$f(f(-y)) = c - f(y) + cf(y).$$

在上式中用 $y = -x$ 代入, 并和式(36)作比较, 得到

$$2c = f(x) + f(-x) + c(f(x) - f(-x)). \tag{38}$$

再来考察式(37), 将 x 替换成 $-x$, 并与原式作比较, 得到

$$f^2(x) = f^2(-x),$$

故 $f(-x) = \pm f(x)$. 如果对某个 x_0, $f(x_0) = f(-x_0)$, 那么式(38)表明 $f(x_0) = c$, 而将 $x = x_0$ 代入式(36), 即得 $f(c) = c^2$. 但是此时由式(37),

$$c^2 = f(c) = f^2(x_0) - x_0^2 = c^2 - x_0^2,$$

即 $x_0 = 0$. 因此对一切 $x \in \mathbf{R} \backslash \{0\}$, 均有 $f(x) = -f(-x)$. 如此则式(38)转化为 $2c = 2cf(x)$. 然而 $f(x)$ 不可能对一切非零实数都取值为1, 故 $c = f(0) = 0$. 因此 f 是奇函数.

再利用式(37), 得到 $f^2(x) = x^2$. 如果对某个 $x_0 \neq 0$, $f(x_0) = -x_0$, 那么根据式(36)及 f 的奇性,

$$-x_0 = f(x_0) = f(f(x_0)) = f(-x_0) = -f(x_0) = x_0,$$

产生了矛盾,故满足原函数方程的解只可能是 $f(x) = x$. 验证知,它的确是原函数方程的解.

▶ **例 36** 试求所有函数 $f: \mathbf{R} \to \mathbf{R}$,使得对任意 $x, y \in \mathbf{R}$,均有

$$f(x - f(y)) = f(f(y)) + xf(y) + f(x) - 1. \tag{39}$$

解

设 $f(0) = c$,c 是一个待定常数. 在式(39)中取 $x = y = 0$,得

$$f(-c) = f(c) + c - 1,$$

因此 $c \neq 0$.

在式(39)中取 $x = f(y)$,则

$$c = 2f(x) + x^2 - 1.$$

用 $R(f)$ 来表示 f 的象集 $\{f(x) \mid x \in \mathbf{R}\}$,根据上式,对一切 $x \in R(f)$,均有

$$f(x) = \frac{c+1}{2} - \frac{x^2}{2}. \tag{40}$$

我们自然希望 $R(f) = \mathbf{R}$,但实际上这是不成立的.

在式(39)中取 $y = 0$,可得

$$f(x - c) = f(c) + cx + f(x) - 1,$$

因此

$$f(x - c) - f(x) = f(c) - 1 + cx$$

对一切 $x \in \mathbf{R}$ 均成立. 注意到刚才我们已经证明了 $c \neq 0$,故当 x 取遍整个实数集的时候,上式右端也跑遍了整个实数集,于是 $f(x - c) - f(x)$ 在 x 不同的时候可以取遍一切实数.

对 $x \in \mathbf{R}$,一定存在 $y_1 = f(x' - c)$ 和 $y_2 = f(x')$,使得 $x = y_1 - y_2$,这样,根据式(39)及式(40),

$$\begin{aligned} f(x) &= f(y_1 - y_2) = f(y_1 - f(x')) \\ &= f(f(x')) + y_1 f(x') + f(y_1) - 1 \\ &= f(y_2) + y_1 y_2 + f(y_1) - 1 \end{aligned}$$

$$= \left(\frac{c+1}{2} - \frac{y_1^2}{2} \right) + y_1 y_2 + \left(\frac{c+1}{2} - \frac{y_2^2}{2} \right) - 1$$

$$= c - \frac{1}{2}(y_1 - y_2)^2 = c - \frac{1}{2}x^2.$$

上式对一切 $x \in \mathbf{R}$ 均成立,当然对值域 $R(f)$ 中的 x 也成立. 对比上式与式 (40),得 $c = 1$,故满足题意的函数只能是

$$f(x) = 1 - \frac{x^2}{2}.$$

经验证(过程略)知,这的确是原函数方程的解.

点评

正如上例中我们所遇到的情况,为了决定 c 的值我们用两种不同的方法来计算 $f(x)$. 在应用赋值法的时候,很多情况下需要利用"算两次"的技巧,即通过不同的途径得到同一个 $f(x)$ 的两个本质不同的表达式,从而挖掘题目中隐含的更深层次的关系.

▶ **例 37**　求满足下列三个条件的所有函数 $f \colon \mathbf{R} \to \mathbf{R}$:

(1) $f(-x) = -f(x)$, $x \in \mathbf{R}$;

(2) $f(x+1) = f(x) + 1$, $x \in \mathbf{R}$;

(3) $f\left(\dfrac{1}{x}\right) = \dfrac{1}{x^2} f(x)$, $x \neq 0$.

解

在条件(1)中取 $x = 0$,得到 $f(0) = 0$,将之代入条件(2),得 $f(1) = 1$. 用数学归纳法容易证明对一切正整数 n,均有 $f(n) = n$. 再代入条件(1),可得 $f(n) = n$ 对一切正整数 n 均成立.

接下来我们考察数 $1 + \dfrac{1}{x}$. 当 $x \neq 0$, -1 时,根据条件(2)和条件(3),得

$$f\left(1 + \frac{1}{x}\right) = 1 + f\left(\frac{1}{x}\right) = 1 + \frac{f(x)}{x^2},$$

而另一方面,

$$1 + \frac{1}{x} = \frac{x+1}{x} = \left(\frac{x}{x+1}\right)^{-1},$$

故

$$f\left(1+\frac{1}{x}\right) = f\left(\left(\frac{x}{x+1}\right)^{-1}\right) = \frac{f\left(\frac{x}{x+1}\right)}{\left(\frac{x}{x+1}\right)^2}.$$

又

$$f\left(\frac{x}{x+1}\right) = f\left(1-\frac{1}{x+1}\right)$$
$$= 1 - f\left(\frac{1}{x+1}\right)$$
$$= 1 - \frac{f(x+1)}{(x+1)^2}$$
$$= \frac{(x+1)^2-1-f(x)}{(x+1)^2},$$

因此

$$f\left(1+\frac{1}{x}\right) = \frac{(x+1)^2-1-f(x)}{x^2}.$$

对比两个关于 $f\left(1+\dfrac{1}{x}\right)$ 的式子,可得对一切 $x \neq 0, -1$, 均有

$$1 + \frac{f(x)}{x^2} = \frac{(x+1)^2-1-f(x)}{x^2},$$

即

$$x^2 + f(x) = (x+1)^2 - 1 - f(x),$$

因此 $f(x) = x$.

还剩下 $f(0)$ 和 $f(-1)$ 的值. 我们在本题一开始便已证明对一切 $n \in \mathbf{Z}$, 均有 $f(n) = n$, 故经验证知,本题的解为恒等函数 $f(x) = x$.

▶ 例 38 求所有函数 $f: \mathbf{R} \to \mathbf{R}$, 使得对一切 $x, y \in \mathbf{R}$, 均有

$$f(x+y) = f(x)f(y)f(xy).$$

解

容易发现,如果 f 在某点 x 取值为零,那么

$$f(y) = f(x + (y-x)) = f(x)f(y-x)f(x(y-x)) = 0$$

对一切 $y \in \mathbf{R}$ 均成立,故此时 $f(x) \equiv 0$.

如果对所有 x, $f(x)$ 均不等于零,我们来考察 $x+y+z$ 处的函数值. 一方面,

$$\begin{aligned} f(x+y+z) &= f((x+y)+z) = f(x+y)f(z)f(xz+yz) \\ &= f(x)f(y)f(xy)f(z)f(xz)f(yz)f(xyz^2), \end{aligned}$$

另一方面,

$$\begin{aligned} f(x+y+z) &= f(x+(y+z)) = f(x)f(y+z)f(xy+xz) \\ &= f(x)f(y)f(z)f(yz)f(xy)f(xz)f(x^2yz). \end{aligned}$$

对比这两个式子,得

$$f(xyz^2) = f(x^2yz).$$

对任意两个非零实数 x, z,令 $y = (xz)^{-1}$ 代入上式,得 $f(x) = f(z)$. 故 $f(x)$ 在除零点之外的实轴取非零常数值 c. 将 $x = y = 1$ 代入原函数方程,得 $c = c^3$,故 $c = 1$ 或 $c = -1$. 无论哪种情形,在原函数方程中取 $x = 1$, $y = -1$,即知 $f(0)$ 的值和非零点处的函数值相同.

经验证知原函数方程有三个解,分别为 $f(x) \equiv 0$, $f(x) \equiv 1$, 及 $f(x) \equiv -1$.

▶ 例 39 设 $\mathbf{Q}_+$ 表示正有理数全体构成的集合,试求所有函数 $f: \mathbf{Q}_+ \to \mathbf{Q}_+$,使得以下两个条件被满足:

(1) $f(x+1) = f(x) + 1$, $x \in \mathbf{Q}_+$;

(2) $f(x^2) = f^2(x)$, $x \in \mathbf{Q}_+$.

解 ❓

将 $x = 1$ 代入条件(2),得 $f(1) = f^2(1)$. 因为函数的值域包含于正有理数集,不包括 0,故 $f(1) = 1$. 然后利用条件(1)和数学归纳法,容易证明对一切 $n \in \mathbf{N}^*$,均有 $f(n) = n$.

至此我们已没有直接的方法来得到其他有理数处的函数值,因为正整数如果能够在有理数范围内开根号,其平方根也一定是整数.

如果我们用算两次的方法,可以直接算出在所有有理数 r 处的函数值.

首先,根据数学归纳法可以简单地证明,对一切 $n \in \mathbf{N}^*$,均有

$$f(x+n) = f(x) + n, \ x \in \mathbf{Q}_+.$$

设正有理数 $r = \dfrac{p}{q}$,$p, q \in \mathbf{N}^*$,我们来计算 $\left(q + \dfrac{p}{q}\right)^2$ 处的函数值.

一方面,如果先使用条件(2),可得

$$\begin{aligned}
f\left(\left(q+\frac{p}{q}\right)^2\right) &= f^2\left(q+\frac{p}{q}\right) \\
&= \left(q+f\left(\frac{p}{q}\right)\right)^2 \\
&= q^2 + 2qf\left(\frac{p}{q}\right) + f^2\left(\frac{p}{q}\right),
\end{aligned}$$

另一方面,如果后使用条件(2),可得

$$\begin{aligned}
f\left(\left(q+\frac{p}{q}\right)^2\right) &= f\left(q^2 + 2p + \left(\frac{p}{q}\right)^2\right) \\
&= q^2 + 2p + f\left(\left(\frac{p}{q}\right)^2\right) \\
&= q^2 + 2p + f^2\left(\frac{p}{q}\right).
\end{aligned}$$

对比以上两式,可得

$$2qf\left(\frac{p}{q}\right) = 2p,$$

故 $f\left(\dfrac{p}{q}\right) = \dfrac{p}{q}$,即对一切 $r \in \mathbf{Q}_+$,均有 $f(r) = r$. 容易验证,该函数的确满足题中的两个条件.

▶ **例 40** 试求所有的函数 $f: [0,1] \times [0,1] \to [0,1]$,满足以下四个条件:

(1) 对一切 $x, y, z \in [0,1]$,$f(x, f(y, z)) = f(f(x, y), z)$;

(2) f 满足对称性,即对一切 $x, y \in [0,1]$,$f(x, y) = f(y, x)$;

(3) 对一切 $x \in [0,1]$,$f(x, 1) = x$;

(4) 存在某个固定正实数 k,使得 $f(zx, zy) = z^k f(x, y)$ 对一切 $x, y, z \in [0,1]$ 均成立.

解 ❓

在条件(3)中取 $x = 0$，得 $f(0, 1) = 0$. 因此根据条件(4)，对一切 $y \in [0, 1]$，$f(0, y) = y^k f(0, 1) = 0$. 再由条件(2)，$f(y, 0) = f(0, y) = 0$ 对一切 $y \in [0, 1]$ 恒成立.

这样我们就在正方形区域的四个边界上求得了函数值，它们分别为

$$f(0, x) = f(x, 0) = 0, \ f(x, 1) = f(1, x) = x, \ x \in [0, 1].$$

假设 $0 < x \leqslant y \leqslant 1$，根据已经得到的结果和题目条件，可知

$$f(x, y) = f(y, x) = y^k f\left(1, \frac{x}{y}\right)$$

$$= y^k \left(\frac{x}{y}\right) = y^{k-1} x,$$

因此对一切 $x, y \in (0, 1]$，可得

$$f(x, y) = \min(x, y) \cdot (\max(x, y))^{k-1}.$$

虽然这看上去已经像是一个答案了，但是我们尚需要去验证这个函数是否满足题中的四个条件. 对后三个条件，我们给出的函数是很容易通过验证的，但是为了满足第一个条件，就必须对 k 有所限制. 下面我们来证明：事实上 $k = 1$ 或 2.

任意取定一个正实数 $y \in \left[\frac{1}{2}, 1\right]$，并取 x 满足

$$0 \leqslant x \leqslant \frac{1}{2}\min(1, y^{k-1}, 2^k y),$$

根据条件(1)，我们可知

$$f\left(f\left(x, \frac{1}{2}\right), y\right) = f\left(x, f\left(\frac{1}{2}, y\right)\right),$$

现在 $x \leqslant \frac{1}{2} \leqslant y$，故上式即为

$$f\left(\left(\frac{1}{2}\right)^{k-1} x, y\right) = f\left(x, \frac{1}{2} y^{k-1}\right).$$

而根据我们对 x 的选取方法，$x \leqslant 2^{k-1} y$，因此

$$f\left(\left(\frac{1}{2}\right)^{k-1} x, y\right) = \left(\frac{1}{2}\right)^{k-1} x y^{k-1}.$$

类似地,因为 $x \leqslant \dfrac{1}{2} y^{k-1}$,故

$$f\left(x, \frac{1}{2} y^{k-1}\right) = x\left(\frac{1}{2} y^{k-1}\right)^{k-1}.$$

通过对以上两式的比较,我们得到 $k-1 = (k-1)^2$,即 $k=1$ 或 $k=2$.

当 $k=1$ 时,$f(x, y) = \min(x, y)$,容易验证它满足所有的条件. 当 $k=2$ 时,$f(x, y) = xy$,也容易验证它满足条件. 而当 k 为其他正实数时,上面算两次的过程说明了在那些情况下无解.

▶ **例 41** 试求所有函数 $f: \mathbf{Q} \to \mathbf{Q}$,使得对一切有理数 x, y,均有

$$f(xy) = f(x)f(y) - f(x+y) + 1. \tag{41}$$

解 ❓

在式(41)中取 $x=y=0$,得 $f^2(0) - 2f(0) + 1 = 0$,故可得 $f(0) = 1$. 再在式(41)中取 $x=1$ 及 $y=-1$,得

$$f(-1) = f(1)f(-1),$$

因此 $f(-1) = 0$ 或 $f(1) = 1$. 以下我们分两种情况讨论.

(i) 当 $f(-1) = 0$ 时,用 yz 来替换式(41)中的 y,可得

$$\begin{aligned}
f(xyz) &= f(x)f(yz) - f(x+yz) + 1 \\
&= f(x)(f(y)f(z) - f(y+z) + 1) - \\
&\quad f(x+yz) + 1.
\end{aligned}$$

根据乘法结合律,在式(41)中用 xy 代替 x,用 z 代替 y,得到

$$\begin{aligned}
f(xyz) &= f(xy)f(z) - f(xy+z) + 1 \\
&= (f(x)f(y) - f(x+y) + 1)f(z) - \\
&\quad f(xy+z) + 1.
\end{aligned}$$

将以上两式作比较,得到

$$\begin{aligned}
&f(x)f(y+z) - f(x) + f(x+yz) \\
&= f(z)f(x+y) - f(z) + f(xy+z).
\end{aligned} \tag{42}$$

在式(42)中令 $z=-1$,并注意到 $f(-1) = 0$,得

$$f(x)f(y-1) - f(x) + f(x-y) = f(xy-1),$$

取 $x=1$，可得

$$f(y-1)(1-f(1)) = f(1-y) - f(1),$$

再用 $y+1$ 代替 y，得到

$$f(y)(1-f(1)) = f(-y) - f(1) \tag{43}$$

对一切 $y \in \mathbf{Q}$ 成立. 如果取 $y=1$，则 $f(1)(2-f(1)) = 0$，因此 $f(1)=0$ 或 $f(1)=2$.

当 $f(1)=0$ 时，式(43)意味着 $f(y) = f(-y)$，即 f 是偶函数. 在式(41)中用 $-y$ 代替 y，得到

$$f(xy) = f(x)f(y) - f(x-y) + 1,$$

对比上式及式(41)，可得对一切 $x, y \in \mathbf{R}$，均有

$$f(x+y) = f(x-y),$$

即 f 在 $\mathbf{Q}$ 上是常数. 然而 $f(1) = 0 \neq f(0) = 1$，故当 $f(1) = 0$ 时无解.

当 $f(1) = 2$ 时，式(43)转化成

$$f(y) + f(-y) = 2.$$

令 $g(x) = f(x) - 1$，则 $g(y) = -g(-y)$，即 g 是奇函数. 而式(41)可以转化为

$$g(xy) = g(x) + g(y) + g(x)g(y) - g(x+y).$$

用 $-y$ 代替上式中的 y，利用 g 是奇函数，可得

$$-g(xy) = g(x) - g(y) - g(x)g(y) - g(x-y).$$

比较上面两式，得到

$$2g(x) = g(x+y) + g(x-y).$$

利用数学归纳法容易证明，上式蕴含了

$$g(nx) = ng(x), \ n \in \mathbf{N}^*, \ x \in \mathbf{Q}.$$

利用 g 的奇性，又可得

$$g(nx) = ng(x), \ n \in \mathbf{Z}, \ x \in \mathbf{Q},$$

因此对任意有理数 $\dfrac{p}{q}$，

$$qg\left(\dfrac{p}{q}\right)=g(p)=pg(1),$$

故 $g\left(\dfrac{p}{q}\right)=\dfrac{p}{q}g(1)$. 即对一切有理数 x 均有 $g(x)=xg(1)=x$，因此 $f(x)=x+1$.

(ii) 当 $f(1)=1$ 时，在式(42)中取 $z=1$，可得

$$f(xy+1)-f(x)f(y+1)+f(x)=1,$$

再取 $y=-1$，可得

$$f(1-x)-f(x)f(0)+f(x)=1.$$

注意到 $f(0)=1$，故对一切 $x\in\mathbf{Q}$，均有 $f(1-x)=1$，即 $f(x)\equiv 1$.

综上所述，所有可能的解只有两个，分别是 $f(x)\equiv 1$，以及 $f(x)=x+1$. 容易验证它们的确都是原函数方程的解.

▶ **例 42** 试求所有的函数 $f:\mathbf{R}^{*}\to\mathbf{R}^{*}$，满足对任意正实数 x,y，均有
$$f\left(\dfrac{x^2+y^2}{2xy}\right)=\dfrac{f^2(x)+f^2(y)}{2f(x)f(y)},$$
且当 $x\neq 1$ 时，$f(x)\neq 1$.

解 ❓

令 $x=y=1$，得 $f(1)=1$. 所以，当且仅当 $x=1$ 时 $f(1)=1$.

令 $y=xz$，则

$$f\left(\dfrac{x^2+(xz)^2}{2x(xz)}\right)=\dfrac{f^2(x)+f^2(xz)}{2f(x)f(xz)}$$

对所有 $x,z\in\mathbf{R}^{*}$ 都成立. 令 $x=1$，

$$f\left(\dfrac{x^2+(xz)^2}{2x(xz)}\right)=f\left(\dfrac{1+z^2}{2z}\right)=\dfrac{f^2(1)+f^2(z)}{2f(1)f(z)}=\dfrac{1+f^2(z)}{2f(z)},$$

所以 $$f(z)f^2(x)+f(z)f^2(xz)=f(x)(1+f^2(z))f(xz)$$

对所有 $x,z\in\mathbf{R}^{*}$ 都成立. 上式可以化为

$$(f(xz)-f(x)f(z))(f(z)f(xz)-f(x))=0,$$

所以 $f(xz)=\dfrac{f(x)}{f(z)}$，或 $f(xz)=f(x)f(z)$ 对所有 $x,z\in\mathbf{R}^{*}$ 都成立.

若存在两个正实数 a,b 使得 $f(ab)=\dfrac{f(a)}{f(b)}$，因为 $f(ba)=\dfrac{f(b)}{f(a)}$ 或者 $f(ba)=f(b)f(a)$，可得 $\dfrac{f(a)}{f(b)}=\dfrac{f(b)}{f(a)}$ 或者 $\dfrac{f(a)}{f(b)}=f(b)f(a)$.

当 $\dfrac{f(a)}{f(b)}=\dfrac{f(b)}{f(a)}$ 时，可得 $f(a)=f(b)$，于是 $f(ab)=1$，故 $ab=1$，于是 $f(b)=f\left(\dfrac{1}{b}\right)$.

若 $b\neq 1$，由题设方程可得

$$f\left(\frac{b^2+\left(\dfrac{1}{b}\right)^2}{2}\right)=1,$$

于是 $\dfrac{b^2+\left(\dfrac{1}{b}\right)^2}{2}=1$，这与 $b\neq 1$ 矛盾.

当 $\dfrac{f(a)}{f(b)}=f(b)f(a)$ 时，有 $f^2(b)=1$，从而 $f(b)=1$.

故当且仅当 $b=1$ 时 $\dfrac{f(a)}{f(b)}=f(b)f(a)$.

令 $z=\dfrac{1}{x}$，则 $f\left(\dfrac{1}{x}\right)=\dfrac{1}{f(x)}$，原方程化为

$$f\left(\frac{x^2+y^2}{2xy}\right)=\frac{f(x^2+y^2)}{f(2)f(x)f(y)}.$$

所以
$$f(x^2+y^2)=\frac{f(2)}{2}(f^2(x)+f^2(y)).$$

记 $\dfrac{f(2)}{2}=t$，利用 $f(ab)=f(a)f(b)$，得

$$f(a+b)=t(f(a)+f(b))$$

对所有正实数 a,b 成立.

令 $a=1,b=2$，得

$$f(3)=t(f(1)+f(2))=t(1+f(2)).$$

令 $a=1,b=3$，得

$$f(4)=t(f(1)+f(3))=t(1+t+tf(2)).$$

因为 $f(4)=f^2(2)$，所以

$$4t^2=t(1+t+2t^2),$$

解得 $t=1$ 或 $t=\dfrac{1}{2}$.

若 $t=\dfrac{1}{2}$，则 $f(2)=2t=1$，这与 $f(x)=1$ 当且仅当 $x=1$ 矛盾. 所以 $t=1$，于是

$$f(a+b)=f(a)+f(b)$$

对所有正实数 a,b 成立.

由数学归纳法易得 $f(n)=n,n\in\mathbf{N}^*$. 进而 $f(x)=x,x\in\mathbf{Q}_+$.

因为当 $x>y$ 时，

$$f(x)=f((x-y)+y)=f(x-y)+f(y)>f(y),$$

所以 $f(x)$ 是严格递增的. 对于正无理数 x，若 $f(x)>x$，我们可以找一个有理数 r，使得 $x<r<f(x)$. 因为 $x<r$，由函数 $f(x)$ 是严格递增的可得，$f(x)<f(r)=r$，矛盾. 同样，$f(x)<x$ 也不可能.

所以，$f(x)=x,x\in\mathbf{R}^*$.

容易验证，$f(x)=x,x\in\mathbf{R}^*$ 是原函数方程的解.

知识桥

五、 柯西法

事实上，在前面我们已经接触到了一些柯西法的思想，这里我们将详细阐述柯西法. 用柯西法求解函数方程的一般步骤是：

（i）求出在自变量取整数时函数的值；

（ii）求出在自变量取有理数时函数的值；

（iii）利用题中给出的条件或某些隐含条件（如单调性，连续性，有界性等），求出自变量取无理数时函数的值.

让我们先来看几个简单的例子.

训练营

▶ 例 43 试求所有函数 $f:\mathbf{Q}\to\mathbf{Q}$，使得对一切有理数 x,y，均有

$$f(x+y)+f(x-y)=2f(x)+2f(y).$$

解

在方程中取 $x=y=0$，可得 $2f(0)=4f(0)$，故 $f(0)=0$. 这样，将 $y=$

x 代入原方程,可得

$$f(2x) = 4f(x).$$

假设对 $k = 1, 2, 3, \cdots, n$,均有 $f(kx) = k^2 f(x)$,则根据原方程,

$$f((n+1)x) = f(nx+x) = -f(nx-x) + 2f(nx) + 2f(x)$$
$$= -(n-1)^2 f(x) + 2n^2 f(x) + 2f(x)$$
$$= (n+1)^2 f(x),$$

故对一切 $n \in \mathbf{N}$ 和 $x \in \mathbf{Q}$,均有

$$f(nx) = n^2 f(x),$$

因此对一切正整数 n,均有 $f(n) = n^2 f(1)$.

在原方程中令 $x = 0$,可得 $f(-y) = f(y)$,故对一切整数 n,均有 $f(n) = f(|n|) = n^2 f(1)$.

对于有理数的情形,假设有理数 $r = \dfrac{p}{q}$,其中 p, q 是整数,这样

$$q^2 f(r) = q^2 f\left(\frac{p}{q}\right) = f\left(q \cdot \frac{p}{q}\right) = f(p) = p^2 f(1),$$

故 $f\left(\dfrac{p}{q}\right) = \dfrac{p^2}{q^2} f(1)$. 因此满足原方程的函数只能是 $f(x) = cx^2$. 经验证,这的确是原方程的解.

▶ **例 44** 试求所有函数 $f: \mathbf{Q}_+ \to \mathbf{Q}_+$,使得它满足以下两个条件:

(1) $f(x+1) = f(x) + 1$, $x \in \mathbf{Q}_+$;

(2) $f(x^3) = f^3(x)$, $x \in \mathbf{Q}_+$.

解 ❓

在条件(2)中取 $x = 1$,可得 $f(1) = f^3(1)$. 因为 f 的值域包含在正有理数集中,因此 $f(1) = 1$. 以此为出发点,利用

$$f(x+1) = f(x) + 1,$$

使用数学归纳法可以容易地证明

$$f(n) = n, \quad n \in \mathbf{N}^*.$$

另外我们还注意到,同样利用数学归纳法,可得

$$f(x+n) = f(x) + n, \ n \in \mathbf{N}^*, \ x \in \mathbf{Q}_+.$$

对任意 $r = \dfrac{p}{q}$,其中 p, q 是正整数,我们有

$$\left(\frac{p}{q} + q^2\right)^3 = \left(\frac{p}{q}\right)^3 + 3p^2 + 3pq^3 + q^6,$$

因此

$$f\left(\left(\frac{p}{q} + q^2\right)^3\right) = f\left(\left(\frac{p}{q}\right)^3\right) + 3p^2 + 3pq^3 + q^6.$$

而根据条件(2),我们得到

$$f\left(\left(\frac{p}{q} + q^2\right)^3\right) = f^3\left(\frac{p}{q} + q^2\right)$$

$$= \left(f\left(\frac{p}{q}\right) + q^2\right)^3$$

$$= f^3\left(\frac{p}{q}\right) + 3f^2\left(\frac{p}{q}\right)q^2 + 3f\left(\frac{p}{q}\right)q^4 + q^6.$$

比较以上两式,可得

$$3p^2 + 3pq^3 = 3f^2\left(\frac{p}{q}\right)q^2 + 3f\left(\frac{p}{q}\right)q^4.$$

设 $f\left(\dfrac{p}{q}\right) = x$,得

$$q^2 x^2 + q^4 x - (p^2 + pq^3) = 0,$$

解得

$$x = f\left(\frac{p}{q}\right) = \frac{p}{q} \ 或 -q^2 - \frac{p}{q}.$$

因为 f 的取值为正有理数,故 $f\left(\dfrac{p}{q}\right) = \dfrac{p}{q}$. 经验证可知,该函数方程的唯一解为 $f(x) = x$.

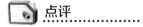 **点评**

通过以上两个例子,我们大致了解了一些在定义域为有理数时柯西法的一般过

程,通常是利用对某些特殊定义域中的点的函数值算两次来得到所求的函数.

对于定义域为实数的函数方程,柯西法又是怎样发挥它的作用的呢？我们来看下面的三个例子.

▶ **例 45** 设 $f: \mathbf{R} \to \mathbf{R}$ 满足以下两个条件：

(1) 可加性：$f(x+y) = f(x) + f(y)$, $x, y \in \mathbf{R}$；

(2) 单调性：即当 $x \geqslant y$ 时, $f(x) \geqslant f(y)$（或 $f(x) \leqslant f(y)$）.

证明：存在实数 c,使得 $f(x) = cx$.

证明 🔍

实际上,在前面讲到赋值法的时候,我们已经接触过类似的例题,为了柯西法的系统性,我们再来解一遍.

利用标准的得到有理数上函数值的技巧,我们可以首先得到 $f(0) = 0$, 然后利用数学归纳法证明 $f(n) = nf(1)$ 及 $f(nx) = nf(x)$ 对一切 $n \in \mathbf{Z}$, $x \in \mathbf{R}$ 均成立,因而对一切有理数 $r = \dfrac{p}{q}$, 通过对 $f(p)$ 算两次的方法可知 $f(r) = f\left(\dfrac{p}{q}\right) = rf(1)$.

设 f 在 $\mathbf{R}$ 上单调递增,即对 $x \leqslant y$, 有 $f(x) \leqslant f(y)$. 任取实数 x,根据有理数在实数中的稠密性,可以选取一列有理数 $\{p_n\}$ 递增地趋向于 x 和一列有理数 $\{q_n\}$ 递减地趋向于 x. 根据 f 的单调性,我们可得

$$p_n f(1) = f(p_n) \leqslant f(x) \leqslant f(q_n) = q_n f(1), \quad n = 1, 2, 3, \cdots.$$

在上式两边令 n 趋向于无穷,可得 $xf(1) \leqslant f(x) \leqslant xf(1)$, 故对一切实数均有 $f(x) = xf(1)$. f 单调递减的证法类似,只需将所有的"$\leqslant$"改写成"$\geqslant$"即可,或者考察 f 衍生出的递增函数 $g = -f$.

▶ **例 46** 设 $f: \mathbf{R} \to \mathbf{R}$ 满足以下两个条件：

(1) 可加性：$f(x+y) = f(x) + f(y)$, $x, y \in \mathbf{R}$；

(2) 连续性：即对所有 $x \in \mathbf{R}$, 当点列 $x_n \to x$ 时, $f(x_n) \to f(x)$.

证明：存在实数 c,使得 $f(x) = cx$.

证明 🔍

同上例,根据可加性条件(1),利用标准的方法可以证明对一切 $x \in \mathbf{Q}$, 均有

$$f(x) = xf(1).$$

对于任意实数 $x \in \mathbf{R}$，根据有理数在实数中的稠密性，总存在某个有理数列 $\{x_n\} \subset \mathbf{Q}$ 趋向于 x. 事实上，我们可以取 x_n 为 x 的十进制表达式中截取前 n 位小数的那个值. 这样，一方面 $f(x_n)$ 根据连续性会收敛于 $f(x)$，而另一方面 $f(x_n) = x_n f(1)$，它收敛于 $xf(1)$，因此

$$f(x) = xf(1),$$

证明完毕.

 **点评**................

在本例的条件(2)中，我们假设 f 在整个实数轴上都连续，但是要得到 $f(x) = cx$ 的结论并不需要这么强的条件. 事实上，条件(2)可以减弱为对某一个 $x_0 \in \mathbf{R}$，f 在 x_0 这一点处连续. 该条件结合可加性即可证得 f 在整个实数轴上均连续. 证明如下：

假设 f 在某点 x_0 处连续，即当数列 $\{x_n\} \to x_0$ 时，$f(x) \to f(x_0)$. 对于实数轴上的任意点 x，假设有一列实数 $\{y_n\} \to x$，则 $\{y_n - x + x_0\}$ 趋向于 x_0. 而根据函数的可加性以及由此导出的奇性，可得

$$f(y_n - x + x_0) = f(y_n) - f(x) + f(x_0).$$

根据 f 在 x_0 处的连续性，可得

$$f(y_n) - f(x) + f(x_0) \to f(x_0),$$

故 $f(y_n) \to f(x)$，即 f 在 x 点处连续. 可加性和一点处的连续性结合蕴含了在整个实数轴上的连续性.

因此，将本例的条件(2)减弱为一点连续也能证明同样的结论.

....

▶ **例 47** 设 $f: \mathbf{R} \to \mathbf{R}$ 满足以下两个条件：

(1) 可加性：$f(x+y) = f(x) + f(y)$, $x, y \in \mathbf{R}$;

(2) 局部有界性：f 在零点的某个邻域中有界，即存在正常数 M，以及正实数 a，当 $x \in (-a, a)$ 时，$|f(x)| \leqslant M$.

证明：存在实数 c，使得 $f(x) = cx$.

证明 🔎

我们来证明 f 在零点的邻域上的有界性结合可加性能得到 f 在零点的连续性.

考察任意一个极限为 0 的实数列 $\{x_n\}$. 任取正实数 ε,总存在 N,使得 $\varepsilon N > M$. 由于 $\{x_n\}$ 以零为极限,根据极限的定义,存在正整数 K(和 ε 有关),当 $n \geqslant K$ 时,$|x_n| < \dfrac{a}{N}$.

于是当 $n \geqslant K$ 时,$|Nx_n| < a$,因此 $|f(Nx_n)| \leqslant M$. 利用可加性及数学归纳法得到 $f(nx) = nf(x)$,$n \in \mathbf{Z}$,可知

$$|f(x_n)| \leqslant \frac{M}{N} < \varepsilon.$$

至此,我们证明了任取 $\varepsilon > 0$,存在 $K > 0$,当 $n \geqslant K$ 时,$|f(x_n)| < \varepsilon$,这就是 $f(x_n) \to 0$ 的定义. 注意到可加性蕴含了 $f(0) = 0$,故我们证明了当 $x_n \to 0$ 时一定有 $f(x_n) \to f(0)$,因而 f 在原点处连续. 根据上例的点评,f 在整个实数轴上都连续,故根据上例的结果,$f(x) = f(1)x = cx$.

事实上,局部有界性条件并不是只能在零点的邻域. 如果我们知道在任意的区间 (a, b) 上 f 的绝对值不超过 M,根据可加性及其蕴含的可减性 $f(x - y) = f(x) - f(y)$,可得

$$f(x) = f\left(x + \frac{a+b}{2}\right) - f\left(\frac{a+b}{2}\right),$$

故 f 在区间 $\left(-\dfrac{b-a}{2}, \dfrac{b-a}{2}\right)$ 上的绝对值不超过 $M + f\left(\dfrac{a+b}{2}\right)$,即在零点的一个邻域内有界. 因此可以证得相同的结论.

点评

以上三个例子里的条件(2)都很重要,因为只满足可加性的函数不一定是 $f(x) = cx$ 的形式. 事实上,有无穷多相当"怪异"的函数都满足可加性条件. 利用实变函数中有关实数系的哈默尔基(Hamel basis)的知识,可以构造出一系列满足可加性条件的不连续函数. 根据以上三个例子,这些函数不单调,点点不连续,且在任意区间内均无界. 在本节末尾,我们会举几个例子来让读者更深刻地了解这些函数的怪异之处.

以下我们举几个例子说明柯西法在求解更一般的函数方程时的应用.

▶ **例 48**   试求所有连续函数 $f: \mathbf{R} \to \mathbf{R}$,满足:

$$f(x+y) = f(x)f(y),\ x,\ y \in \mathbf{R}.$$

解

假设 f 在某点 x 处取到零值,根据 $f(x+y) = f(x)f(y)$ 可知 $f(x) \equiv 0$. 不然我们根据 $f(2x) = f^2(x)$,可知 f 恒正.

令 $g(x) = \ln\ (f(x))$,则 $g(x)$ 满足

$$g(x+y) = g(x) + g(y),$$

且 $g(x)$ 也连续,故利用柯西法可证得 $g(x) = cx$,于是满足条件的函数为 $f(x) \equiv 0$,以及 $f(x) = \mathrm{e}^{cx}$.

点评

这个例子是标准柯西方程的一个变形. 其他的变形还有:满足条件

$$f(xy) = f(x) + f(y),\ x,\ y \in \mathbf{R}^*$$

的连续函数为 $f(x) \equiv 0$,以及 $f(x) = c\ln x$;满足条件

$$f(xy) = f(x)f(y),\ x,\ y \in \mathbf{R}^*$$

的连续函数为 $f(x) \equiv 0$,以及 $f(x) = x^a$.

有兴趣的读者可以自行证明.

▶ **例 49** 试求所有函数 $f: \mathbf{R} \to \mathbf{R}$,使得对一切 $x,\ y \in \mathbf{R}$,均有

(1) $f(x+y) = f(x) + f(y)$;

(2) $f(xy) = f(x)f(y)$.

解

根据条件(1),函数 f 满足可加性,根据柯西法的标准程序,可以依次证得 $f(0) = 0$,f 是奇函数,f 限制在整数上是线性函数,即 $f(n) = nf(1)$,$n \in \mathbf{Z}$,f 限制在有理数上是线性函数,即 $f(r) = rf(1)$,$r \in \mathbf{Q}$,以及对一切 $x \in \mathbf{R}$,$r \in \mathbf{Q}$,均有

$$f(rx) = rf(x).$$

接下来我们通过条件(2)来证明函数 f 的单调递增性. 事实上,当 $x > y$ 时,

$$f(x) = f(y) + f(x-y)$$
$$= f(y) + f(\sqrt{x-y} \cdot \sqrt{x-y})$$

$$= f(y) + f^2(\sqrt{x-y}) \geqslant f(x),$$

根据例 45 的结论,可得 $f(x) = cx$, $x \in \mathbf{R}$. 再将之代入条件 (2),可得 $c^2 x^2 = cx^2$ 对一切 x 均成立. 特别地,取 $x = 1$,即得 $c^2 - c = 0$,故 $c = 0$ 或 $c = 1$,这样就得到两个不同的解

$$f(x) \equiv 0 \ \text{及} \ f(x) = x.$$

▶ 例 50 试求所有函数 $f: \mathbf{R} \to \mathbf{R}$,使得对一切实数 x, y, z,均有

$$f(f(x) + yz) = x + f(y)f(z).$$

解 🔘

选取 $x = y = 0$,可得

$$f(f(0)) = f(0)f(z), \ z \in \mathbf{R},$$

因此,要么 $f(0) = 0$,要么 $f(z)$ 是常数. 如果 $f(z)$ 恒等于常数 c,代入原方程,得 $c = x + c^2$,这不可能对一切 x 都成立. 所以只能是 $f(0) = 0$.

将 $x = 0$ 代入原方程,得到 $f(yz) = f(y)f(z)$,即 f 满足可乘性. 这样,$f(1) = f^2(1)$,故 $f(1) = 0$ 或 $f(1) = 1$. 当 $f(1) = 0$ 时,将 $x = 1$ 代入原方程,可得 $f(yz) = 1 + f(y)f(z)$,和 $f(yz) = f(y)f(z)$ 相矛盾,故 $f(1) = 1$.

将 $y = 0$ 代入原方程,得 $f(f(x)) = x$. 这表明 f 既是单射又是满射. 在原方程中令 $z = 1$,可得

$$f(f(x) + y) = x + f(y) = f(f(x)) + f(y),$$

由于 f 是满射,故 $f(x)$ 可取遍一切实数,即对一切 $y, z \in \mathbf{R}$,均有

$$f(y + z) = f(y) + f(z).$$

至此我们证明了 f 满足可加性和可乘性,之后的步骤和上一个例题一样,得到 $f(x) \equiv 0$ 或 $f(x) = x$. 但是 $f(x) \equiv 0$ 不满足原方程,故解只有一个: $f(x) = x$, $x \in \mathbf{R}$.

▶ 例 51 试求所有非零连续函数 $f: \mathbf{R} \to \mathbf{R}$,使得对一切 $x, y \in \mathbf{R}$,均有

$$f(\sqrt{x^2 + y^2}) = f(x)f(y). \tag{44}$$

解 🔘

用 $-x$ 代替式 (44) 中的 x,可得

$$f(\sqrt{x^2 + y^2}) = f(-x)f(y),$$

因为 $f(x) \neq 0$，所以 $f(-x) = f(x)$，即 f 是偶函数. 因此我们只需研究 f 在非负实数集 $[0, +\infty)$ 中的值即可.

在式(44)中取 $x = y = 0$，可得

$$f(0) = f^2(0),$$

因为 $f(x) \neq 0$，所以 $f(0) = 1$.

以下我们来证明，对于一切整数 n，

$$f(\sqrt{n}x) = f^n(x), x \in \mathbf{R}^*. \tag{45}$$

首先，当 $n = 1$ 时，上式自然成立. 假设上式对某个正整数 n 成立，则

$$f(\sqrt{n+1}x) = f\left(\sqrt{(\sqrt{n}x)^2 + x^2}\right)$$

$$= f(\sqrt{n}x)f(x) = f^{n+1}(x),$$

故式(45)对一切 $n \in \mathbf{N}^*$ 成立. 因此，对一切 $n \in \mathbf{N}^*$，

$$f(n) = f^n(\sqrt{n}) = (f^n(1))^n = f^{n^2}(1).$$

在求自变量为有理数时的函数值之前，我们先要证明 f 的取值为正实数. 由 f 的对称性，只需对 $x > 0$ 的情形证明即可. 任取 $x > 0$，设 $z = \dfrac{x}{\sqrt{2}}$，则

$$f(x) = f(\sqrt{z^2 + z^2}) = f^2(z) > 0.$$

于是，对于有理数 $r = \dfrac{p}{q}$，我们来求 $f(p)$. 一方面，刚才我们已求得 $f(p) = f^{p^2}(1)$，另一方面，

$$f(p) = f(qr) = f^q(\sqrt{q}r)$$

$$= (f^q(r))^q = f^{q^2}(r).$$

因为 $f(x) > 0$，所以可以自由地开方，即 $f\left(\dfrac{p}{q}\right) = f^{\frac{p^2}{q^2}}(1)$. 因此对一切有理数 r，均有 $f(r) = f^{r^2}(1)$.

最后根据连续性，可知对一切 $x \in \mathbf{R}$，均有 $f(x) = f^{x^2}(1)$. 经验证知，这的

确是原函数方程的解.

▶ **例 52**　已知函数 $f: \mathbf{R} \to \mathbf{R}$ 满足可加性

$$f(x+y) = f(x) + f(y), \ x, y \in \mathbf{R},$$

并且

$$f(x)f\left(\frac{1}{x}\right) = 1, \ f(1) = 1.$$

证明：$f(x) = x$.

证明 🔍

根据题设,可知

$$1 = f(1) = f(0+1) = f(0) + f(1) = f(0) + 1,$$

故 $f(0) = 0$. 而

$$0 = f(0) = f(x+(-x)) = f(x) + f(-x),$$

故 f 是奇函数. 因此只需证明当 $x > 0$ 时, $f(x) = x$.

根据可加性,用数学归纳法易得,对任意正整数 n 及任意实数 x,有

$$f(nx) = nf(x),$$

令 $x = 1$,即得

$$f(n) = n.$$

而对任意有理数 $\dfrac{p}{q}$,

$$qf\left(\frac{p}{q}\right) = f(p) = p,$$

故 $f\left(\dfrac{p}{q}\right) = \dfrac{p}{q}$.

最后让我们来看 x 是正无理数的情况. 为此,我们先来证明 f 在原点的一个邻域中有界. 对任意实数 $y \geqslant 2$,总存在 $x > 0$,使得 $y = x + \dfrac{1}{x}$. 这样,根据可加性可得

$$|f(y)| = \left| f(x) + f\left(\frac{1}{x}\right) \right| \geqslant 2\sqrt{f(x)f\left(\frac{1}{x}\right)} = 2,$$

因此对任意 $y \in \left(0, \frac{1}{2}\right)$，均有

$$|f(y)| = \left(\left| f\left(\frac{1}{y}\right) \right| \right)^{-1} \leqslant \frac{1}{2}.$$

根据 f 的奇性，可知对一切 $x \in \left(-\frac{1}{2}, \frac{1}{2}\right)$，均有 $f(x) \leqslant \frac{1}{2}$，即 f 在原点的一个邻域中有界. 这样根据例 47 的结果，可知 $f(x) = cx$，c 是一个常数. 再利用 $f(1) = 1$，即得 $f(x) = x$.

▶ **例 53**   试求所有函数 $f: \mathbf{R} \to [0, +\infty)$，使得对一切 $x, y \in \mathbf{R}$，均有

$$f(x^2 + y^2) = f(x^2 - y^2) + f(2xy). \tag{46}$$

解

容易发现，所给出的函数方程里的自变量 $x^2 + y^2$，$x^2 - y^2$，$2xy$ 正好组成了一组勾股数，即

$$(x^2 + y^2)^2 = (x^2 - y^2)^2 + (2xy)^2,$$

因此 $f(x) = cx^2$（其中 c 是常数）一定是该函数方程的解.

这个函数方程看上去并不清晰，为此，我们试着将其转化为等价的函数方程来求解.

注意到对任意的两个实数 $u, v \in \mathbf{R}$，方程组

$$\begin{cases} u = x^2 - y^2, \\ v = 2xy \end{cases}$$

在实数范围内总有解. 事实上，

$$x = \frac{\sqrt{\sqrt{u^2 + v^2} + u}}{\sqrt{2}}, \ y = \frac{\sqrt{\sqrt{u^2 + v^2} - u}}{\sqrt{2}}.$$

而此时

$$x^2 + y^2 = \sqrt{u^2 + v^2},$$

即对任意实数 u, v, 均有

$$f(\sqrt{u^2 + v^2}) = f(u) + f(v). \tag{47}$$

除了上面从式(46)推导出式(47)之外,也很容易由式(47)导出式(46),因此该方程是式(46)的等价方程. 我们只需对这个方程作讨论即可.

用 $-u$ 代替式(47)中的 u, 可得

$$f(\sqrt{u^2 + v^2}) = f(-u) + f(v),$$

与式(47)对比即知 f 是偶函数,故只需讨论 $u \geqslant 0$ 时 $f(u)$ 的值即可.

将 $u = v = 0$ 代入,得 $f(0) = 2f(0)$, 故 $f(0) = 0$. 因为

$$f(\sqrt{n+1}x) = f(\sqrt{(\sqrt{n}x)^2 + x^2}) = f(\sqrt{n}x) + f(x),$$

故由数学归纳法可知对一切 $n \in \mathbf{N}$, 均有

$$f(\sqrt{n}x) = nf(x),$$

再根据柯西法的标准过程,可得对一切 $r \in \mathbf{Q}$, 均有

$$f(\sqrt{r}x) = rf(x).$$

因此,对所有正有理数 r, 均有 $f(r) = rf(\sqrt{r}) = r^2 f(1)$, 此处 $f(1) \geqslant 0$.

在求正无理数点处的函数值之前,先让我们来证明函数 f 在 $x \geqslant 0$ 时的单调性. 对于 $x > y \geqslant 0$, 根据式(47),可知

$$f(x) = f\left(\sqrt{(\sqrt{x^2 - y^2})^2 + y^2}\right)$$

$$= f(\sqrt{x^2 - y^2}) + f(y) \geqslant f(y),$$

故 f 单调递增(不一定是严格的).

这样,我们就可以用与之前类似的办法来求得正无理数处的函数值. 设 $x \in \mathbf{R} \backslash \mathbf{Q}$, 取一列有理数 $\{p_n\}$ 递增地趋向于 x 和一列有理数 $\{q_n\}$ 递减地趋向于 x. 根据单调性,有

$$p_n^2 f(1) = f(p_n) \leqslant f(x) \leqslant f(q_n) = q_n^2 f(1), \; n \in \mathbf{N}^*.$$

在上式两边令 $n \to +\infty$, 得

$$x^2 f(1) \leqslant f(x) \leqslant x^2 f(1).$$

至此我们证明了 $f(x) = x^2 f(1)$ 对所有 $x \geqslant 0$ 均成立. 而在 $x < 0$ 时, 根据 f 的对称性, 同样有 $f(x) = x^2 f(1)$.

经验证, 函数 $f(x) = x^2 f(1) = cx^2$ 的确是原函数方程的解.

▶ **例 54** 试求所有单调函数 $f: \mathbf{R} \to \mathbf{R}$, 使得等式

$$f(x + f(y)) = f(x) + y^n \tag{48}$$

对任意 $x, y \in \mathbf{R}$ 均成立, 这里 n 是一个给定的正整数.

解 ❓

假设 y_1 和 y_2 是两个非负实数, 且使得 $f(y_1) = f(y_2)$, 则根据式 (48), 可得 $y_1^n = y_2^n$, 在非负实数范围内求 n 次根即得 $y_1 = y_2$, 故 f 限制在 $[0, +\infty)$ 上是单射.

选取足够大的正实数 a, 使得 $a + f(0) > 0$, 则根据式 (48), 可得

$$f(a + f(0)) = f(a).$$

由 f 在非负实数上是单射可知 $a + f(0) = a$, 即 $f(0) = 0$. 这样在式 (48) 中取 $x = 0$, 可得对一切 $y \in \mathbf{R}$,

$$f(f(y)) = y^n. \tag{49}$$

此外, 对一切 $x, y \in \mathbf{R}$, 均有

$$f(f(x + f(y))) = f(f(x) + y^n) = f(y^n) + x^n,$$

结合式 (49), 即知

$$\begin{aligned}
(x + f(y))^n &= f(f(x + f(y))) = f(y^n) + x^n \\
&= f(f(f(y))) + x^n = f^n(y) + x^n,
\end{aligned}$$

取 $x = 1$, $y = f(1)$, 即得 $2^n = 2$, 故仅当 $n = 1$ 时可能有解.

而在 $n = 1$ 时, 式 (49) 转化为 $f(f(y)) = y$, 因此 f 是满射. 又由单调性知 f 也一定是单射. 对任意 y, 因为 f 是满射, 所以对任意实数 z, 均可以在式 (48) 中选取 $z = f(y)$, 因此对一切 $x, z \in \mathbf{R}$,

$$f(x + z) = f(x) + f(z).$$

按照柯西法的标准过程可证得 $f(x) = cx$，其中 c 是常数. 又根据 $f(f(x)) = x$ 知 $c = 1$ 或 $c = -1$.

经验证可知，仅当 $n = 1$ 时原函数方程有解，这时解有两个，分别是 $f(x) = x$ 及 $f(x) = -x$.

▶ **例 55** 试求一切函数 $h: \mathbf{R} \to \mathbf{R}$，使得存在严格单调函数 $f: \mathbf{R} \to \mathbf{R}$，并且

$$f(x+y) = f(x)h(y) + f(y) \tag{50}$$

对任意 $x, y \in \mathbf{R}$ 均成立.

解

假设对于某个 h，满足题意的 f 存在，在式(50)中取 $y = 0$，即得 $f(0) = (1 - h(0))f(x)$，故要么 $h(0) = 1$，$f(0) = 0$，要么 $f(x)$ 是常数. 然而题目中要求 f 是严格单调的，故只能是 $h(0) = 1$，$f(0) = 0$.

因为 $f(x)$ 是严格单调的，故当 $x \neq 0$ 时，$f(x)$ 也不等于零. 根据式(50)左边的对称性，可得

$$f(x)h(y) + f(y) = f(y)h(x) + f(x),$$

当 $xy \neq 0$ 时，上式可以化为

$$\frac{h(x) - 1}{f(x)} = \frac{h(y) - 1}{f(y)}.$$

因此，当 $x \neq 0$ 时，$\dfrac{h(x) - 1}{f(x)}$ 是一个常数，记作 K. 这样便有

$$h(x) = Kf(x) + 1,$$

该式对包括零的一切实数都成立. 于是

$$\begin{aligned}
h(x+y) &= 1 + Kf(x+y) \\
&= 1 + Kf(x)h(y) + Kf(y) \\
&= h(x)h(y).
\end{aligned}$$

通过简单的数学归纳法，可以证得 $h(nx) = h^n(x)$ 对一切正整数 n 均成立.

此外，由于 $h(x)h(-x) = h(0) = 1$，故 $h(-x) = \dfrac{1}{h(x)}$. 这样便可知对一切整

数 n，均有 $h(nx) = h^n(x)$．

由于 $h(x) = 1 + Kf(x)$，f 是严格单调的，因此 h 也是单调的（但是 $K = 0$ 时不严格单调）．这表明 $h(x)$ 对一切实数取值均为正．可知对一切 $n \in \mathbf{Z}$，均有

$$h\left(\frac{x}{n}\right) = h^{\frac{1}{n}}(x)．$$

依据柯西法的标准过程，可以得到 $h(rx) = h^r(x)$ 对一切有理数均成立，故由单调性知 $h(xy) = h^y(x)$ 对一切实数 y 均成立．

特别地，$h(y) = h^y(1) = c^y$，这里 c 是一个正实数．当 $c \neq 1$ 时，取 $f(x) = c^x - 1$（并不只有这一个）即可满足式(50)；而当 $c = 1$ 时，取 $f(x) = x$ 即可满足条件．

▶ **例 56** 试求所有函数 $f: \mathbf{R} \to \mathbf{R}$，使得对任意两个不同的实数 x, y，均有

$$f\left(\frac{x+y}{x-y}\right) = \frac{f(x) + f(y)}{f(x) - f(y)}．\tag{51}$$

解 ❓

由题意，f 是单射．不然的话，若有两个不同的实数 x, y 使得 $f(x) = f(y)$，则式(51)失去意义．

将 $y = 0$ 代入式(51)，可得对任意 $x \neq 0$，

$$f(1) = \frac{f(x) + f(0)}{f(x) - f(0)}，$$

即对任意 $x \neq 0$，均有

$$f(x)(f(1) - 1) = f(0)(f(1) + 1)．$$

但是，由于 f 是单射，故使得上式左边为常数的情形只能是 $f(1) = 1$，从而 $f(0) = 0$．

在式(51)中令 $y = x - 2$，可得

$$f(x-1) = \frac{f(x) + f(x-2)}{f(x) - f(x-2)}．$$

如果在式(51)中用 $x - 1$ 代替 x，并令 $y = 1$，可得在 $x \neq 2$ 时，

$$f\left(\frac{x}{x-2}\right) = \frac{f(x-1)+1}{f(x-1)-1}.$$

比较以上两式，即得

$$f\left(\frac{x}{x-2}\right) = \frac{f(x)}{f(x-2)}. \tag{52}$$

这样，当 $x \neq 2$ 时，

$$f(x) = f(x-2) \cdot \frac{f(x-1)+1}{f(x-1)-1}. \tag{53}$$

在上式中取 $x = 3$，可知

$$f(3) = f(1)\frac{f(2)+1}{f(2)-1} = \frac{f(2)+1}{f(2)-1}.$$

在式(52)中取 $x = 4$，可知

$$f(4) = f^2(2).$$

这样，根据式(53)，

$$\begin{aligned}
f(5) &= f(3)\frac{f(4)+1}{f(4)-1} \\
&= \frac{f(2)+1}{f(2)-1} \times \frac{f^2(2)+1}{f^2(2)-1} \\
&= \frac{f^2(2)+1}{(f(2)-1)^2}.
\end{aligned}$$

另一方面，利用式(51)，可得

$$\begin{aligned}
f(5) &= \frac{f(3)+f(2)}{f(3)-f(2)} \\
&= \frac{f^2(2)+1}{-f^2(2)+2f(2)+1}.
\end{aligned}$$

对比以上两式，得

$$f(2)(f(2)-2) = 0.$$

由于 f 是单射，且已有 $f(0) = 0$，故 $f(2) = 2$，这是证明中最关键的部分。

之后的过程和标准的柯西法类似. 根据式(53)，可以依次得到 $f(3) = 3$，$f(4) = 4$，并用数学归纳法证得对一切正整数 n，均有 $f(n) = n$。

在式(51)中取 $y = xz$，这里 $x \neq 0$ 且 $z \neq 1$，可得

$$f\left(\frac{x+xz}{x-xz}\right) = \frac{f(x)+f(xz)}{f(x)-f(xz)},$$

而另一方面，

$$f\left(\frac{x+xz}{x-xz}\right) = f\left(\frac{1+z}{1-z}\right) = \frac{1+f(z)}{1-f(z)}.$$

对比以上两式，得

$$(f(x)+f(xz))(1-f(z)) = (f(x)-f(xz))(1+f(z)),$$

即当 $x \neq 0$ 且 $z \neq 1$ 时，

$$f(xz) = f(x)f(z).$$

注意到 $f(0) = 0$ 和 $f(1) = 1$，上式实际上对一切实数 x, z 均成立，因而对一切正有理数 $\dfrac{p}{q}$ 均有 $f\left(\dfrac{p}{q}\right) = \dfrac{f(p)}{f(q)} = \dfrac{p}{q}$.

将 $y = -x$ 代入式(51)，可得 $f(x) = -f(-x)$，即 f 是奇函数，故 $f(r) = r$ 对一切有理数 r 均成立.

最后来处理 f 在无理数点的值. 根据刚才证得的可乘性，由 $f(x^2) = f^2(x)$ 可知，f 限制在非负实数上的函数值也非负. 另外，由于 f 是单射，且 $f(0) = 0$，故当 $x > 0$ 时 $f(x) > 0$.

接下来我们证明 f 是递增函数. 假设 $x > y$，则可以分为如下的三种情况.

(i) 当 $x > y \geqslant 0$ 时，根据

$$\frac{f(x)+f(y)}{f(x)-f(y)} = f\left(\frac{x+y}{x-y}\right) > 0,$$

可知 $f(x) > f(y)$.

(ii) 当 $x > 0 > y$ 时，根据 f 的奇性可知，$f(x) > 0 > f(y)$.

(iii) 当 $0 \geqslant x > y$ 时，因为 $f(-y) > f(-x)$，故 $f(x) > f(y)$.

综上所述，f 是严格递增的. 根据柯西法的标准过程（见例46），可知 $f(x) = x$ 对一切 $x \in \mathbf{R}$ 均成立. 经验证知，这的确是原函数方程的解.

接下来让我们看一个运用柯西法构造满足条件的函数的例子.

▶ **例 57** 设 $f: \mathbf{Q}_+ \to \mathbf{Q}_+$，对一切 $x, y \in \mathbf{Q}_+$，满足

$$f(x) = f(xf(y))y, \tag{54}$$

试求一个 $f(x)$.

解 ❓

在式(54)中取 $x = y = 1$，得 $f(1) = f(f(1))$，

取 $y = 1$，得 $f(x) = f(xf(1))$，

再取 $y = f(1)$，得

$$\begin{aligned} f(x) &= f(xf(f(1)))f(1) = f(xf(1))f(1) \\ &= f(x)f(1), \end{aligned}$$

故 $f(1) = 1$.

在式(54)中取 $x = 1$，得

$$yf(f(y)) = f(1) = 1. \tag{55}$$

这样，在式(54)中令 $y = f(t)$，得

$$f(x) = f(t)f(xf(f(t))) = f(t)f\left(\frac{x}{t}\right),$$

再取 $x = st$，得对一切 $s, t \in \mathbf{Q}$，均有

$$f(st) = f(s)f(t), \tag{56}$$

即 f 满足可乘性. 我们刚才证明了由式(54)可以推出式(55)及式(56). 反过来，由式(55)及式(56)也可以推出式(54). 因此，式(55)加上式(56)与原方程是等价的. 我们利用这两个条件来构造解. 构造方法如下.

将所有的素数从小到大排成一列，分别记为

$$p_1, p_2, \cdots, p_n, \cdots$$

规定

$$f(p_{2k-1}) = p_{2k}, \ f(p_{2k}) = \frac{1}{p_{2k-1}}, \ k = 1, 2, 3, \cdots$$

这样根据可乘性，

$$f\left(\frac{1}{p_{2k-1}}\right) = \frac{1}{p_{2k}}, \ f\left(\frac{1}{p_{2k}}\right) = p_{2k-1}, \ k = 1, 2, 3, \cdots$$

任意有理数均可以表示为

$$x = p_1^{\alpha_1} p_2^{\alpha_2} \cdots p_n^{\alpha_n} \cdots,$$

其中 α_k 均是整数,而仅有有限个 k 使得 $\alpha_k \neq 0$,也就是说这是一个有限乘积. 定义

$$f(x) = f^{\alpha_1}(p_1) f^{\alpha_2}(p_2) \cdots f^{\alpha_n}(p_n) \cdots,$$

容易验证,这样定义的函数 $f(x)$ 满足可乘性及 $f(f(x)) = x$. 因此我们得到了满足式(54)的一个解.

在本节的最后,我们来看一下仅满足可加性,却没有其他"良好"性质的函数究竟能怪异到什么程度.

为了在以下例子中叙述方便起见,我们定义圆盘

$$D_r(a, b) = \{(x, y) \in \mathbf{R}^2 \mid (x-a)^2 + (y-b)^2 < r^2\},$$

以及函数图像

$$G(f) = \{(x, f(x)) \in \mathbf{R}^2 \mid x \in D(f)\}.$$

▶ **例 58** 设 $f: \mathbf{R} \to \mathbf{R}$ 满足可加性条件. 假设它的图像 $G(f)$ 是 $\mathbf{R}^2$ 中的闭集,即图像上任意点列如果存在极限,则极限点还在图像上. 证明:f 是线性函数,即 $f(x) = cx$.

证明 🔎

因为 f 满足可加性,从之前例题的证明中可以发现,对一切有理数 r,均有

$$f(r) = rf(1).$$

对于任意 $x \in \mathbf{R}$,存在有理数列 $\{r_n\}$,其极限为 x. 这时,因为 $f(r_n) = r_n f(1)$,故

$$(r_n, f(r_n)) = (r_n, r_n f(1))$$

是一个在函数图像 $G(f)$ 上的点列,且其极限为 $(x, xf(1))$. 根据图像的闭性,$(x, xf(1)) \in G(f)$,故 $f(x) = xf(1)$.

这样便证明了 $f(x)$ 一定是线性的.

 **点评**

本例中图像是闭集的条件比函数的连续性要稍弱些. 例如函数

$$f(x) = \begin{cases} \dfrac{1}{x}, & x \neq 0, \\ 0, & x = 0 \end{cases}$$

的图像就是闭集,但是它并不连续.

本例证明了不满足线性的可加函数的图像一定不是闭的.

················

▶ **例 59** 设 $f: \mathbf{R} \to \mathbf{R}$ 满足可加性条件 $f(x+y) = f(x) + f(y)$,但不是线性函数. 证明:该函数的图像 $G(f)$ 在欧氏平面 $\mathbf{R}^2$ 中稠密,即任取 $\mathbf{R}^2$ 中的点 (x_0, y_0),并任取 $\varepsilon > 0$,总存在点 $(x, y) \in G(f)$,使得 (x, y) 到 (x_0, y_0) 的距离小于 ε(这表明 $\mathbf{R}^2$ 中的任意点可以用 $G(f)$ 上的点列来逼近).

证明 🔍

假设 $f(x)$ 满足可加性,但不是线性函数,设 $c = f(1)$,并选取实数 α,使得 $f(\alpha) \neq c\alpha$. 定义一个新的函数

$$g(x) = \frac{f(x) - cx}{f(\alpha) - c\alpha}.$$

根据 f 的可加性可得 g 的可加性. 此外,$g(1) = 0$,根据柯西法的标准过程,可得对一切 $r \in \mathbf{Q}$,均有 $g(r) = 0$.

考察 $\mathbf{R}^2$ 中的任一圆盘 $D_r(x, y)$. 根据有理数在实数中的稠密性,可以取到有理数 q,使得 $|q - y| < \dfrac{r}{2}$. 再取有理数 p,使得 $|p - (x - q\alpha)| < \dfrac{r}{2}$. 这样,

$$(p + q\alpha - x)^2 + (q - y)^2 < 2\left(\frac{r}{2}\right)^2 = \frac{r^2}{2} < r^2,$$

于是点 $(p + q\alpha, q)$ 在圆盘 $D_r(x, y)$ 内. 注意到 g 是满足可加性的函数,故

$$g(p + q\alpha) = g(p) + qg(\alpha) = qg(\alpha) = q,$$

即 $(p + q\alpha, q)$ 在图像 $G(g)$ 上. 因此我们证明了 g 的图像在 $\mathbf{R}^2$ 中稠密.

接下来我们借助 $G(g)$ 的稠密性来证明 $G(f)$ 的稠密性.

设 $f(\alpha) - c\alpha = \beta$,则

$$f(x) = \beta g(x) + cx.$$

对任一 $\mathbf{R}^2$ 中的圆盘 $D_r(a, b)$,考察如下的圆盘

$$D = D_s\left(a, \frac{1}{\beta}(b-ca)\right),$$

其中

$$s = \sqrt{\frac{r^2}{2\theta}}, \ \theta = \max(2\beta^2, \ 1+2c^2).$$

由于 $G(g)$ 在 $\mathbf{R}^2$ 中稠密,故 D 中一定包含 $G(g)$ 中的点,设该点为 $(y, g(y))$,我们来证明点 $(y, f(y)) = (y, \beta g(y)+cy) \in D_r(a, b)$. 事实上,

$$(a-y)^2 + (b-\beta g(y)-cy)^2$$
$$= (a-y)^2 + \left(\beta\left(\frac{1}{\beta}(b-ca)-g(y)\right)+c(a-y)\right)^2$$
$$\leqslant (1+2c^2)(a-y)^2 + 2\beta^2\left(\frac{1}{\beta}(b-ca)-g(y)\right)^2$$
$$\leqslant \theta\left((a-y)^2 + \left(\frac{1}{\beta}(b-ca)-g(y)\right)^2\right)$$
$$< \theta s^2 = \frac{r^2}{2} < r^2,$$

于是点 $(y, f(y)) = (y, \beta g(y)+cy)$ 落在圆盘 $D_r(a, b)$ 内,这样便证明了 f 的图像 $G(f)$ 在 $\mathbf{R}^2$ 中稠密.

点评

本例的结果说明了不满足线性的可加函数的图像会被"散落"在整个直角坐标平面的任何地方,在某种意义上"充满"了整个平面.

知识桥

六、其他方法

除了上面所列出的常见方法外,求解函数方程还有一些其他方法.

(一) 递推数列法

递推数列法的基本思想是将某点的函数值及迭代后的函数值看成是一个实数列,通过求其通项,结合值域的范围来得到函数的形式,或是利用递推式来求得一系列自变量上函数的值.

训练营

▶ **例60** 试求所有函数 $f: \mathbf{Q} \to \mathbf{Q}$,使得 $f(1)f(-1) \geqslant 4$,并且对所有 x,$y \in \mathbf{Q}$,均有

$$f(x+y) = f(x) + f(y) + 4xy. \tag{57}$$

解

实际上本题通过令 $g(x) = f(x) - 2x^2$,用柯西法很容易得到解 $f(x) = 2x^2$. 但是为了介绍递推数列法,我们来应用这种稍嫌麻烦的方法. 虽说此法比柯西法烦琐,但是其中所蕴含的思想还是值得借鉴的.

首先在式(57)中取 $x = y = 0$,可得 $f(0) = 2f(0) + 0$,即 $f(0) = 0$. 在式(57)中取 $x = 1$,$y = -1$,得到

$$0 = f(1) + f(-1) - 4,$$

即 $f(1) + f(-1) = 4$. 由于 $f(1)f(-1) \geqslant 4$,故它们均是正的. 这样,由平均值不等式,

$$f(1) + f(-1) \geqslant 2\sqrt{f(1)f(-1)} \geqslant 2 \times 2 = 4,$$

当且仅当 $f(1) = f(-1) = 2$ 时取等号. 至此我们已得到了 $f(0)$,$f(1)$,$f(-1)$ 的值.

在式(57)中取 $y = 1$,得

$$f(x+1) = f(x) + f(1) + 4x = f(x) + 4x + 2.$$

对式(57)递推,得

$$f(2) = f(1+1) = f(1) + 4 \times 1 + 2,$$
$$f(3) = f(2+1) = f(2) + 4 \times 2 + 2,$$
$$\cdots$$
$$f(n) = f(n-1+1) = f(n-1) + 4 \times (n-1) + 2,$$

因此

$$f(n) = f(1) + 4(1 + 2 + \cdots + (n-1)) + 2(n-1)$$
$$= 2 + 2n(n-1) + 2(n-1) = 2n^2.$$

又因为

$$f\left(\frac{k}{n}+\frac{1}{n}\right)=f\left(\frac{k}{n}\right)+f\left(\frac{1}{n}\right)+\frac{4k}{n^2},$$

即

$$f\left(\frac{k+1}{n}\right)-f\left(\frac{k}{n}\right)=f\left(\frac{1}{n}\right)+\frac{4k}{n^2}. \tag{58}$$

对上式关于 k 从 1 到 $n-1$ 求和,得

$$f(1)-f\left(\frac{1}{n}\right)=(n-1)f\left(\frac{1}{n}\right)+\frac{4}{n^2}(1+2+\cdots+(n-1)),$$

即

$$f(1)=nf\left(\frac{1}{n}\right)+2\cdot\frac{n-1}{n},$$

故

$$f\left(\frac{1}{n}\right)=\frac{2}{n^2}.$$

再对式(58)关于 k 从 1 到 $m-1$ 求和,即得

$$f\left(\frac{m}{n}\right)-f\left(\frac{1}{n}\right)=(m-1)f\left(\frac{1}{n}\right)+\frac{4}{n^2}(1+2+\cdots+(m-1))$$

$$=\frac{2(m-1)}{n^2}+\frac{2m(m-1)}{n^2},$$

故 $f\left(\dfrac{m}{n}\right)=\dfrac{2m^2}{n^2}.$

因此对所有 $x\in\mathbf{Q}$,均有 $f(x)=2x^2$. 容易验证,这的确是原函数方程的解.

▶ **例 61** 试求所有函数 $f:\mathbf{R}^+\bigcup\{0\}\to\mathbf{R}^+\bigcup\{0\}$,使得它对一切 $x\geqslant 0$,均有

$$f(f(x)-x)=2x.$$

解

由题可知对一切 $x\geqslant 0$,均有 $f(x)\geqslant x$. 于是,我们令 $g(x)=f(x)-x$,则 $g\geqslant 0$,因此可以对函数 g 进行迭代. 经过计算,得

$$g(g(x)) = f(g(x)) - g(x) = f(f(x) - x) - (f(x) - x)$$
$$= 2x - f(x) + x = -f(x) + 3x = 2x - g(x),$$

故函数 $g: \mathbf{R}^+ \bigcup \{0\} \to \mathbf{R}^+ \bigcup \{0\}$ 满足

$$g(g(x)) + g(x) = 2x.$$

对于任意固定的非负实数 x_0，定义 $a_n = g^{(n)}(x_0)$，这样数列 $\{a_n\}$ 满足递推式

$$a_{n+2} = -a_{n+1} + 2a_n.$$

该递推式的特征方程是 $x^2 + x - 2 = 0$，特征根是 1 和 -2，故可得

$$a_n = A \cdot 1^n + B(-2)^n,$$

其中 A, B 是两个常数. 注意到 g 的值域包含在非负实数中，故 B 只能是零. 这样，根据 $a_0 = A$ 即知 $A = x_0$，即 $g^{(n)}(x_0) = x_0$ 对一切 $n \geqslant 0$ 均成立，故 g 是恒等映射.

因此 $g(x) = x$，而 $f(x) = g(x) + x = 2x$. 经验证知，这的确是原函数方程的解.

▶ **例 62** 试求函数 $f: \mathbf{R}^* \bigcup \{0\} \to \mathbf{R}^* \bigcup \{0\}$，使得它对一切 $x \geqslant 0$，均有

$$f(f(x)) = 10x - 3f(x).$$

解 🌐

同上例，对任意固定的 $x_0 \geqslant 0$，令 $a_n = f^{(n)}(x_0)$，这样便得到一个非负实数序列 $\{a_n\}$.

根据函数方程，我们可以得到数列所满足的递推式

$$a_{n+2} = -3a_{n+1} + 10a_n,$$

其特征方程是 $x^2 + 3x - 10 = 0$，两个特征根分别为 2 和 -5. 故

$$a_n = A \cdot 2^n + B(-5)^n,$$

其中 A, B 是两个常数. 注意到 $a_n = 2^n \left(A + B \left(-\frac{5}{2} \right)^n \right)$，如果 $B \neq 0$，其符号不定，故 B 只能为零. 这样，$a_n = A \cdot 2^n$.

将 $n = 0$ 代入，得 $a_0 = x_0 = A$，故 $f^{(n)}(x_0) = a_n = 2^n x_0$. 特别地，

$f(x_0) = 2x_0$，这对一切 $x_0 \geqslant 0$ 均成立. 经验证知，满足条件的函数只有 $f(x) = 2x$.

▷ 知识桥

(二) 不动点方法

通过对函数的不动点个数及分布进行分析，有时可以很方便地得到函数的形式.

\ 训练营

▶ **例 63** 已知函数 $f : \mathbf{R}^* \to \mathbf{R}^*$，当 $x \to +\infty$ 时 $f(x) \to 0$，且对任意正实数 x, y，均有

$$f(xf(y)) = yf(x).$$

试求所有这样的 f.

解

首先令 $y = x$，可得

$$f(xf(x)) = xf(x),$$

即对任意 x，$xf(x)$ 是函数 f 的不动点.

将 $x = y = 1$ 代入原方程，可得 $f(f(1)) = f(1)$，而将 $x = 1, y = f(1)$ 代入，可得 $f(f(f(1))) = f^2(1)$，这样 $f(1) = f^2(1)$. 因为函数取值为正实数，故 $f(1) = 1$，即 1 是函数 f 的一个不动点.

我们希望能证得对任意 x 均有 $xf(x) = 1$，这就需要证明不动点的唯一性.

假设还有一个不动点 $a, a \neq 1$.

如果 $a > 1$，在原方程中将 $x = y = a$ 代入，可得 $f(af(a)) = af(a)$，即 $f(a^2) = a^2$，这样 a^2 也是不动点. 用数学归纳法容易证得，对一切 $k \in \mathbf{N}^*$，a^{2^k} 均是不动点，即 $f(a^{2^k}) = a^{2^k}$. 但是当 $k \to +\infty$ 时，$a^{2^k} \to +\infty$，这和 $x \to +\infty$ 时 $f(x) \to 0$ 相矛盾. 因此 f 没有大于 1 的不动点.

如果 $a < 1$，那么由

$$1 = f(1) = f\left(\frac{1}{a} \cdot a\right) = f(a^{-1}f(a)) = af\left(\frac{1}{a}\right),$$

可知 $\frac{1}{a} > 1$ 也是不动点,而上面已经证明了这不可能.

因此 f 只有一个不动点. 这样我们就证明了 $f(x) = \frac{1}{x}$ 对一切 $x > 0$ 均成立. 将之代入原方程检验,可知这的确是原函数方程的解.

▶ **例 64** 试求所有满足以下两个条件的函数 f:$(-1, +\infty) \rightarrow (-1, +\infty)$.

(1) 对所有的 $x, y \in (-1, +\infty)$,均有

$$f(x + f(y) + xf(y)) = y + f(x) + yf(x);$$

(2) $\frac{f(x)}{x}$ 在 $(-1, 0)$ 及 $(0, +\infty)$ 上分别严格递增.

解 ❓

对于满足题意的函数 f,由于 f 在区间 $(-1, 0)$ 上是严格递增的,故最多只能有一个 $x \in (-1, 0)$ 使得 $f(x) = x$,即 $(-1, 0)$ 中至多有一个不动点. 同理,在 $(0, +\infty)$ 中也至多有一个不动点. 此外,$x = 0$ 也可能是 f 的不动点. 因此方程 $f(x) = x$ 在定义域 $(-1, +\infty)$ 中至多有三个根.

假设 $u \in (-1, 0)$ 是 $f(x)$ 的不动点,我们在条件 (1) 中取 $x = y = u$,可得

$$f(2u + u^2) = 2u + u^2,$$

即 $2u + u^2$ 也是 $f(x)$ 的不动点.

注意到 $u^2 + 2u = (u+1)^2 - 1 \in (-1, 0)$,而在 $(-1, 0)$ 中不动点最多只有一个,故 $u^2 + 2u = u$,这样 $u = -1$ 或 0,矛盾.

假设 $u \in (0, +\infty)$ 是 $f(x)$ 的不动点,同理可得 $u^2 + 2u$ 也是 $f(x)$ 的不动点. 注意到 $u > 0$ 时 $u^2 + 2u$ 是正实数,故由正实数中不动点的唯一性可知 $u^2 + 2u = u$,这也不可能.

因此 f 的不动点至多只有一个:$x = 0$. 而在原方程中取 $y = x$,可以得到

$$f(x + f(x) + xf(x)) = x + f(x) + xf(x),$$

即对任意 $x \in (-1, +\infty)$,$x + f(x) + xf(x)$ 是 f 的不动点,因此只能是 0. 即

$$f(x) = -\frac{x}{1+x}.$$

最后我们来验证它的确满足题中的条件. 由于

$$x + f(y) + xf(y) = x - \frac{y}{1+y} - \frac{xy}{1+y} = \frac{x-y}{1+y},$$

故

$$f(x + f(y) + xf(y)) = f\left(\frac{x-y}{1+y}\right) = \frac{y-x}{1+x},$$

利用对称性可以容易地知道 $y + f(x) + yf(x)$ 也等于 $\dfrac{y-x}{1+x}$, 故所求的函数 $f(x)$ 满足条件(1). 条件(2)的单调性也容易验证.

▶ **例65** 是否存在函数 $f: \mathbf{R} \to \mathbf{R}$, 使得对一切实数 x, 均有

$$f(f(x)) = x^2 - 2?$$

解

这样的函数不存在. 我们来证明一个更一般的引理.

假设 X 是一个集合, $g: X \to X$ 是定义在 X 上的映射, 它恰有两个不同的不动点 a, b. 此外, $g \circ g$ 在 X 上除了 a, b 外还有两个不同的不动点 c, d. 那么, 一定不存在映射 f, 使得 $g = f \circ f$.

证明: 假设 $g(c) = y$. 因为 c 是 $g \circ g$ 的不动点, 故

$$g(y) = g(g(c)) = c,$$

再用 g 作用一次, 得

$$g(g(y)) = g(c) = y,$$

这样 y 也是 $g \circ g$ 的不动点. 于是 $y \in \{a, b, c, d\}$. 但是 $g(y) = c$ 表明了 $y \neq a, b, c$, 这是因为已知 $g(a) = a$, $g(b) = b$, 而 $g(c) \neq c$. 故 $y = g(c) = d$, 因此 $g(d) = c$.

假设存在函数 $f: X \to X$, 使得 $g = f \circ f$, 则容易知道

$$f(g(x)) = f(f(f(x))) = g(f(x)).$$

设 $y \in \{a, b\}$, 则 $f(y) = g(f(y))$, 即 $f(y)$ 也是 g 的不动点, 因此 $f(y) \in \{a, b\}$. 再设 $z \in \{a, b, c, d\}$, 则由于

$$f(g(g(x))) = f^{(5)}(x) = g(g(f(x))),$$

故 $f(z)$ 是 $g \circ g$ 的不动点,这样 $f(z) \in \{a, b, c, d\}$.

考察 $f(c)$,它一定在集合 $\{a, b, c, d\}$ 中. 若 $f(c) = a$,则 $f(a) = f(f(c)) = g(c) = d$,这和 f 将 $\{a,b\}$ 映射到自身相矛盾. 同理 $f(c) \neq b$. 若 $f(c) = d$,则 $f(d) = f(f(c)) = g(c) = d$,这样

$$g(d) = f(f(d)) = f(d) = d,$$

这又和 $g(d) = c$ 相矛盾. 故 $f(c)$ 只能等于 c. 但是这样 $g(c) = f(f(c)) = c$,也是矛盾的. 因此这样的 f 不存在. 引理证毕.

回到我们的题目中来. 求解 $g(x) = x^2 - 2 = x$,可得两个不同的实根 $x = 2$ 和 $x = -1$. 而求解

$$(x^2 - 2)^2 - 2 = x,$$

即求

$$x^4 - 4x^2 - x + 2 = 0$$

时,注意到 2 和 -1 已经是它的根,故可以通过因式分解得知另两个根满足的方程是 $x^2 + x - 1 = 0$,其根为 $\dfrac{-1 \pm \sqrt{5}}{2}$. 这样 $g(x) = x^2 - 2$ 满足引理的条件,因此 g 无法表示为 $f \circ f$.

▶ **例 66** 设 **R** 是全体实数的集合. 求所有的函数 $f: \mathbf{R} \to \mathbf{R}$,满足对任意实数 x 和 y,都有

$$f(x + f(x+y)) + f(xy) = x + f(x+y) + yf(x).$$

解

将题中等式记为 $P(x, y)$. 设 f 是满足条件的一个函数. 考察 $P(x, 1)$,有

$$f(x + f(x+1)) = x + f(x+1), \tag{59}$$

于是对于任意实数 x,$x + f(x+1)$ 都是 f 的不动点. 下面分两种情况讨论.

(i) $f(0) \neq 0$.

考察 $P(0, y)$,有

$$f(f(y)) + f(0) = f(y) + yf(0).$$

若 y_0 是 f 的不动点,则在上式中令 $y = y_0$,可得 $y_0 = 1$,于是,

$$x + f(x+1) = 1,$$

从而 $f(x) = 2 - x$ 对所有实数 x 成立.

容易验证 $f(x)=2-x$ 是满足条件的函数.

(ii) $f(0)=0$.

考察 $P(x+1,0)$,有

$$f(x+f(x+1)+1)=x+f(x+1)+1. \tag{60}$$

考察 $P(1,y)$,有

$$f(1+f(y+1))+f(y)=1+f(y+1)+yf(1). \tag{61}$$

在式(59)中令 $x=-1$,有 $f(-1)=-1$. 在式(61)中令 $y=-1$,有 $f(1)=1$. 于是式(61)可以改写成

$$f(1+f(y+1))+f(y)=1+f(y+1)+y. \tag{62}$$

如果 y_0 和 y_0+1 都是 f 的不动点,那么在式(62)中令 $y=y_0$ 可知,y_0+2 也是 f 的不动点. 故由式(59)(60)可知,对任意实数 x,$x+f(x+1)+2$ 都是 f 的不动点,即

$$f(x+f(x+1)+2)=x+f(x+1)+2.$$

在上式中将 x 用 $x-2$ 代替,得

$$f(x+f(x-1))=x+f(x-1).$$

考察 $P(x,-1)$,有

$$f(x+f(x-1))=x+f(x-1)-f(x)-f(-x).$$

从上面两式可知 $f(-x)=-f(x)$,即 f 是奇函数.

考察 $P(-1,-y)$,并利用 $f(-1)=-1$,有

$$f(-1+f(-y-1))+f(y)=-1+f(-y-1)+y.$$

再由 f 是奇函数,上式可改写成

$$-f(1+f(y+1))+f(y)=-1-f(y+1)+y.$$

将上式与式(62)相加,可知 $f(y)=y$ 对所有实数 y 成立. 容易验证,$f(x)=x$ 是满足条件的函数.

综上所述,满足条件的函数共两个,$f(x)=x$ 和 $f(x)=2-x$.

点评

情形(ii)中也可考虑不动点,先解出 $f(-1)=-1$,$f(1)=1$ 和 $f(f(x))=f(x)$.

令 $x=-1$,可得 $f(x)-1$ 为不动点 $\Rightarrow x-1$ 为不动点.

再令 $x=1$,结合 $x+f(x)$ 与 $x+f(x+1)$ 均为不动点,可知 x 为不动点.

知 识 桥

（三）利用函数性质

在求解函数方程时，函数本身的性质是相当重要的，这点我们在讲柯西法时已经体会到. 一般地，比较重要的函数性质有单调性、连续性、有界性、周期性等等. 这些条件中的一个或几个，无论明显地作为条件在题中给出，还是通过代数式的恒等或不等关系隐含地给出，都是在求解函数方程时不可忽略的.

训 练 营

▶ **例 67**　试求所有严格单调函数 $f: \mathbf{R} \rightarrow \mathbf{R}$，使得

$$f(f(x) + y) = f(x + y) + f(0)$$

对一切实数 x, y 均成立.

解

取 $y = -x$，即得

$$f(f(x) - x) = 2f(0).$$

由于 f 是严格单调的，它一定是单射. 因为对一切 $x, y \in \mathbf{R}$，均有

$$f(f(x) - x) = 2f(0) = f(f(y) - y),$$

所以 $f(x) - x = f(y) - y$，这样 $f(x) - x$ 是一个常数.

设 $f(x) = x + c$，容易发现它的确是满足题中函数方程的严格递增函数. 故所有的解为 $f(x) = x + c$，c 是任意给定的实数.

▶ **例 68**　设 $f: \mathbf{R}^* \rightarrow \mathbf{R}^*$ 是一个严格单调递减的函数，且对一切 $x, y \in \mathbf{R}^*$，均有

$$f(x + y) + f(f(x) + f(y)) = f(f(x + f(y)) + f(y + f(x))). \tag{63}$$

证明：对一切 $x \in \mathbf{R}^*$，$f(f(x)) = x$.

证明

在式 (63) 中取 $y = x$，可得

$$f(2x) + f(2f(x)) = f(2f(x + f(x))).$$

在上式中用 $f(x)$ 代替 x, 可得

$$f(2f(x)) + f(2f(f(x))) = f(2f(f(x) + f(f(x)))).$$

对比以上两式, 可得

$$f(2f(f(x))) - f(2x)$$
$$= f(2f(f(x) + f(f(x)))) - f(2f(x + f(x))). \tag{64}$$

假设对某个 $x \in \mathbf{R}^*$, $f(f(x)) > x$, 则因为 f 是严格递减的, 故 $f(2f(f(x))) < f(2x)$, 这样式 (64) 的左边小于零. 此外, $x + f(x) < f(f(x)) + f(x)$, 故由 f 的严格递减性, 作用两次, 可知式 (64) 的右边大于零. 这是矛盾的. 同理, 当 $f(f(x)) < x$ 对某个 x 成立时, 用同样的方法也可以导出矛盾.

因此对一切 $x \in \mathbf{R}^*$, 均有 $f(f(x)) = x$. 证毕.

▶ **例 69** 试求所有的连续函数 $f: \mathbf{R} \to \mathbf{R}$, 使得对任何 $x \in \mathbf{R}$, 均有

$$f(f(x)) = f(x) + 2x. \tag{65}$$

解

乍看上去这个例子和递推数列法中的一个例子很相似, 但是仔细观察题目的条件, 可以发现这里我们没有假设函数值的范围, 因此就不能直接用递推数列法. 好在我们现在有连续性条件作为辅助.

首先容易看出 f 是单射. 因为如果 $f(x) = f(y)$, 则

$$2x = f(f(x)) - f(x) = f(f(y)) - f(y) = 2y.$$

而连续的单射一定是严格单调的, 这样 f 就有反函数 $g = f^{-1}$ (我们还没有证明 g 的定义域为 $\mathbf{R}$). 将 $x = 0$ 代入式 (65), 得 $f(f(0)) = f(0)$, 两边用 $g = f^{-1}$ 作用一次, 即得 $f(0) = 0$. 以下我们分两种情况讨论.

(i) f 是严格递增函数.

此时 $f(x)$ 和 x 同号. 当 $x > 0$ 时, $f(f(x)) = f(x) + 2x > 2x$; 当 $x \to +\infty$ 时, $f(f(x))$ 趋向于正无穷; 而当 $x < 0$ 时, $f(f(x)) = f(x) + 2x < 2x$; 当 $x \to -\infty$ 时, $f(f(x))$ 趋向于负无穷. 因此 f 的值域为 $(-\infty, +\infty)$, 此时 $g = f^{-1}$ 的定义域也为 $\mathbf{R}$.

令 $h(x) = f(x) - 2x$, 则 $h(0) = 0$, 且

$$h(f(x)) = f(f(x)) - 2f(x)$$
$$= f(x) + 2x - 2f(x)$$
$$= 2x - f(x) = -h(x),$$

将 x 用 $f(x)$ 来代替,可得

$$h(f^{(2)}(x)) = -h(f(x)) = h(x).$$

利用数学归纳法即可证明

$$h(f^{(2n)}(x)) = h(x), \; x \in \mathbf{R}, \; n \in \mathbf{N}^*.$$

在上式中令 $y = f^{(2n)}(x)$. 因为 f 的值域为 $\mathbf{R}$,故对一切 $y \in \mathbf{R}$,均有

$$h(y) = h(f^{(-2n)}(y)),$$

即对一切 $n \in \mathbf{Z}$,均有

$$h(f^{(2n)}(x)) = h(x).$$

因为当 $x \neq 0$ 时,x,$f(x)$,$f(f(x))$,…的符号都相同,而

$$2f^{(-n-2)}(x) = f^{(-n)}(x) - f^{(-n-1)}(x),$$

所以

$$| f^{(-n-2)}(x) | \leqslant \frac{| f^{(-n)}(x) |}{2},$$

进而可用数学归纳法证得

$$| f^{(-2n)}(x) | \leqslant \frac{| x |}{2^n}, \; n \in \mathbf{N}^*.$$

由于 f 是连续函数,故 h 也是,这样

$$h(x) = h(f^{(-2n)}(x))$$
$$= \lim_{n \to +\infty} h(f^{(-2n)}(x))$$
$$= h(\lim_{n \to +\infty} f^{(-2n)}(x))$$
$$= h(0) = 0$$

对一切 $x \neq 0$ 均成立,故 $h(x) \equiv 0$. 此时对应的解是 $f(x) = 2x$.

(ii) f 是严格递减函数.

此时若 $x \neq 0$,$f(x)$ 的符号与 x 的符号相反,$f(f(x))$ 是严格递增函数. 我

们假设 $h(x) = f(x) + x$，则

$$h(f(x)) = f(f(x)) + f(x) = 2f(x) + 2x = 2h(x).$$

通过数学归纳法，可以证明

$$h(f^{(n)}(x)) = 2^n h(x), \ n \in \mathbf{N}^*.$$

特别地，为了使等式中 h 的自变量的符号相同，

$$h(f^{(2k)}(x)) = 2^{2k} h(x), \ k \in \mathbf{N}^*.$$

根据式(65)，

$$|f^{(2)}(x)| \leqslant 2|x|, \ x \in \mathbf{R},$$

因而

$$|f^{(2n)}(x)| \leqslant 2^n |x|, \ x \in \mathbf{R}.$$

由于当 $x \neq 0$ 时，$h(x) = f(f(x)) - x = x + f(x) \in (-|x|, |x|)$，故

$$
\begin{aligned}
|h(x)| &= \left| \frac{h(f^{(2n)}(x))}{2^{2n}} \right| \\
&\leqslant \frac{|f^{(2n)}(x)|}{2^{2n}} \\
&\leqslant \frac{2^n |x|}{2^{2n}} = \frac{|x|}{2^n},
\end{aligned}
$$

因此 $h(x) \equiv 0$. 于是此时的解为 $f(x) = -x$.

经验证，原函数方程有两个解：$f(x) = 2x$ 及 $f(x) = -x$.

▶ **例70** 试求所有连续函数 $f: \mathbf{R} \to \mathbf{R}$，使得对某个固定的整数 $n \geqslant 1$，

$$f^{(n)}(x) = -x, \ x \in \mathbf{R}.$$

解 🔮

根据题中的方程，容易知道 f 既是单射又是满射，而根据 f 的连续性，可知 f 一定是严格单调函数. 因为 $f^{(n)}(x) = -x$，大小顺序和 x 相反，所以 f 一定是严格递减函数.

因为

$$f(-x) = f(f^{(n)}(x)) = f^{(n)}(f(x)) = -f(x),$$

所以 f 是奇函数,且 $f(0)=0$. 于是 $f(x)$ 的符号恰好和 x 的符号相反.

方便起见,对任一 $x_0>0$,规定 $x_n=f^{(n)}(x)$,于是 x_i 和 x_{i+1} 的符号相反,或 $(-1)^k x_k>0$. 注意到 $x_n=f^{(n)}(x_0)=-x_0$,所以 n 必须是奇数.

假设 $x_1>-x_0$,因为 f 是严格递减的奇函数,所以

$$x_2=f(x_1)<f(-x_0)=-f(x_0)=-x_1,$$

因此 $x_0>-x_1>x_2$. 依此类推,容易用数学归纳法证得

$$x_0>-x_1>x_2>-x_3>x_4>\cdots>(-1)^n x_n,$$

这和 $x_n=-x_0$ 相矛盾.

同样,如果假设 $x_1<-x_0$,因为 f 是严格递减的奇函数,故

$$x_2=f(x_1)>f(-x_0)=-f(x_0)=-x_1,$$

因此 $x_0<-x_1<x_2$. 依此类推,容易用数学归纳法证得

$$x_0<-x_1<x_2<-x_3<x_4<\cdots<(-1)^n x_n,$$

这也和 $x_n=-x_0$ 相矛盾.

因此对一切 $x>0$,均有 $f(x)=-x$. 由 f 的奇性可知,对一切 $x\in\mathbf{R}$,均有 $f(x)=-x$. 故当且仅当 n 是奇数时本题的解存在,为 $f(x)=-x$.

▶ **例 71**　试求一切严格递增的双射 $f:\mathbf{R}\to\mathbf{R}$,使得

$$f(x)+f^{-1}(x)=2x,\ x\in\mathbf{R}.$$

解 🕐

设 f 是满足方程的函数,我们定义

$$S_\alpha=\{x\in\mathbf{R}\mid f(x)-x=\alpha\}.$$

当 $\alpha=f(0)$ 时 S_α 非空,故至少有一个实数 α 使得 S_α 非空. 以下我们来证明使得 S_α 非空的实数 α 只能有一个.

首先,由于 f 是严格递增的满射,f 必然连续. 而连续函数把区间映成区间,因此 $f(x)-x$ 的值域必然是一个区间或一个点. 以下我们先来证明两个结论.

结论 1:若 $x\in S_\alpha$,则 $x+\alpha\in S_\alpha$.

事实上,$x\in S_\alpha$ 表明 $f(x)=x+\alpha$,于是 $f^{-1}(x+\alpha)=x$,这样 $f(x+\alpha)=2(x+\alpha)=f^{-1}(x+\alpha)=x+2\alpha$,因此 $x+\alpha\in S_\alpha$. 更一般地,根据数学归纳

法,若 $x \in S_\alpha$,则对一切 $n \in \mathbf{N}$,均有 $x + n\alpha \in S_\alpha$.

结论 2:若 $x \in S_\alpha$,并且 $y \geqslant x$,则对任意 $\beta < \alpha$,$y \notin S_\beta$.

如果存在这样的 y 和 β,首先假设 $x \leqslant y < x + (\alpha - \beta)$.根据 f 的单调性,可知

$$f(y) \geqslant f(x) = x + \alpha.$$

若 $y \in S_\beta$,则 $f(y) = y + \beta$,这样 $y > x + \alpha - \beta$,产生矛盾.进一步地,假如 $y \in [x + (n-1)(\alpha - \beta), x + n(\alpha - \beta))$,当 $n = 1$ 时我们已经证明了这样的 $y \notin S_\beta$.假设对一切 $n = 1, 2, \cdots, k-1$,这样的 y 均不属于 S_β.这是因为

$$x + (k-1)(\alpha - \beta) \leqslant y < x + \alpha + k(\alpha - \beta),$$

这蕴含了

$$x + \alpha + (k-2)(\alpha - \beta) \leqslant y + \beta < x + \alpha + (k-1)(\alpha - \beta),$$

故 $y + \beta \notin S_\beta$.因而根据结论 1,$y \notin S_\beta$.于是,任意不小于 x 的 y 都不在某个使得 $\beta < \alpha$ 的 S_β 中.

有了以上两个事实,我们可以用反证法来证明 S_α 只对一个 $\alpha \in \mathbf{R}$ 非空.假设 $\beta < \alpha$,使得 S_β 与 S_α 均非空.我们分如下三种情况来讨论.

(i) $\alpha > \beta > 0$.

此时根据结论 1,对任意 $y \in S_\beta$,$y + k\beta \in S_\beta$,这样对 S_α 中的元素 x,总存在足够大的正整数 k,使得 $y + k\beta > x$,这和结论 2 相矛盾.

(ii) $0 > \alpha > \beta$.

还是根据结论 1,对任意 $x \in S_\alpha$,$x + k\alpha \in S_\alpha$,这样对 S_β 中的元素 y,总存在足够大的正整数 k,使得 $y > x + k\alpha$,这也和结论 2 相矛盾.

(iii) $\alpha > 0 > \beta$ 或 $\alpha\beta = 0$.

如果 $\alpha > 0 > \beta$,则取 $\gamma \in (0, \alpha)$ 来代替 β.因为 S_γ 也非空,于是这变成了情形(i).当 $\alpha = 0$ 时,取 $\gamma \in (\beta, 0)$ 代替 α,变成了情形(ii).当 $\beta = 0$ 时,取 $\gamma \in (0, \alpha)$ 代替 β,变成了情形(i).无论如何总是矛盾的.

因此 $f(x) - x$ 是常数.故满足题意的函数只能是 $f(x) = x + c$.经验证,式中的常数 c 无论是多少,函数方程、连续性以及双射都是满足的.

▶ **例 72** 试求所有连续函数 $f: \mathbf{R} \to \mathbf{R}$,使得对一切 $x, y \in \mathbf{R}$,均有

$$f(x + yf(x)) = f(x)f(y). \tag{66}$$

解 🔮

本题的常数解只有 $f(x) \equiv 0$ 以及 $f(x) \equiv 1$ 两个.

将 $x = y = 0$ 代入,得 $f(0) = 1$ 或 $f(0) = 0$. 如果 $f(0) = 0$,那么在式(66)中取 $y = 0$,得 $f(x) \equiv 0$.

于是,对于非常数的解 f,就有 $f(0) = 1$. 首先我们来证明 f 只能取到每一个非零值最多一次. 假设对于 $x_1 < x_2 \in \mathbf{R}$, $f(x_1) = f(x_2) \neq 0$,则在式(66)中取 $x = x_1$, $y = \dfrac{t - x_1}{f(x_1)}$,可知

$$f(t) = f\left(x_1 + \frac{t - x_1}{f(x_1)} f(x_1)\right) = f(x_1) f\left(\frac{t - x_1}{f(x_1)}\right);$$

而取 $x = x_2$, $y = \dfrac{t - x_1}{f(x_1)}$,可知

$$f\left(x_2 + \frac{t - x_1}{f(x_1)} f(x_2)\right) = f(x_2) f\left(\frac{t - x_1}{f(x_1)}\right),$$

因此

$$\begin{aligned}
f(t) &= f(x_1) f\left(\frac{t - x_1}{f(x_1)}\right) \\
&= f(x_2) f\left(\frac{t - x_1}{f(x_1)}\right) \\
&= f\left(x_2 + \frac{t - x_1}{f(x_1)} f(x_2)\right) \\
&= f(t + x_2 - x_1),
\end{aligned}$$

即 $x_2 - x_1$ 是函数 f 的一个周期. 因为 f 是连续的周期函数,故 f 有界. 设 x_0 是使得 $|f(x)|$ 取到最大值的点,即

$$|f(x_0)| = \max_{x \in \mathbf{R}} |f(x)|.$$

如果 $f(x_0) = 0$,那么 $f(x) \equiv 0$,否则在 x_0 的任意小的邻域中一定有 a 和 b,使得 $f(a) = f(b) \neq 0$,这样 $b - a$ 也是周期,这样的周期可以任意小. 而连续函数如果拥有任意小的周期,则它一定是常值函数.

对于满足条件的非常值函数 f,它对每个非零值只能至多取一次. 当 $xy f(x) f(y) \neq 0$,且 $x \neq y$ 时,我们根据式(66),有

$$f(x+yf(x)) = f(x)f(y) = f(y+xf(y)) \neq 0,$$

于是 $x+yf(x) = y+xf(y)$，即

$$\frac{f(x)-1}{x} = \frac{f(y)-1}{y}.$$

因此，当 $xf(x) \neq 0$ 时，$\dfrac{f(x)-1}{x}$ 是一个常数．因为 $f(0)=1$，故存在实数 c，当 $f(x) \neq 0$ 时，$f(x)=cx+1$．再考虑到连续性及 $f(0)=1$，满足条件的解只可能是以下五种情况之一：

$$f(x) \equiv 0; \ f(x) \equiv 1; \ f(x) = cx+1;$$

$$f(x) = \begin{cases} 1-\dfrac{x}{c}, & x \leqslant c, \\ 0, & x > c > 0; \end{cases} \qquad f(x) = \begin{cases} 1-\dfrac{x}{c}, & x \geqslant c, \\ 0, & x < c < 0. \end{cases}$$

经验证，这些函数的确都是原函数方程的解．

 **点评**
....

如果不要求 f 是连续函数，那么狄利克雷函数

$$f(x) = \begin{cases} 1, & x \in \mathbf{Q}, \\ 0, & x \notin \mathbf{R} \backslash \mathbf{Q} \end{cases}$$

也是解．

....

 **知 识 桥**

(四) 大小估计法

有些时候函数方程或者函数不等式中隐含了更深层次的大小关系，需要我们去挖掘．

训 练 营

▶ **例 73** 试求所有函数 $f: \mathbf{R} \to \mathbf{R}$，使得对一切 $x \in \mathbf{R}$，均有

$$f(x+19) \leqslant f(x)+19,$$

$$f(x+94) \geqslant f(x)+94.$$

解 ❓

容易知道,对任意 m, $n \in \mathbf{N}$,

$$f(x+19m) \leqslant f(x)+19m,$$
$$f(x+94n) \geqslant f(x)+94n.$$

因此,一方面 $f(x+95)=f(x+5\times 19) \leqslant f(x)+95$,另一方面 $f(x+95)$
$= f(x+1+94) \geqslant f(x+1)+94$,故

$$f(x+1) \leqslant f(x)+1.$$

另外,一方面 $f(x+18\times 94) \geqslant f(x)+18\times 94$,另一方面 $f(x+1+19\times 89) \leqslant f(x+1)+19\times 89$. 而 $18\times 94=1692=19\times 89+1$,故

$$f(x+1) \geqslant f(x)+1.$$

这样就得到了 $f(x+1)=f(x)+1$. 事实上,所有满足 $f(x+1)=f(x)+1$ 的函数必然满足题中的两个不等式.

故本题所求的函数为 $f(x)=g(\{x\})+[x]$,这里 g 是任意定义在 $[0,1)$ 上的函数,$[x]$ 表示不大于 x 的最大整数,而 $\{x\}=x-[x]$.

▶ **例74** 设函数 $f:[0,1] \to \mathbf{R}^* \bigcup \{0\}$,满足 $f(1)=1$,且对一切 x, y, $x+y \in [0,1]$,均有 $f(x)+f(y) \leqslant f(x+y)$. 求证:$f(x) \leqslant 2x$.

解 ❓

实际上,我们可以证明除了 $x=0$ 之外,均有 $f(x) < 2x$.

在原方程中令 $y=1-x$,可得

$$f(x)+f(1-x) \leqslant f(1)=1.$$

由于 $f \geqslant 0$,故我们可知 $f(x) \leqslant 1$. 并且由 $0 \leqslant f(0) \leqslant 1-f(1)=0$,得知 $f(0)=0$.

在原方程中取 $y=x$,对于 $0 \leqslant x \leqslant \dfrac{1}{2}$,可得

$$2f(x) \leqslant f(2x),$$

根据数学归纳法,对 $x \in [0, 2^{-n}]$,均有

$$2^n f(x) \leqslant f(2^n x), \; n \in \mathbf{N}.$$

如果 $x > \dfrac{1}{2}$，那么

$$f(x) \leqslant 1 < 2x.$$

如果 $0 < x \leqslant \dfrac{1}{2}$，那么必存在正整数 n，使得 $2^{-(n+1)} < x \leqslant 2^{-n}$. 对于这样的正整数 n 和实数 x，利用 $2^n f(x) \leqslant f(2^n x)$，即得

$$2^n f(x) \leqslant f(2^n x) \leqslant 1 < 2^{n+1} x = 2^n (2x),$$

因此

$$f(x) < 2x.$$

于是对任意 $x \in (0, 1]$，$f(x) < 2x$. 又由于 $f(0) = 0$，结论成立.

 **点评**

在本例的证明中，我们巧妙地使用了函数本身的"自相似"性质.

▶ **例 75** 设 $n \geqslant 2$ 是一个给定的正整数. 试确定所有有界函数 $f: (0, a) \to$ **R**，使得

$$f(x) = \frac{1}{n^2} \left(f\left(\frac{x}{n} \right) + f\left(\frac{x+a}{n} \right) + \cdots + f\left(\frac{x+(n-1)a}{n} \right) \right).$$

解

解决此题的关键是发现等式的右端括号中一共有 n 项，而括号外面乘的系数却是 $\dfrac{1}{n^2}$，这样 $f(x)$ 只有后面这些项的平均数的 $\dfrac{1}{n}$. 但是问题又出现了，这里的 n 是固定的正整数，并不能要求它趋向于无穷.

处理方法如下. 因为 $f(x)$ 有界，我们可以假设对所有 $x \in (0, a)$，均有 $| f(x) | \leqslant M$，将它代入到题中的等式里，可得

$$| f(x) | \leqslant \frac{1}{n^2} \underbrace{(M + M + \cdots + M)}_{n \text{个} M} = \frac{M}{n},$$

该式对一切 $x \in (0, a)$ 均成立，因此新的界只有原来的 $\dfrac{1}{n}$. 反复进行上述过程，

由数学归纳法得到

$$|f(x)| \leqslant \frac{M}{n^k}$$

对一切正整数 k 均成立. 再令 $k \to +\infty$, 即知 $|f(x)| \leqslant 0$, 故满足条件的函数只能是 $f(x) \equiv 0$. 容易验证, 它的确满足条件.

▶ **例 76** 试求所有连续函数 $f: \mathbf{R} \to \mathbf{R}$, 使得对任意实数 x, 均有

$$3f(2x+1) = f(x) + 5x.$$

解 ❓

首先尝试一次函数. 容易发现, $f(x) = x - \frac{3}{2}$ 满足条件. 以下我们来证明这是唯一的解.

令 $g(x) = f(x) - \left(x - \frac{3}{2}\right)$, 则 g 也是连续函数, 并且

$$3g(2x+1) = 3\left(f(2x+1) - \left(2x+1-\frac{3}{2}\right)\right)$$

$$= 3f(2x+1) - 6x + \frac{3}{2}$$

$$= f(x) - \left(x - \frac{3}{2}\right) = g(x).$$

任取整数 $N \geqslant 10$. 因为映射 $x \to 2x+1$ 将 $[-N, N]$ 映射到 $[-2N+1, 2N+1]$, 它包含了 $[-N, N]$. 假设 $|g|$ 在 $[-N, N]$ 上的最大值(因为连续故一定存在)为 $M > 0$, 则由于 $g(2x+1) = \frac{g(x)}{3}$, $|g|$ 在 $[-2N+1, 2N+1]$ 上的最大值仅为 $\frac{M}{3}$, 自然限制在 $[-N, N]$ 中也不会超过 $\frac{M}{3}$, 与最大值为 M 矛盾. 故 g 限制在 $[-N, N]$ 上恒等于零.

由 N 的任意性知 $g(x) \equiv 0$, 因此 $f(x) = x - \frac{3}{2}$ 是唯一满足题意的解.

▶ **例 77** 试求满足以下两个条件的所有函数 $f: [1, +\infty) \to [1, +\infty)$:
(1) 对定义域中的任意 x, $f(x) \leqslant 2(1+x)$;

（2）对定义域中的任意 x，$xf(x+1)=f^2(x)-1$.

解 🌐

容易发现 $f(x)=x+1$ 是满足条件的一个函数. 事实上，这是唯一的解.

首先，因为

$$f^2(x)=xf(x+1)+1\leqslant 2x(x+2)+1$$
$$=1+4x+2x^2$$
$$<2(1+2x+x^2)=2(1+x)^2,$$

所以 $f(x)\leqslant\sqrt{2}(1+x)$. 于是

$$f^2(x)=xf(x+1)+1\leqslant\sqrt{2}x(x+2)+1$$
$$=1+2\sqrt{2}x+\sqrt{2}x^2$$
$$<\sqrt{2}(1+2x+x^2)=\sqrt{2}(1+x)^2,$$

故 $f(x)\leqslant 2^{\frac{1}{4}}(1+x)$. 继续这一过程，由数学归纳法可知

$$f(x)<2^{\frac{1}{2^k}}(1+x),k\in\mathbf{N},$$

令 $k\to+\infty$，即得 $f(x)\leqslant 1+x$.

下面我们来证明 $f(x)\geqslant 1+x$. 根据条件（2），

$$f^2(x)=xf(x+1)+1\geqslant x+1,$$

故 $f(x)\geqslant\sqrt{1+x}$. 于是

$$f^2(x)=xf(x+1)+1$$
$$\geqslant x\sqrt{2+x}+1$$
$$\geqslant x^{\frac{3}{2}}+1,$$

故 $f(x)\geqslant\sqrt{1+x^{\frac{3}{2}}}$. 继续这一过程，利用 $x\sqrt{x^{2-2^{-k}}+2}\geqslant x^{2-2^{-k-1}}$，根据数学归纳法可知

$$f(x)\geqslant\sqrt{1+x^{2-2^{-n}}},n\in\mathbf{N},$$

令 $n\to+\infty$，即得 $f(x)\geqslant\sqrt{1+x^2}$. 这样，又有

$$f^2(x)=xf(x+1)+1$$

$$\geqslant x \sqrt{1 + (x+1)^2} + 1$$
$$\geqslant x^2 + x + 1,$$

故 $f(x) \geqslant \sqrt{x^2 + x + 1}$. 然后

$$f^2(x) = x f(x+1) + 1$$
$$\geqslant x \sqrt{(x+1)^2 + (x+1) + 1} + 1$$
$$\geqslant x^2 + \frac{3}{2}x + 1,$$

即 $f(x) \geqslant \sqrt{x^2 + \frac{3}{2}x + 1}$. 因此根据数学归纳法,利用

$$\sqrt{(x+1)^2 + (2 - 2^{-k})(x+1) + 1} \geqslant x + 2 - 2^{-k-1},$$

得

$$f(x) \geqslant \sqrt{x^2 + (2 - 2^{-n})x + 1}, \, n \in \mathbf{N},$$

令 $n \to +\infty$, 即得 $f(x) \geqslant \sqrt{x^2 + 2x + 1} = x + 1$.

因此满足题意的函数只有 $f(x) = x + 1$.

▶ **例 78** 试求所有连续函数 $f: \mathbf{R} \to \mathbf{R}$,使得对一切实数 $x, y \in \mathbf{R}$,均有

$$(1 + f(x)f(y))f(x+y) = f(x) + f(y). \tag{67}$$

解 ❓

在式(67)中取 $x = y = 0$, 可得 $f^3(0) = f(0)$,因此 $f(0) \in \{-1, 0, 1\}$.
以下我们来分三种情况讨论.

(i) 当 $f(0) = -1$ 时,在式(67)中取 $y = 0$, 可得

$$(1 - f(x))f(x) = f(x) - 1,$$

因此对每个 x, $f(x) = \pm 1$. 注意到题中要求 f 是一个连续函数,因此在此情况下 $f(x) \equiv -1$.

(ii) 当 $f(0) = 1$ 时,同样将 $y = 0$ 代入式(67),可得

$$(1 + f(x))f(x) = f(x) + 1.$$

故 $f(x) = \pm 1$,根据连续性知此时 $f(x) \equiv 1$.

(iii) 当 $f(0)=0$ 时, 在式(67)中取 $y=-x$, 可知 $f(-x)+f(x)=0$, 即 f 是奇函数. 而在式(67)中取 $x=y=\dfrac{t}{2}$, 可得

$$f(t)=\frac{2f\left(\dfrac{t}{2}\right)}{1+f^{2}\left(\dfrac{t}{2}\right)}, \tag{68}$$

这很容易让我们想到双曲正切函数 $\tanh x$.

注意到对任意实数 s, $\left|\dfrac{2s}{1+s^{2}}\right|\leqslant 1$, 因此对任意实数 t, $f(t)\in[-1,1]$.

假设对某个 $t_0>0$, 有 $f(t_0)=\pm 1$. 根据式(68)有

$$\pm 2f\left(\frac{t_0}{2}\right)=1+f^{2}\left(\frac{t_0}{2}\right),$$

即 $f\left(\dfrac{t_0}{2}\right)=\pm 1$. 利用数学归纳法, 可证得

$$f\left(\frac{t}{2^{n}}\right)=\pm 1,\ n\in \mathbf{N}.$$

但是 f 的连续性会导致 $f(0)=\pm 1$, 与 $f(0)=0$ 矛盾. 故对任意 $t\in \mathbf{R}$, 均有 $f(t)\in(-1,1)$.

因此, 存在连续函数 $g(t)$, 使得

$$f(t)=\tanh g(t)=\frac{\mathrm{e}^{g(t)}-\mathrm{e}^{-g(t)}}{\mathrm{e}^{g(t)}+\mathrm{e}^{-g(t)}},$$

将之代入式(67), 得

$$\tanh g(x+y)=\frac{\tanh g(x)+\tanh g(y)}{1+\tanh g(x)\tanh g(y)}=\tanh\left(g(x)+g(y)\right).$$

因为 $\tanh$ 函数是单射, 故

$$g(x+y)=g(x)+g(y),\ x,y\in \mathbf{R},$$

而 g 是连续函数, 故根据柯西法的标准过程知 $g(x)=cx$, 因此 $f(x)=\tanh(cx)$.

容易验证函数 $f(x)\equiv 1$, $f(x)\equiv -1$ 及 $f(x)=\tanh(cx)$ 都满足题中的条件.

▶ **例 79** 设 α 是一个固定的非零实数,试求所有连续函数 $f: \mathbf{R} \to \mathbf{R}$,使得

$$f\left(2x - \frac{f(x)}{\alpha}\right) = \alpha x, \quad x \in \mathbf{R}.$$

解 ☯

用一次函数尝试之后容易发现,满足题意的所有一次函数为 $f(x) = \alpha x + \beta$,其中 β 是任意实数.

令

$$g(x) = 2x - \frac{f(x)}{\alpha},$$

则 g 是 $\mathbf{R}$ 上的连续函数. 此外,

$$g(g(x)) = 2g(x) - \frac{f(g(x))}{\alpha} = 2g(x) - x,$$

这个方程和前面利用函数性质求解中的一个例题非常相似,我们可以用类似的办法来求解 $g(x)$. 但是在这里,我们想介绍一种估计 $g(x)$ 大小的新办法.

首先,如果 $g(x) = g(y)$,那么

$$x = 2g(x) - g(g(x)) = 2g(y) - g(g(y)) = y,$$

即 g 是单射. 又由于 g 是连续函数,故 g 一定是严格单调的. 此外,又有

$$g(g(x)) - g(x) = g(x) - x.$$

我们断言 $g(x)$ 在 $\mathbf{R}$ 上是严格递增的. 否则,设 g 是严格递减的. 若 $x < y$,则 $g(x) > g(y)$,$g(g(x)) < g(g(y))$,这样

$$g(x) - x = g(g(x)) - g(x) < g(g(y)) - g(y) = g(y) - y,$$

这与 $g(x) - x > g(y) - y$ 相矛盾.

经计算得

$$g^{(2)}(x) = 2g(x) - x,$$
$$g^{(3)}(x) = 2g^{(2)}(x) - g(x)$$
$$= 4g(x) - 2x - g(x) = 3g(x) - 2x,$$

$$\cdots$$

用数学归纳法,可容易地证得

$$g^{(n)}(x) = ng(x) - (n-1)x, \; x \in \mathbf{R}, \; n \in \mathbf{N}^*,$$

于是

$$g^{(n)}(x) - g^{(n)}(0) = ng(x) - (n-1)x - ng(0)$$
$$= n(g(x) - g(0) - x) + x. \tag{69}$$

由于 g 是严格递增函数,因此当 $x > 0$ 时,$g^{(n)}(x) - g^{(n)}(0) > 0$;而 $x < 0$ 时,$g^{(n)}(x) - g^{(n)}(0) < 0$. 利用式(69),可知

$$\frac{g^{(n)}(x) - g^{(n)}(0)}{n} - \frac{x}{n} = g(x) - x - g(0).$$

令 $n \to +\infty$,即知当 $x > 0$ 时,

$$g(x) \geqslant x + g(0);$$

而当 $x < 0$ 时,

$$g(x) \leqslant x + g(0).$$

这样,当 $x \to \pm\infty$ 时 $g(x) \to \pm\infty$,再利用 g 的连续性可知 g 是满射. 令 $h(x) = g^{(-1)}(x)$,则 $h(x)$ 满足和 $g(x)$ 相同的方程

$$h(h(x)) = 2h(x) - x,$$

且 $h(x) = 2x - g(x)$. 故对一切正整数 n,均有

$$h^{(n)}(x) = nh(x) - (n-1)x,$$

此即

$$g^{(-n)}(x) = 2nx - ng(x) - (n-1)x = -ng(x) - ((-n)-1)x,$$

故式(69)对一切非零整数都成立. 这样就可以在

$$\frac{g^{(n)}(x) - g^{(n)}(0)}{n} - \frac{x}{n} = g(x) - x - g(0)$$

中令 $n \to -\infty$,当 $x > 0$ 时,得到

$$g(x) \leqslant x + g(0);$$

而当 $x < 0$ 时,有

$$g(x) \geqslant x + g(0).$$

因此,对一切 $x \in \mathbf{R}$,均有 $g(x) = x + g(0) = x + c$,于是 $f(x) = \alpha x + \beta$. 经验证,这样的 $f(x)$ 满足题目条件.

3.4 函数方程的应用

函数方程在数学、物理、化学、生物等诸多领域都有广泛的应用,本节我们来举几个简单的例子.

知识桥

一、长度的度量

如果已经有了一个长度单位,为了度量方便起见,还想引入一个新的长度单位. 根据生活经验,我们知道同一条线段在两个长度单位下度量出的长度值一般是不同的,但是其比值是固定的. 其中的道理就可以用函数方程来解释.

假设在旧长度单位下长为 x 的线段在新长度单位下长为 $f(x)$,这样定义的函数 f 是 $\mathbf{R}^* \bigcup \{0\}$ 到 $\mathbf{R}^* \bigcup \{0\}$ 的函数.

如果有两条线段,经度量后长度分别为 x, y 个旧单位,而在新长度单位下,两条线段的长度应为 $f(x)$, $f(y)$. 我们把这两条线段首尾相接,在旧单位制和新单位制下的长度应分别为 $x+y$ 和 $f(x+y)$. 在新单位制下考察这两条线段,即得

$$f(x+y) = f(x) + f(y),$$

因此 f 是定义在非负实数上,满足可加性的函数.

利用柯西法,容易依次证得 $f(0) = 0$(即点在任意单位制下长度都为零),$f(nx) = nf(x)$,$n \in \mathbf{N}$,$f(rx) = rf(x)$,$r \in \mathbf{Q}_+$. 因此对一切 $r \in \mathbf{Q}_+$,$f(r) = rf(1)$. 也就是说,在旧单位制下长度为有理数 r 的线段,在新单位制中的长度恰好是 1 个旧单位长的线段在新单位制下长度的 r 倍.

按照柯西法的标准过程,为了得到旧单位制下长度为无理数的线段在新单位制中的长度,我们还需要对两个单位制之间的转换关系作一个额外的假设,这个假设可以是如下几种之一:

(1) f 是单调递增的,也就是说用旧单位制度量下来比较长的线段在新单

位制下也比较长.

（2）f 是连续的,这可以粗略地理解为旧单位制下长度相差很小的线段在新单位制下长度相差也很小.

（3）f 在某个区间上有界,这表明在旧单位制下长度不超过 1 个单位的线段在新单位制下长度也有一个大小的限制.

这三个条件从应用上来说都是非常自然的,而其中任一个结合可加性条件都可以最终得到 $f(x) = xf(1) = cx$, $x \in [0, +\infty)$ 的结论. 也就是说,在新单位制下度量出的线段的长度是旧单位制下的长度乘以一个固定值,这和我们的生活经验是完全符合的.

二、 矩形面积的度量

让我们来考察最简单的平面图形——矩形的面积. 对于长为 x,宽为 y 的矩形,我们设它的面积为长与宽的函数 $S: \mathbf{R}_+^2 \to \mathbf{R}^*$,于是 S 应满足:

（1）两个宽相同的矩形拼起来,面积为原来两个矩形的面积之和,即

$$S(x+y, z) = S(x, z) + S(y, z);$$

（2）交换矩形的长与宽,面积不变,即

$$S(x, y) = S(y, x);$$

（3）如果一个矩形能够被另一个矩形完全覆盖,则它的面积不大于覆盖它的矩形,即当 $x_1 \leqslant x_2$, $y_1 \leqslant y_2$ 时,

$$S(x_1, y_1) \leqslant S(x_2, y_2).$$

这样,我们在 $S(x+y, z) = S(x, z) + S(y, z)$ 中令 $z = 1$,并令 $S_1(x) = S(x, 1)$,即得

$$S_1(x+y) = S_1(x) + S_1(y),$$

且 S_1 是递增函数. 于是根据柯西法的标准过程,可得

$$S(x, 1) = S_1(x) = xS_1(1) = cx,$$

其中 $c > 0$.

又根据 S 的对称性,对任意固定的 $x > 0$,有 $S(x, y+z) = S(x, y) + S(x, z)$.

令 $S_x'(y) = S(x, y)$,则

$$S'_x(y+z) = S'_x(y) + S'_x(z),$$

且 S'_x 也是递增函数. 因此,根据柯西法的标准过程得

$$S(x, y) = S'_x(y) = yS'_x(1) = dy,$$

其中 $d > 0$,是一个和 x 有关的常数. 结合 $S(x, 1) = 1$,即知 $d = cx$,故 $S(x, y) = cxy$. 这样定义的"面积"函数与长宽的乘积 xy 成正比. 如果我们规定长为 1 个单位,宽为 1 个单位的正方形的面积为 1 平方单位,那么 c 就等于 1,这和我们经验中的面积公式完全吻合.

三、 欧氏空间中的线性变换

线性变换是向量空间中的概念,它指两个向量空间 U 到 V 满足如下条件的映射 f:

$$f(\alpha x + \beta y) = \alpha f(x) + \beta f(y), \alpha, \beta \in \mathbf{R}, x, y \in U.$$

容易证明,该方程等价于

(1) $f(x+y) = f(x) + f(y)$, $x, y \in U$;

(2) $f(\alpha x) = \alpha f(x)$, $\alpha \in \mathbf{R}$, $x \in U$.

在欧氏空间中的线性变换就是指映射 $f: \mathbf{R}^m \to \mathbf{R}^n$,使得

$$f(\alpha x + \beta y) = \alpha f(x) + \beta f(y), \alpha, \beta \in \mathbf{R}, x, y \in \mathbf{R}^m.$$

我们来求它的具体表达式. 这里的 x, y 等均表示 m 维欧氏空间的点,即有 m 个元素的列向量.

首先,取 $\alpha = \beta = 1$,$x = y = 0 \in \mathbf{R}^m$,可得 $f(0) = 2f(0)$,故 $f(0) = 0$(注意这里的两个 0 分别表示 $\mathbf{R}^m$ 中的零向量与 $\mathbf{R}^n$ 中的零向量,意义并不相同).

用 e_i 表示 $\mathbf{R}^m$ 中第 i 个分量为 1,其余分量均为 0 的列向量,$i = 1, 2, \cdots, m$;再用 b_j 表示 $\mathbf{R}^n$ 中第 j 个分量为 1,其余分量均为 0 的列向量,$j = 1, 2, \cdots, n$.

假设 f 作用在 e_i 上的值为 $\sum_{j=1}^{n} a_{ij} b_j$,即

$$f(e_i) = \sum_{j=1}^{n} a_{ij} b_j = \begin{pmatrix} a_{i1} \\ a_{i2} \\ \vdots \\ a_{in} \end{pmatrix}.$$

这样,由于任意 m 维欧氏空间中的向量均可以表示为

$$x = \sum_{i=1}^{m} c_i e_i,$$

故根据函数的线性,可得

$$f(x) = f \begin{pmatrix} c_1 \\ c_2 \\ \vdots \\ c_n \end{pmatrix} = \sum_{i=1}^{m} \sum_{j=1}^{n} a_{ji} c_i b_j,$$

即

$$f \begin{pmatrix} c_1 \\ c_2 \\ \vdots \\ c_n \end{pmatrix} = \begin{pmatrix} \sum_{i=1}^{m} a_{1i} c_i \\ \sum_{i=1}^{m} a_{2i} c_i \\ \vdots \\ \sum_{i=1}^{m} a_{ni} c_i \end{pmatrix}.$$

容易验证,这样的映射 f 满足线性条件. 如果将 (a_{ji}) 表示成矩阵 $\boldsymbol{A}$ 的话,上面的分量表示在矩阵乘法下其实就是

$$f(\boldsymbol{c}_{m \times 1}) = \boldsymbol{A}_{n \times m} \boldsymbol{c}_{m \times 1}.$$

这是线性代数中相当重要的部分.

四、 放射性物质的半衰期

对于放射性物质,我们最熟悉的一个概念就是半衰期. 所谓半衰期,就是单位物质中的放射性成分因衰变而衰减到只有半个单位的时间. 因为放射性物质的衰变过程相当稳定,因此半衰期是一个很精确的值.

我们自然会想,除了半衰期之外,是不是还有别的参数能用来刻画放射性物质的衰变? 如果能够精确地计算出该物质在每一时刻的放射性成分含量则更好.

如果引入高等数学中常微分方程的方法,半衰期为 T 的放射性物质衰变所满足的方程为

$$\frac{\mathrm{d}m}{\mathrm{d}t} = -cm, \ m(0) = 1, \ m(T) = \frac{1}{2},$$

其中 m 是物质的量，c 是"衰变常数"，不同的物质该常数不一样. 上式表明，任一瞬时的衰变速度和该时刻所残留的放射性物质的量成正比.

那么对于没有任何常微分方程基础的读者，有没有更初等的方法呢？答案是有的，我们可以利用函数方程来巧妙地解答这个问题.

我们假设经过时间 t 之后，所残留的放射性物质的量为 $m(t)$：$\mathbf{R}^* \bigcup \{0\} \to \mathbf{R}^* \bigcup \{0\}$，则 $m(0) = 1$. 把经过时间 $t+s$ 的衰减分为两段，第一段从 $m(0)$ 衰减到 $m(t)$，第二段从 $m(t)$ 衰减到 $m(s+t)$，这第二段的时间长度为 s. 因此按之前的假设，衰变速度与残留的放射性物质的量成正比，其衰变应满足

$$\frac{m(s+t)}{m(t)} = \frac{m(s)}{m(0)},$$

即

$$m(0)m(s+t) = m(s)m(t).$$

此外，m 是一个递减的函数.

这是一个标准的柯西方程，利用柯西方程的标准方法可以解得（此处略去过程，可以参见"柯西法"）

$$m(t) = a^t, \ t \geqslant 0,$$

其中 a 是 $(0，1)$ 之间的常数，和物质本身的性质有关. 又因为半衰期为 T，意味着

$$m(T) = \frac{1}{2},$$

因此 $a^T = \frac{1}{2}$，即 $a = \left(\frac{1}{2}\right)^{\frac{1}{T}}$，故衰变方程为

$$m(t) = \left(\frac{1}{2}\right)^{\frac{t}{T}}.$$

五、 泊松过程

泊松过程是随机过程中最著名的过程之一. 假设我们从一个时间 $t = 0$ 开始观察某一随机事件的发生次数（比如接到电话的次数，银行顾客的人数等等），记该事件在时间范围 $(s，s+t]$ 中发生了 k 次的概率为 $P'_{k,s}(t)$，满足以下四个条件的随机过程就称为泊松（Poisson）过程.

(1) 在长为 t 的时间区间 $(s, s+t]$ 内事件发生 k 次的概率和时间的起点 s 无关,只与时间区间的长度 t 有关. 这个条件在概率论中称为平稳性(stationary). 于是函数 $P'_{k,s}(t)$ 与 s 无关,因此把它记为 $P_k(t)$.

(2) 在区间 $(a, b]$ 中事件发生的次数对之后事件的发生没有影响,也就是说某时间段内事件是否发生、发生几次不依赖于该时间段之前该事件的发生情况,这在概率论中被称为无后效性(without after-effects),或无记忆性(memorylessness).

(3) 当 k 取遍所有非负整数时,任意时间段内发生 k 次事件的概率之和等于 1,即

$$\sum_{k=0}^{+\infty} P_k(t) = 1, \ t \geqslant 0.$$

(4) 当时间区间的长度 t 趋向于零时,如果 $k \geqslant 2$,则该段时间内恰发生 k 次事件的概率与该段时间内至少发生一次事件的概率之比也趋向于零,即

$$\lim_{t \to 0} \frac{P_k(t)}{1 - P_0(t)} = 0, \ k \geqslant 2.$$

粗略地说,这其实表明了在瞬时不会发生两次同一事件,该条件也被称为有序性(orderliness).

有了以上四个条件,我们就可以用函数方程的方法来求得 $P_k(t)$ 的具体形式了.

首先我们来求 $P_0(t)$. 根据条件(1)(2),在 $(0, t+s]$ 中事件发生 0 次的概率等于在 $(0, t]$ 中事件发生 0 次的概率乘以在 $(t, t+s]$ 中事件发生 0 次的概率,即

$$P_0(s+t) = P_0(s)P_0(t).$$

而根据 P_0 的定义,可知 P_0 是单调递减的. 故由标准的柯西法,可得

$$P_0(t) = a^t, \ 0 < a < 1,$$

这里的常数 a 和过程本身性质有关,为了之后讨论方便,将其记为

$$P_0(t) = e^{-\lambda t},$$

其中 $\lambda > 0$ 被称为该过程的泊松常数.

然后是 $P_1(t)$. 根据条件(1)(2),在 $(0, s+t]$ 中发生 1 次事件的概率等于在 $(0, s]$ 中发生 1 次并在 $(s, s+t]$ 中发生 0 次,以及在 $(0, s]$ 中发生 0 次并在 $(s,$

$s+t$] 中发生 1 次的概率之和,即

$$P_1(s+t) = P_1(s)P_0(t) + P_0(s)P_1(t).$$

将已求得的 $P_0(t)$ 代入,可得

$$P_1(s+t) = e^{-\lambda t}P_1(s) + e^{-\lambda s}P_1(t),$$

或

$$e^{\lambda(s+t)}P_1(s+t) = e^{\lambda s}P_1(s) + e^{\lambda t}P_1(t).$$

注意到 $P_1(t) \in [0,1]$,故 $e^{\lambda t}P_1(t)$ 也有界,这样利用柯西法,即得 $e^{\lambda t}P_1(t) = ct$,或

$$P_1(t) = e^{-\lambda t}(ct),$$

其中 c 是一个待定正常数.

接下来求 $P_2(t)$. 根据条件(1)(2),可知

$$P_2(s+t) = P_2(s)P_0(t) + P_1(s)P_1(t) + P_0(s)P_2(t),$$

将 P_0, P_1 代入,得

$$P_2(s+t) = e^{-\lambda t}P_2(s) + e^{-\lambda s}P_2(t) + c^2 st e^{-\lambda(s+t)},$$

整理得

$$e^{\lambda(s+t)}P_2(s+t) - \frac{c^2}{2}(s+t)^2$$
$$= \left(e^{\lambda s}P_2(s) - \frac{c^2}{2}s^2\right) + \left(e^{\lambda t}P_2(t) - \frac{c^2}{2}t^2\right).$$

利用 P_2 在零点附近的有界性,根据柯西法得到

$$e^{\lambda t}P_2(t) - \frac{c^2}{2}t^2 = dt,$$

或

$$P_2(t) = e^{-\lambda t}\left(\frac{1}{2}(ct)^2 + dt\right),$$

这里 d 是另一个待定正常数. 而根据条件(4),利用极限的洛必达(L'Hospital)法则可知

$$\lim_{t \to 0} \frac{c^2 t^2 + dt}{1 - e^{-\lambda t}} = \frac{d}{\lambda},$$

故 $d = 0$，这样

$$P_2(t) = e^{-\lambda t}\left(\frac{1}{2}(ct)^2\right).$$

和求得 P_2 的过程一样，利用数学归纳法容易得到

$$P_k(t) = e^{-\lambda t}\frac{(ct)^k}{k!}, \ k = 0, 1, 2, \cdots$$

最后来确定常数 c. 利用条件(3)，可得

$$1 = e^{-\lambda t}\sum_{k=0}^{+\infty}\frac{(ct)^k}{k!} = e^{(c-\lambda)t},$$

解得 $c = \lambda$，即泊松过程的分布函数为

$$P_k(t) = e^{-\lambda t}\frac{(\lambda t)^k}{k!}.$$

六、 平行四边形公式与三角不等式

在平面向量的分析中，我们很熟悉平行四边形公式

$$|\vec{x} + \vec{y}|^2 + |\vec{x} - \vec{y}|^2 = 2|\vec{x}|^2 + 2|\vec{y}|^2,$$

以及三角不等式

$$|\vec{x} + \vec{y}| \leqslant |\vec{x}| + |\vec{y}|.$$

它们之间有什么联系呢？事实上，平行四边形公式是三角不等式的一个充分条件，而平行四边形公式还可以用来导出"内积"的概念.

训练营

▶**例 1** 设 $f: \mathbf{R}^n \to \mathbf{R}$，满足以下两个条件：

(1) 对一切 $x \in \mathbf{R}^n$，均有 $f(x) \geqslant 0$；

(2) 对一切 $x, y \in \mathbf{R}^n$，均有

$$f^2(x+y) + f^2(x-y) = 2f^2(x) + 2f^2(y).$$

证明：对一切 $x, y \in \mathbf{R}^n$，均有

$$f(x+y) \leqslant f(x) + f(y).$$

证明 🔍

首先在条件(2)中取 $x = y = 0$，得到 $f(0) = 0$. 再在条件(2)中仅取 $x = 0$，可得

$$f^2(y) + f^2(-y) = 2f^2(y),$$

故 $f^2(-y) = f^2(y)$. 因为 f 是非负的, 故

$$f(y) = f(-y), \quad y \in \mathbf{R}.$$

定义二元函数 $g: \mathbf{R}^n \times \mathbf{R}^n \rightarrow \mathbf{R}$，

$$g(x, y) = \frac{1}{4}(f^2(x+y) - f^2(x-y)),$$

这就是由平行四边形法则所导出的"内积". 于是

$$g(x, x) = \frac{1}{4}f^2(2x) = f^2(x) \geqslant 0.$$

再根据刚才证明的 f 的对称性, 可得

$$g(x, y) = \frac{1}{4}(f^2(x+y) - f^2(x-y))$$
$$= \frac{1}{4}(f^2(y+x) - f^2(y-x))$$
$$= g(y, x).$$

考察

$$g(x+y, z) = \frac{1}{4}(f^2(x+y+z) - f^2(x+y-z))$$
$$= \frac{1}{4}(2f^2(x+z) + 2f^2(y) - f^2(x-y+z) - f^2(x+y-z))$$
$$= \frac{1}{4}(2f^2(x+z) + 2f^2(y) - (f^2(x-(y-$$

$$z)) + f^2(x + (y - z))))$$

$$= \frac{1}{4}(2f^2(x+z) + 2f^2(y) - 2f^2(x) -$$

$$2f^2(y-z)).$$

根据条件(2),可得

$$2f^2(x+z) - 2f^2(x) = f^2(x+z) + f^2(x+z) - 2f^2(x)$$

$$= f^2(x+z) + 2f^2(z) - f^2(x-z),$$

以及

$$2f^2(y) - 2f^2(y-z) = 2f^2(y) - f^2(y-z) - f^2(y-z)$$

$$= f^2(y+z) - 2f^2(z) - f^2(y-z).$$

将以上两式的结果代入,可得

$$g(x+y,\ z) = \frac{1}{4}(f^2(x+z) + 2f^2(z) - f^2(x-z)$$

$$+ f^2(y+z) - 2f^2(z) - f^2(y-z))$$

$$= \frac{1}{4}(f^2(x+z) - f^2(x-z) + f^2(y+z) -$$

$$f^2(y-z))$$

$$= g(x,z) + g(y,\ z),$$

因此 g 在第一个变量上是可加的. 因为 g 是对称的,故它在第二个变量上也可加,即

$$g(x+y,\ u+v) = g(x,\ u) + g(y,\ u) + g(x,\ v) + g(y,\ v).$$

利用 g 在每个变量上的可加性,可得

$$g(mx,\ y) = mg(x,\ y),\ m \in \mathbf{N}^*.$$

由于 $g(0,\ y) = 0$,且 $g(x,\ y) = -g(-x,\ y)$,故

$$g(mx,\ y) = mg(x,\ y),\ m \in \mathbf{Z},$$

再利用柯西法的标准过程,可得

$$g(rx,\ y) = rg(x,\ y),\ r \in \mathbf{Q}.$$

于是,对任意 $r \in \mathbf{Q}$ 和 $x, y \in \mathbf{R}^n$,均有

$$0 \leqslant f^2(rx+y) = g(rx+y, rx+y)$$
$$= r^2 g(x, x) + 2rg(x, y) + g(y, y).$$

因为该不等式对所有的有理数 r 均成立,所以无论 $g(x, x)$ 是否等于零,均有

$$g^2(x, y) \leqslant g(x, x)g(y, y),$$

或
$$\mid g(x, y) \mid \leqslant f(x)f(y).$$

这样,

$$f^2(x+y) = g(x+y, x+y)$$
$$= g(x, x) + g(y, y) + 2g(x, y)$$
$$\leqslant f^2(x) + f^2(y) + 2f(x)f(y)$$
$$= (f(x) + f(y))^2.$$

故欲证的三角不等式成立.

演 习 场

习题 3.b

1. 设 $f(x)$ 是定义在 **R** 上的函数,若 $f(0) = 1008$,且对任意 $x \in \mathbf{R}$,满足

$$f(x+4) - f(x) \leqslant 2(x+1), \quad f(x+12) - f(x) \geqslant 6(x+5),$$

求 $\dfrac{f(2016)}{2016}$ 的值.

2. 假设分式函数 f(注:分式函数即两个多项式的商)满足性质 $f(x) = f\left(\dfrac{1}{x}\right)$. 证明:$f$ 是关于 $x + \dfrac{1}{x}$ 的函数.

3. 试求所有复系数多项式 $P(x)$,使得

$$P((x+1)^2) = P(x^2) + 2x + 1.$$

4. 是否存在定义域为 **R** 的实值函数 f,使得

$$f(1 + f(x)) = 1 - x, \quad f(f(x)) = x?$$

5. 试求所有函数 $f: \mathbf{R} \to \mathbf{R}$,使得

$$f(f(x) + yz) = x + f(y)f(z).$$

6. 试求所有函数 $f: \mathbf{R} \to [0, +\infty)$,使得

$$f(x^2 + y^2) = f(x^2 - y^2) + f(2xy).$$

7. 试求所有函数 $f: \mathbf{Q}^* \to \mathbf{Q}^*$,使得

(1) $f(x) + f\left(\dfrac{1}{x}\right) = 1$;

(2) $f(f(x)) = \dfrac{f(x+1)}{f(x)}$.

8. 设 α 是给定的实数. 试求所有函数 $f: (0, +\infty) \to (0, +\infty)$,满足

$$\alpha x^2 f\left(\dfrac{1}{x}\right) + f(x) = \dfrac{x}{1+x}.$$

9. 设 $n(\geqslant 2)$ 是一个正整数. 试求所有函数 $f: \mathbf{R} \to \mathbf{R}$,使得

$$f(f^n(x) + y) = x^n + f(y).$$

10. 试求所有函数 f, g: $\mathbf{R} \to \mathbf{R}$，使得

$$f(x+g(y)) = xf(y) - yf(x) + g(x).$$

11. 试求所有函数 f: $\mathbf{R} \to [0, +\infty)$，使得

$$2f(xy) + 2f(xz) - 4f(x)f(yz) \geqslant 1.$$

12. 设 f: $\mathbf{Q} \to \{0, 1\}$，满足 $f(0) = 0$，$f(1) = 1$，且

$$f(x) = f(y) \Rightarrow f(x) = f(y) = f\left(\frac{x+y}{2}\right).$$

证明：当 $x \geqslant 1$ 时，$f(x) = 1$.

13. 试确定所有连续函数 f, g, h: $\mathbf{R} \to \mathbf{R}$，使得

$$f(x+y) = g(x) + h(y).$$

14. 试确定所有连续函数 f: $\mathbf{R}^n \to \mathbf{R}$，使得

$$f(x_1 + y_1, x_2 + y_2, \cdots, x_n + y_n)$$
$$= f(x_1, x_2, \cdots, x_n) + f(y_1, y_2, \cdots, y_n).$$

15. 试确定所有连续函数 f: $\mathbf{R} \to \mathbf{C}$，使得

(1) $f(x_1 + x_2 + \cdots + x_{2002}) = f(x_1)f(x_2)\cdots f(x_{2002})$；

(2) $\overline{f(2002)}f(x) = f(2002)\overline{f(x)}$.

16. 求所有满足下列条件的二元函数 f: $\mathbf{R} \times \mathbf{R} \to \mathbf{R}$：

(1) 对任意 $x, y \in \mathbf{R}$，有 $f(x, y) = f(y, x)$；

(2) 对任意 $x, y, z \in \mathbf{R}$，有

$(f(x, y) - f(x, z))(f(x, y) - f(y, z))(f(x, z) - f(y, z)) = 0$；

(3) 对任意 $x, y, a \in \mathbf{R}$，有

$$f(x+a, y+a) = f(x, y) + a;$$

(4) $f(0, x)$ 作为 x 的函数在 $\mathbf{R}$ 上单调不减.

17. 设 m, n 是正整数，定义：

$f(x) = (x-1)(x^2-1)\cdots(x^n-1)$，$g(x) = (x^{m+1}-1)(x^{m+2}-1)\cdots(x^{m+n}-1)$.

证明：存在 mn 次整系数多项式 $h(x)$，满足 $f(x)h(x) = g(x)$，并且 $h(x)$ 的 $mn+1$ 个系数均为正整数.

▶▶ 参考答案及提示 ◀◀

习题 1

1. 由 $f(x)$ 为奇函数,且其图像关于直线 $x=2$ 对称,知 $f(-x)=-f(x)$,且 $f(2-x)=f(2+x)$. 所以

$$f(x+4)=f(-x)=-f(x),\ f(x+8)=-f(x+4)=f(x).$$

故 $f(x)$ 是以 8 为周期的周期函数.

又 $f(3)=f(1)=2,\ f(4)=f(0)=0.$ 所以

$$f(-100)+f(-101)=f(4)+f(3)=0+2=2.$$

2. 依题意,有

$$f(x+2)=(x+2)+g(x+2)=x+g(x)+2=f(x)+2.$$

因为 $f(x)$ 在区间 $[2,4)$ 上的最大值为 1,所以 $f(x)$ 在区间 $[4,6)$ 上的最大值为 3,在区间 $[6,8)$ 上的最大值为 5,在区间 $[8,10)$ 上的最大值为 7,在区间 $[10,12)$ 上的最大值为 9.

3. $f(x)=\dfrac{1}{(x+1)^{\frac{2}{3}}+(x+1)^{\frac{1}{3}}(x-1)^{\frac{1}{3}}+(x-1)^{\frac{2}{3}}}$

$$=\dfrac{(x+1)^{\frac{1}{3}}-(x-1)^{\frac{1}{3}}}{(x+1)-(x-1)}$$

$$=\dfrac{(x+1)^{\frac{1}{3}}-(x-1)^{\frac{1}{3}}}{2},$$

故 $f(1)+f(3)+\cdots+f(2021)$

$$=\dfrac{(1+1)^{\frac{1}{3}}-(1-1)^{\frac{1}{3}}}{2}+\dfrac{(3+1)^{\frac{1}{3}}-(3-1)^{\frac{1}{3}}}{2}+\cdots+$$

$$\dfrac{(2021+1)^{\frac{1}{3}}-(2021-1)^{\frac{1}{3}}}{2}$$

$$= \frac{(2022)^{\frac{1}{3}}}{2}.$$

4. 不妨设 $0 \leqslant x_1 < x_2 \leqslant 1$.

当 $x_2 - x_1 \leqslant \dfrac{1}{2}$ 时,由条件直接可得结论.

当 $x_2 - x_1 > \dfrac{1}{2}$ 时,由 $f(0) = f(1)$,可得

$$
\begin{aligned}
| f(x_1) - f(x_2) | &= | f(x_1) - f(0) + f(1) - f(x_2) | \\
&\leqslant | f(x_1) - f(0) | + | f(1) - f(x_2) | \\
&< x_1 - 0 + 1 - x_2 \\
&= 1 - (x_2 - x_1) \\
&< \frac{1}{2}.
\end{aligned}
$$

5. $f(2) = (x^2 + 2x + 7) + \dfrac{64}{x^2 + 2x + 7} - 1.$

令 $y = x^2 + 2x + 7$,则 $y \in [6, 10]$.

在区间 $[6, 8]$ 上,$y + \dfrac{64}{y} - 1$ 递减;

在区间 $[8, 10)$ 上,$y + \dfrac{64}{y} - 1$ 递增.

当 $y = 6$ 时,$f(x) = 15\dfrac{2}{3}$;

当 $y = 8$ 时,$f(x) = 15$;

当 $y = 10$ 时,$f(x) = 15\dfrac{2}{5}.$

因此 $f(x)$ 的值域为 $\left[15, 15\dfrac{2}{3}\right].$

6. (1) $f(x + a + a) = \dfrac{1 - \dfrac{1 - f(x)}{1 + f(x)}}{1 + \dfrac{1 - f(x)}{1 + f(x)}}$

$$
\begin{aligned}
&= \frac{1 + f(x) - 1 + f(x)}{1 + f(x) + 1 - f(x)} \\
&= f(x).
\end{aligned}
$$

故 $f(x)$ 是以 $2a$ 为周期的周期函数.

(2) $f(x+a+a) = \dfrac{1 + \dfrac{1+f(x)}{1-f(x)}}{1 - \dfrac{1+f(x)}{1-f(x)}}$

$\qquad\qquad = \dfrac{1-f(x)+1+f(x)}{1-f(x)-1-f(x)}$

$\qquad\qquad = -\dfrac{1}{f(x)},$

$$f(x+3a) = \dfrac{1 + \dfrac{1}{-f(x)}}{1 - \dfrac{1}{-f(x)}}$$

$$\qquad\qquad = \dfrac{f(x)-1}{f(x)+1},$$

$$f(x+4a) = \dfrac{1 + \dfrac{f(x)-1}{f(x)+1}}{1 - \dfrac{f(x)-1}{f(x)+1}}$$

$$\qquad\qquad = \dfrac{f(x)+1+f(x)-1}{f(x)+1-f(x)+1}$$

$$\qquad\qquad = f(x).$$

故 $f(x)$ 是以 $4a$ 为周期的周期函数.

7. 因为对函数 $f(x) = \dfrac{x}{x+t}$ $(t>0)$,当 $x>-t$ 时单调递增.

所以原式左边 $> \dfrac{x+a}{x+a+c+r} + \dfrac{z+c}{z+a+c+r} >$

$$\dfrac{x+a+z+c}{x+z+a+c+r} > 右边.$$

8. 方法一 设 $f(x)=x^2+ax+b$,$g(x)=x^2+cx+d$,则由题设条件可得

$$20(1-a+b)=21(1-c+d), \tag{1}$$

$$20(1+a+b)=21(1+c+d), \tag{2}$$

式(1)(2)左右两边分别相加,得 $40+40b=42+42d$,故

$$20b = 1 + 21d.$$

式(1)(2)左右两边分别相减,得 $-40a = -42c$,故

$$20a = 21c.$$

另由 $g(6) = 35$,得

$$36 + 6c + d = 35.$$

所以

$$36 + 6 \times \frac{20}{21}a + \frac{20b-1}{21} = 35, 6a + b = -1,$$

故

$$f(6) = 36 + 6a + b = 35.$$

方法二 设 $h(x) = 21g(x) - 20f(x)$,则由条件知 $h(x)$ 是二次项系数为 1 的二次函数. 又

$$h(-1) = 21g(-1) - 20f(-1) = 0,$$

$$h(1) = 21g(1) - 20f(1) = 0,$$

所以

$$h(x) = (x+1)(x-1) = x^2 - 1.$$

因此

$$h(6) = 21g(6) - 20f(6) = 6^2 - 1 = 35.$$

所以

$$21 \times 35 - 20f(6) = 35,$$

故 $f(6) = 35$.

9. 设 $\varphi(x) = k^{-\frac{x}{T}} f(x)$,

则

$$\varphi(x+T) = k^{-\frac{x+T}{T}} f(x+T)$$

$$= k^{-\frac{x+T}{T}+1} f(x)$$

$$= \varphi(x),$$

即 $\varphi(x)$ 是以 T 为周期的函数.

而

$$f(x) = k^{\frac{x}{T}} \varphi(x) = (k^{\frac{1}{T}})^x \varphi(x),$$

其中 $k^{\frac{1}{T}}$ 为正常数.

10. 令 $f(x) = ax^2 + bx + c + k\left(x + \dfrac{b}{2a}\right)$.

设原方程两根为 x_1,x_2,则

$$x_1 = \frac{-b + \sqrt{b^2 - 4ac}}{2a}, \quad x_2 = \frac{-b - \sqrt{b^2 - 4ac}}{2a}.$$

代入 $f(x)$,计算得

$$f(x_1) = \frac{k\sqrt{b^2 - 4ac}}{2a}, \; f(x_2) = \frac{-k\sqrt{b^2 - 4ac}}{2a},$$

正好互为相反数,故 $f(x) = 0$ 至少有一个根在 x_1, x_2 之间.

11. 令 $t = x - \dfrac{1}{x}$,则 $f(t) = t^2 + 3$.

故 $$f(x+1) = (x+1)^2 + 3 = x^2 + 2x + 4.$$

12. 令 $t = 2x - 1$,则 $x = \dfrac{t+1}{2}$,

$$f(t) = \frac{(t+1)^2}{4}.$$

故 $$f(f(x)) = \frac{\left(\dfrac{(x+1)^2}{4} + 1\right)^2}{4} = \frac{((x+1)^2 + 4)^2}{64}.$$

因此,$f(f(x))$ 的值域为 $\left[\dfrac{1}{4}, +\infty\right)$.

13. 由 $f(f(x)) > x$ 可得 $f^2(x) + 2af(x) + a > x$,

即 $$(x^2 + 2ax + a)^2 + 2a(x^2 + 2ax + a) - x + a > 0,$$

$$(x^2 + 2ax + a)^2 + (2a+1)(x^2 + 2ax + a) - x(x + 2a + 1) > 0,$$

$$(x^2 + 2ax + a + x + 2a + 1)(x^2 + 2ax + a - x) > 0,$$

$$(x^2 + (2a+1)x + 3a + 1)(x^2 + (2a-1)x + a) > 0,$$

所以 $\begin{cases} x^2 + (2a+1)x + 3a + 1 > 0, \\ x^2 + (2a-1)x + a > 0 \end{cases}$ 对任意 $x \in \mathbf{R}$ 恒成立.

于是

$$\begin{cases} \Delta_1 = (2a+1)^2 - 4(3a+1) < 0, \\ \Delta_2 = (2a-1)^2 - 4a < 0, \end{cases}$$

解得

$$\begin{cases} 1 - \dfrac{\sqrt{7}}{2} < a < 1 + \dfrac{\sqrt{7}}{2}, \\ 1 - \dfrac{\sqrt{3}}{2} < a < 1 + \dfrac{\sqrt{3}}{2}, \end{cases}$$

所以 $1 - \dfrac{\sqrt{3}}{2} < a < 1 + \dfrac{\sqrt{3}}{2}$.

14. 用 $m(M)$ 表示集合 M 的特征值,用 Γ 表示集合 X 的非空子集全体.

对任意 $A\in\Gamma$,定义集合 $A^*=\{n+1-a\,|\,a\in A\}\in\Gamma$,所以 $A\rightarrow A^*$ 是 Γ 到自身的一一对应.注意到 A 中最大(小)的数与 A^* 中最小(大)的数相加得 $n+1$,所以 $m(A)+m(A^*)=2(n+1)$.故所求特征值之和为

$$\sum_{A\in\Gamma}m(A)=\frac{1}{2}\sum_{A\in\Gamma}(m(A)+m(A^*))=(n+1)\,|\,\Gamma\,|=(n+1)(2^n-1).$$

15. 取 $A=\{-1,1\}$,$B=\{1\}$,$X=Y=\mathbf{R}$,$f(x)=x^2$,则

$$\complement_{f(A)}f(B)=\varnothing,$$

故 $$f(\complement_A B)\neq\complement_{f(A)}f(B).$$

当 f 是单射时,由一一对应的性质可知原命题成立.

16. 作映射 φ:$(a,b,c,d)\rightarrow(a,b,c+1,d+1)$,则

$$1\leqslant a<b<c+1<d+1\leqslant n+1.$$

满足条件的四元有序数组共有 C_{n+1}^4 个.

17. 当 $1\leqslant x\leqslant 2$ 时,$f(x)=x-1$;

当 $2\leqslant x\leqslant 3$ 时,$f(x)=3-x$.

用数学归纳法易证,对一切非负整数 n,当 $2\cdot 3^n\leqslant x\leqslant 2\cdot 3^{n+1}$ 时,$f(x)=|\,x-3^{n+1}\,|$.

$$2\cdot 3^6=1458<2004<4374=2\cdot 3^7,$$

故 $$f(2004)=|\,2004-3^7\,|=183.$$

又 $$2\cdot 3^4=162<183+3^5=426<486=2\cdot 3^5,$$

故 $$f(426)=|\,426-3^5\,|=183.$$

因此满足条件的最小实数 $x=426$.

18. $f\left(\dfrac{1}{2}\right)=f\left(\dfrac{0+1}{2}\right)=af(1)=a,$

$$f\left(\frac{1}{4}\right)=f\left(\frac{0+\frac{1}{2}}{2}\right)=a^2,$$

又 $$f\left(\frac{1}{4}\right)=f\left(\frac{\frac{1}{2}+0}{2}\right)=a-a^2,$$

故 $a^2=a-a^2$,解得 $a=\dfrac{1}{2}$,即

$$f\left(\frac{x+y}{2}\right)=\frac{1}{2}f(x)+\frac{1}{2}f(y).$$

取 $y=0$,得 $f(x)=2f\left(\frac{x}{2}\right),$

故 $$f\left(\frac{4}{7}\right)=2f\left(\frac{2}{7}\right)=4f\left(\frac{1}{7}\right).$$

另一方面,$f\left(\frac{4}{7}\right)=f\left(\dfrac{\frac{1}{7}+1}{2}\right)=\frac{1}{2}f\left(\frac{1}{7}\right)+\frac{1}{2},$

故 $$4f\left(\frac{1}{7}\right)=\frac{1}{2}f\left(\frac{1}{7}\right)+\frac{1}{2},$$

解得 $$f\left(\frac{1}{7}\right)=\frac{1}{7}.$$

19. 不妨设 $|A_1|=k$. 设在 $A_1,A_2,\cdots,A_n$ 中与 A_1 不相交的集合有 s 个,将它们重新记为 $B_1,B_2,\cdots,B_s$;设包含 A_1 的集合有 t 个,将它们重新记为 $C_1,C_2,\cdots,C_t$,由条件知,$(B_i\bigcup A_1)\in S$,即 $(B_i\bigcup A_1)\in\{C_1,C_2,\cdots,C_t\}$,这样我们得到一个映射

$$f:\{B_1,B_2,\cdots,B_s\}\rightarrow\{C_1,C_2,\cdots,C_t\},\ f(B_i)=B_i\bigcup A_1.$$

显然 f 是单射,于是 $s\leqslant t$.

设 $A_1=\{a_1,a_2,\cdots,a_k\}$. 在 $A_1,A_2,\cdots,A_n$ 中除去 $B_1,B_2,\cdots,B_s,C_1,C_2,\cdots,C_t$ 后,在剩下的 $n-s-t$ 个集合中,设包含 a_i 的集合有 x_i 个 $(1\leqslant i\leqslant k)$. 由于剩下的 $n-s-t$ 个集合中每个集合与 A_1 的交非空,即包含某个 a_i,从而

$$x_1+x_2+\cdots+x_k\geqslant n-s-t.$$

不妨设 $x_1=\max_{1\leqslant i\leqslant k}x_i$,则由上式知 $x_1\geqslant\dfrac{n-s-t}{k}$,即在剩下的 $n-s-t$ 个集合中,包含 a_1 的集合至少有 $\dfrac{n-s-t}{k}$ 个. 又由于 $A_1\subseteq C_i(i=1,2,\cdots,t)$,故 $C_1,C_2,\cdots,C_t$ 都包含 a_1,因此包含 a_1 的集合个数至少为

$$\frac{n-s-t}{k}+t=\frac{n-s+(k-1)t}{k}\geqslant\frac{n-s+t}{k}\ (利用\ k\geqslant 2)$$

$$\geqslant\frac{n}{k}\ (利用\ t\geqslant s).$$

20. 已知条件可转化为:对任意实数 x,y,有

$$(ax^2y^2+b)+(a(x+y)^2+b)\geqslant(ax^2+b)(ay^2+b). \tag{3}$$

先寻找 a,b 所满足的必要条件.

在式(3)中令 $y=0$，得 $b+(ax^2+b)\geqslant b(ax^2+b)$，即对任意实数 x，有

$$(1-b)ax^2+b(2-b)\geqslant 0.$$

因为 $a>0$，所以 ax^2 可取到任意大的正值，因此必有 $1-b\geqslant 0$，即 $0<b\leqslant 1$．

在式(3)中再令 $y=-x$，得 $(ax^4+b)+b\geqslant(ax^2+b)^2$，即对任意实数 x，有

$$(a-a^2)x^4-2abx^2+(2b-b^2)\geqslant 0. \tag{4}$$

将式(4)左边记为 $g(x)$．显然 $a-a^2\neq 0$（否则，由 $a>0$ 可知 $a=1$，此时 $g(x)=-2bx^2+(2b-b^2)$，其中 $b>0$，故 $g(x)$ 可取到负值，矛盾）．于是

$$g(x)=(a-a^2)\left(x^2-\frac{ab}{a-a^2}\right)^2-\frac{(ab)^2}{a-a^2}+(2b-b^2)$$

$$=(a-a^2)\left(x^2-\frac{b}{1-a}\right)^2+\frac{b}{1-a}\,(2-2a-b)\geqslant 0$$

对一切实数 x 成立，从而必有 $a-a^2>0$，即 $0<a<1$．

进一步，考虑到此时 $\frac{b}{1-a}>0$，再根据 $g\left(\sqrt{\frac{b}{1-a}}\right)=\frac{b}{1-a}\,(2-2a-b)\geqslant 0$，可得 $2a+b\leqslant 2$．

至此，求得 a,b 满足的必要条件如下：

$$0<b\leqslant 1,\ 0<a<1,\ 2a+b\leqslant 2. \tag{5}$$

下面证明：对满足式(5)的任意实数对 (a,b) 及任意实数 x,y，式(3)总是成立，即

$$h(x,y)=(a-a^2)x^2y^2+a(1-b)(x^2+y^2)+2axy+(2b-b^2),$$

x,y 取任意非负值．

事实上，当式(5)成立时，有 $a(1-b)\geqslant 0$，$a-a^2>0$，$\frac{b}{1-a}(2-2a-b)\geqslant 0$，再结合 $x^2+y^2\geqslant -2xy$，可得

$$h(x,y)\geqslant(a-a^2)x^2y^2+a(1-b)(-2xy)+2axy+(2b-b^2)$$

$$=(a-a^2)x^2y^2+2abxy+(2b-b^2)$$

$$=(a-a^2)\left(xy+\frac{b}{1-a}\right)^2+\frac{b}{1-a}\,(2-2a-b)\geqslant 0.$$

综上所述，所求的正实数对 (a,b) 全体为 $\{(a,b)\,|\,0<b\leqslant 1,0<a<1,2a+b\leqslant 2\}$．

习题 2

1. $f(5)=19\times 5+89\equiv 4\pmod{10}$，

$$f^{(2)}(5)\equiv 19\times 4+89\equiv 5\pmod{10},$$

故

$$f^{(100)}(5)\equiv 5\pmod{10}.$$

2. $f(1990)=3+9+6+1+1=20,$

$$f^{(2)}(1990) = f(20) = 4 + 1 = 5,$$

$$f^{(3)}(1990) = f(5) = 2 + 5 + 1 = 8,$$

$$f^{(4)}(1990) = f(8) = 6 + 4 + 1 = 11,$$

$$f^{(5)}(1990) = f(11) = 1 + 2 + 1 + 1 = 5.$$

故 $$f^{(100)}(1990) = f^{(4)}(1990) = 11.$$

3. $f(x) = \begin{cases} 1 - 2x, & 0 \leqslant x < \dfrac{1}{2}, \\ 2x - 1, & \dfrac{1}{2} \leqslant x \leqslant 1. \end{cases}$

$$f(f(x)) = \begin{cases} 2(1-2x) - 1 = 1 - 4x, & 0 \leqslant x < \dfrac{1}{4}, \\ 1 - 2(1-2x) = 4x - 1, & \dfrac{1}{4} \leqslant x < \dfrac{1}{2}, \\ 1 - 2(2x-1) = 3 - 4x, & \dfrac{1}{2} \leqslant x < \dfrac{3}{4}, \\ 2(2x-1) - 1 = 4x - 3, & \dfrac{3}{4} \leqslant x \leqslant 1. \end{cases}$$

$$f(f(f(x))) = \begin{cases} 2(1-4x) - 1 = 1 - 8x, & 0 \leqslant x < \dfrac{1}{8}, \\ 1 - 2(1-4x) = 8x - 1, & \dfrac{1}{8} \leqslant x < \dfrac{1}{4}, \\ 1 - 2(4x-1) = 3 - 8x, & \dfrac{1}{4} \leqslant x < \dfrac{3}{8}, \\ 2(4x-1) - 1 = 8x - 3, & \dfrac{3}{8} \leqslant x < \dfrac{1}{2}, \\ 2(3-4x) - 1 = 5 - 8x, & \dfrac{1}{2} \leqslant x < \dfrac{5}{8}, \\ 1 - 2(3-4x) = 8x - 5, & \dfrac{5}{8} \leqslant x < \dfrac{3}{4}, \\ 1 - 2(4x-3) = 7 - 8x, & \dfrac{3}{4} \leqslant x < \dfrac{7}{8}, \\ 2(4x-3) - 1 = 8x - 7, & \dfrac{7}{8} \leqslant x \leqslant 1. \end{cases}$$

故 $f(f(f(x))) = \dfrac{x}{2}$ 的解共有 8 个.

4. 当 $x \in \left[0, \dfrac{1}{3}\right)$ 时, $f(x) \in \left[\dfrac{1}{3}, 1\right)$;

当 $x \in \left[\dfrac{1}{3}, 1\right]$ 时, $f(x) \in [0, 1]$.

我们找一个 $x_0 \in \left[0, \dfrac{1}{3}\right)$, 以及 x_1, x_2, x_3, $x_4 \in \left[\dfrac{1}{3}, 1\right]$.

易知 $f(x)$ 在区间 $\left[\dfrac{1}{3}, 1\right]$ 上的迭代表达式为

$$f^{(n)}(x) = \left(-\dfrac{3}{2}\right)^n \left(x - \dfrac{3}{5}\right) + \dfrac{3}{5},$$

于是

$$2x_0 + \dfrac{1}{3} = x_1,$$

$$\left(-\dfrac{3}{2}\right)^4 \left(x_1 - \dfrac{3}{5}\right) + \dfrac{3}{5} = x_0,$$

联立解得

$$x_0 = \dfrac{6}{73}, \quad x_1 = \dfrac{109}{219},$$

从而

$$x_2 = f(x_1) = \dfrac{3\left(1 - \dfrac{109}{219}\right)}{2} = \dfrac{55}{73},$$

$$x_3 = f(x_2) = \dfrac{3\left(1 - \dfrac{55}{73}\right)}{2} = \dfrac{27}{73},$$

$$x_4 = f(x_3) = \dfrac{3\left(1 - \dfrac{27}{73}\right)}{2} = \dfrac{69}{73}.$$

5. $f^{(2)}(x) = \dfrac{\dfrac{x+6}{x+2} + 6}{\dfrac{x+6}{x+2} + 2} = \dfrac{7x+18}{3x+10},$

$$f^{(3)}(x) = \dfrac{\dfrac{7x+18}{3x+10} + 6}{\dfrac{7x+18}{3x+10} + 2} = \dfrac{25x+78}{13x+38},$$

$$f^{(4)}(x) = \dfrac{\dfrac{25x+78}{13x+38}+6}{\dfrac{25x+78}{13x+38}+2} = \dfrac{103x+306}{51x+154},$$

猜测

$$f^{(n)}(x) = \dfrac{(2(-4)^n+3)x+6((-4)^n-1)}{((-4)^n-1)x+3(-4)^n+2}.$$

可用数学归纳法证明之.

6. 令 $x = \varphi(t) = \dfrac{1+\cos t}{2}$，则 $f(x) = f(\varphi(t)) = \varphi(2t)$，

$$\varphi^{-1}(x) = \arccos(2x-1).$$

由共轭函数法，可得

$$f^{(n)}(x) = \dfrac{1}{2}(1+\cos(2^n\arccos(2x-1))), \, 0 \leqslant x \leqslant 1.$$

题中方程即

$$\cos(2^n\arccos(2x-1)) = 2x-1,$$

此方程的不同实根有 2^n 个.

而 $f(x) = x$，$f^{(2)}(x) = x$，$\cdots$，$f^{(n-1)}(x) = x$ 的实根总数不超过 2^n-2 个.

故所要求的条件必能达到.

7. (1) 令 $\varphi(x) = \arcsin\sqrt{x}$，由共轭函数法可得

$$f^{(n)}(x) = \sin^2(2^n\arcsin\sqrt{x}).$$

(2) 由(1)知，

$$a_n = 2^{n-1}, \, b_n = 2^{n-1}+1.$$

8. 令 $f(x) = \dfrac{x^2}{2(x-1)}$，$\varphi(x) = 1-\dfrac{2}{x}$，$g(x) = x^2$，

则

$$\varphi^{-1}(x) = \dfrac{2}{1-x},$$

$$\varphi^{-1}(g(\varphi(x))) = \dfrac{2}{1-\left(1-\dfrac{2}{x}\right)^2} = \dfrac{x^2}{2x-2} = f(x),$$

即 $f \sim_{\varphi} g$，所以

$$f^{(n)}(x) = \varphi^{-1}(g^{(n)}(\varphi(x))) = \frac{2}{1 - \left(1 - \dfrac{2}{x}\right)^{2^n}},$$

此即 $\{x_n\}$ 的通项.

取 $x_1 = a$，则 $\{x_n\}$ 的通项为

$$x_{n+1} = \frac{2}{1 - \left(1 - \dfrac{2}{a}\right)^{2^n}}.$$

习题　3. a

1. 令 $t = -\dfrac{1}{x}$，则

$$af\left(-\frac{1}{t}\right) + bf(t) = \sin\left(-\frac{1}{t}\right),$$

又 $$af(t) + bf\left(-\frac{1}{t}\right) = \sin t,$$

消去 $f\left(-\dfrac{1}{t}\right)$，得 $\quad f(t) = \dfrac{1}{a^2 - b^2}\left(a\sin t + b\sin\dfrac{1}{t}\right),$

所以 $\quad f(x) = \dfrac{1}{a^2 - b^2}\left(a\sin x + b\sin\dfrac{1}{x}\right).$

2. 令 $x = 1 - t$，则有 $f(t^2 - 4t) + 3f(t^2 + 2t - 3) = 2t^2 + t - 2.$ 由

$$\begin{cases} f(x^2 + 2x - 3) + 3f(x^2 - 4x) = 2x^2 - 5x + 1, \\ f(x^2 - 4x) + 3f(x^2 + 2x - 3) = 2x^2 + x - 2, \end{cases}$$

可得 $\quad 8f(x^2 - 4x) = 4x^2 - 16x + 5.$

令 $x^2 - 4x = 1$，则 $8f(1) = 4 \times 1 + 5$，故 $f(1) = \dfrac{9}{8}$.

3. 设 $f(1) = q^2$，则

$$f(2) = f(1+1) = 2q^2 + 2 = 2(q^2 + 1),$$

$$f(3) = f(1+2) = q^2 + 2(q^2 + 1) + 4 = 3(q^2 + 2),$$

猜测 $$f(n) = n(q^2 + n - 1).$$

由数学归纳法知上式成立.

于是当 n 是素数时，$n \mid (q^2 - 1)$，因此 $q = 1$，故

$$f(n) = n^2, \ n \in \mathbf{N}^*.$$

4. 设 $f(1) = k$，则

$$f(m^2 + k) = f^2(m) + 1,$$

$$f(1 + k) = k^2 + 1.$$

故 $f(f^2(m) + k^2 + 1) = f(f^2(m) + f(1 + k)) = f^2(f(m)) + 1 + k.$

又 $f(f^2(m) + k^2 + 1) = f(k^2 + f(m^2 + k)) = f^2(k) + m^2 + k$，所以

$$f^2(f(m)) - f^2(k) = m^2 - 1. \tag{1}$$

取 $m = 1 + f(k)$，则

$$f(m) = f(1^2 + f(k)) = k^2 + k,$$

$$f(f(m)) = f(k^2 + k) = f^2(k) + 1.$$

代入式(1)，得

$$(f^2(k) + 1)^2 - f^2(k) = (1 + f(k))^2 - 1,$$

即

$$f^4(k) - 2f(k) + 1 = 0.$$

因为 $f(k) \in \mathbf{N}^*$，故 $f(k) = 1$，于是 $f(f(m)) = m.$ 又

$$f(k^2 + f(n)) = f^2(k) + n = n + 1,$$

故

$$f(n + 1) = f(f(k^2 + f(n))) = f(n) + k^2.$$

由数学归纳法可知 $f(n + 1) = f(1) + nk^2 = k + nk^2$，

故

$$k = 1, \ f(n) = n.$$

5. 取 $m = n = 0$，得

$$f(g(0)) = f^2(0) + g(0),$$

$$g(f(0)) = g^2(0) + f(0),$$

故 $g(g(f(0))) = g(g^2(0) + f(0)) = g^2(g(0)) + f(0).$

又 $g(g(f(0))) = g(f(g(0))) = g^2(0) + f(g(0))$

$$= g^2(0) + g(f(0)) = 2g^2(0) + f(0),$$

故 $g^2(g(0)) = 2g^2(0)$，因此 $g(0) = 0.$

同理可得 $f(0) = 0$.

故 $f(g(n)) = g(n)$, $g(f(n)) = f(n)$, 即 $f(n) = g(n)$.

利用 $f(0) = 0$, 可得

$$f(m^2) = f^2(m),$$

因此 $$f(1) = 1.$$

由数学归纳法可得 $f(n) = g(n) = n$.

6. 注意到 f 是单射, $f(1) > 1$ 不成立, 故

$$f(1) = 1.$$

设当 $k < n$ 时均有 $f(k) = k$.

若 $f(n) < n$, 则

$$f(f(f(n))) = f(f(n)) = f(n) < n,$$

与题设矛盾, 故 $f(n) \geqslant n$.

若 $f(n) > n$, 则有 $f(f(n)) \geqslant n$, 否则 f 不是单射.

同理, $f(f(f(n))) \geqslant n$, 三者相加超过 $3n$, 矛盾. 因此 $f(n) = n$.

7. 记 $aN_0 + 1 = \{an + 1 \mid n \in \mathbf{N}\}$. 假设这样的 f 已经构造好, 考察 $g: 3N_0 + 1 \to 4N_0 + 1$, 定义如下:

$$g(n) = 4f\left(\frac{n-1}{3}\right) + 1,$$

这样的函数 g 是 $3N_0 + 1$ 到 $4N_0 + 1$ 的一个双射. 此外, g 还是可乘的, 即 $g(xy) = g(x)g(y)$.

把上述过程反过来, 对于任何一个 $3N_0 + 1$ 到 $4N_0 + 1$ 的可乘双射 g, 定义

$$f(n) = \frac{g(3n+1) - 1}{4},$$

这样的 f 必然满足题意.

设 P_1, P_2 分别为形如 $3k + 1$ 的所有素数及形如 $3k + 2$ 的所有素数组成的集合, Q_1, Q_2 分别为形如 $4k + 1$ 的所有素数及形如 $4k + 3$ 的所有素数组成的集合, 它们都是无限集.

任取一个 $P_1 \bigcup P_2$ 到 $Q_1 \bigcup Q_2$, 并且将 P_1 映射到 Q_1, P_2 映射到 Q_2 的双射 h.

取 $g(1) = 1$. 如果 $n > 1$ 在集合 $3N_0 + 1$ 内, 将 n 写成 $\prod p_j$ 的形式, 其中 p_j

是 P_1 或 P_2 中的元素.

定义 $g(n) = \prod h(p_j)$. 验证知这样的 g 是满足条件的所有可乘双射,于是所有的 f 如上可得.

8. 因为 $g(1) = f(f(1)) + 1 > 1$,所以

$$f(1) = 1,\ g(1) = 2.$$

假设对某个 n,$f(n) = k$,则

$$g(n) = f(f(n)) + 1 = f(k) + 1.$$

由 f 和 g 的递增性,可知

$$\{f(1),\ f(2),\ \cdots,\ f(k)\} \text{ 与 } \{g(1),\ g(2),\ \cdots,\ g(n)\}$$

恰好构成 1 到 $g(n)$ 的所有整数组成的集合.

因此 $g(n) = k + n = f(n) + n$,于是

$$f(k) = k + n - 1.$$

由 $g(n) = f(n) + n$,可知 $\{g(1),\ g(2),\ \cdots,\ g(n),\ \cdots\}$ 中没有相邻正整数,故

$$f(k+1) = k + n + 1.$$

$f(2) = f(1+1) = 1 + 1 + 1 = 3,\ f(3) = f(2) + 2 - 1 = 4,$

$f(4) = f(3) + 3 - 1 = 6,\ f(6) = f(4) + 4 - 1 = 9,$

$f(9) = f(6) + 6 - 1 = 14,\ f(14) = f(9) + 9 - 1 = 22,$

$f(22) = f(14) + 14 - 1 = 35,\ f(35) = f(22) + 22 - 1 = 56,$

$f(57) = f(56+1) = f(35) + 35 + 1 = 92,$

$f(92) = f(57) + 57 - 1 = 148,$

$f(148) = f(92) + 92 - 1 = 239,$

$f(240) = f(239 + 1)$

$$= f(148) + 148 + 1 = 388.$$

9. 令 $y = x$,则

$$f(x^2) = 2f(x) + kf(\gcd(x, x)) = (k+2)f(x),$$

$$f(x^4) = (k+2)f(x^2) = (k+2)^2 f(x).$$

又 $\quad f(x^4) = f(x \cdot x^3) = f(x) + f(x^3) + kf(x)$

$$= f(x) + f(x \cdot x^2) + kf(x)$$

$$= (3k+4)f(x),$$

故 $(k+2)^2 = 3k+4$,解得 $k = 0$ 或 $k = -1$.

当 $k = 0$ 时,$f(x) = \dfrac{1996}{\ln 1995} \ln x$ 符合要求.

当 $k = -1$ 时,设 $f(x) = \dfrac{1996}{\ln 1995} \ln(g(x))$, $g(x) = \gcd(2^2 \cdot 3^2 \cdot 5^2 \cdot \cdots \cdot$

$p^2 \cdots, x)$,其中前一个数为所有素数的平方之积,则此函数符合要求.

10. 取 $m = n = 0$,则

$$2f(0) = f^2(0) + 1,$$

解得 $\qquad\qquad f(0) = 1.$

取 $m = 1, n = -1$,则

$$f(0) + f(-1) = f(1)f(-1) + 1,$$

即 $f(-1)(f(1)-1) = 0$,因此 $f(-1) = 0$ 或 $f(1) = 1$.

(i) 当 $f(-1) = 0$ 时,取 $m = n = -1$,则

$$f(-2) + f(1) = f^2(-1) + 1,$$

故 $\qquad\qquad f(-2) = 1 - f(1).$

又取 $m = -2, n = 1$,则

$$f(-1) + f(-2) = f(-2)f(1) + 1,$$

即 $\qquad f(-2)(1 - f(1)) = 1, \quad (1 - f(1))^2 = 1,$

故 $f(1) = 0$ 或 $f(1) = 2$.

当 $f(1) = 0$ 时,f 是偶函数,可得

$$f(2m) = 1, \ f(2m+1) = 0.$$

当 $f(1) = 2$ 时,可得

$$f(m) = m + 1.$$

(ii) 当 $f(1) = 1$ 时,取 $n = 1$,则

$$f(m+1) + f(m) = f(m)f(1) + 1,$$

$$f(m+1) = 1,$$

即

$$f(m) = 1.$$

综上,满足要求的函数有

$$f(m) = \begin{cases} 1, & m = 2k, \\ 0, & m = 2k+1, \end{cases} k \in \mathbf{Z}; \ f(m) = m+1; \ f(m) = 1.$$

习题 3.b

1. 对任意 $x \in \mathbf{R}$,$f(x+4) - f(x) \leqslant 2(x+1)$,所以

$f(x+12) - f(x)$

$= (f(x+12) - f(x+8)) + (f(x+8) - f(x+4)) + (f(x+4) - f(x))$

$\leqslant 2((x+8)+1) + 2((x+4)+1) + 2(x+1) = 6x + 30 = 6(x+5)$.

又 $f(x+12) - f(x) \geqslant 6(x+5)$,所以 $f(x+12) - f(x) = 6(x+5)$. 故

$f(2016) = (f(2016) - f(2004)) + (f(2004) - f(1992)) + \cdots + (f(12) - f(0)) + f(0)$

$= 6 \times 2009 + 6 \times 1997 + \cdots + 6 \times 5 + 1008$

$= 6 \times \dfrac{(2009+5) \times 168}{2} + 1008 = 1008 \times 1008.$

所以

$$\frac{f(2016)}{2016} = \frac{1008}{2} = 504.$$

2. 设 $f(x) = \dfrac{x^k P(x)}{x^t Q(x)}$,其中 $P(0) \neq 0$,$Q(0) \neq 0$,$P(x)$,$Q(x)$ 的次数分别为 m,n,且 $P(x)$,$Q(x)$ 无公因式. 设 $P(x) = a_0 x^m + a_1 x^{m-1} + \cdots + a_{m-1} x + a_m$,$Q(x) = b_0 x^n + b_1 x^{n-1} + \cdots + b_{n-1} x + b_n$.

记

$$x^m P\left(\frac{1}{x}\right) = P_1(x), \ x^n Q\left(\frac{1}{x}\right) = Q_1(x),$$

则

$$f(x) = \frac{x^k P(x)}{x^t Q(x)} = f\left(\frac{1}{x}\right) = \frac{x^{-k} P\left(\frac{1}{x}\right)}{x^{-t} Q\left(\frac{1}{x}\right)} = \frac{x^{-k-m} P_1(x)}{x^{-t-n} Q_1(x)}.$$

故

$$\frac{P(x)}{Q(x)} = \frac{x^{2t+n} P_1(x)}{x^{2k+m} Q_1(x)}.$$

因为 $P(x)$，$Q(x)$ 的次数分别为 m，n，且 $P(x)$，$Q(x)$ 无公因式，所以 $x^m P\left(\dfrac{1}{x}\right)$ 与 $x^n Q\left(\dfrac{1}{x}\right)$ 也无公因式，故 $x^{2t+n} = x^{2k+m}$，$P(x) = P_1(x)$，$Q(x) = Q_1(x)$. 因此 $2(t-k) = m-n$.

又由 $P(x) = P_1(x) = x^m P\left(\dfrac{1}{x}\right)$ 知

$$a_0 = a_m, \quad a_1 = a_{m-1}, \quad \cdots$$

故当 m 为偶数时，

$$P(x) = x^{\frac{m}{2}}\left(a_0 x^{\frac{m}{2}} + a_1 x^{\frac{m}{2}-1} + \cdots + a_1 x^{1-\frac{m}{2}} + a_0 x^{-\frac{m}{2}}\right)$$

是关于 $x + \dfrac{1}{x}$ 的函数，此时 m 也为偶数. 同理可得 $Q(x)$ 也是关于 $x + \dfrac{1}{x}$ 的函数.

当 m 为奇数时，$P(x)$ 必有因式 $x+1$. 同理，$Q(x)$ 也有因式 $x+1$，约去此公因式后，$m-1$，$n-1$ 均为偶数.

因此 f 必为关于 $x + \dfrac{1}{x}$ 的函数.

3. 考察 $Q(x) = P(x) - x$. 由题意，当 $x \geqslant 0$ 时，设 $(t+1)^2 = x$，则 $x = \sqrt{t+1}$，

$$\begin{aligned} Q(x) &= P(x) - x = P((t+1)^2) - \sqrt{t+1} \\ &= P(t^2) + 2t + 1 - \sqrt{t+1} = P(t^2) - t^2. \end{aligned}$$

由 t 的任意性知，$P(x) - x$ 为常数.

因此，$P(x) = x + c$，其中 c 为常数.

4. $f(1+f(1)) = 1-1 = 0 = f(f(0))$，

所以 $$1 + f(1) = f(0).$$

$$f(1+f(0)) = 1-0 = f(f(1)),$$

所以 $$1 + f(0) = f(1).$$

于是 $1+1+f(1) = f(1) \Rightarrow 2 = 0$，矛盾.

因此这样的函数不存在.

5. 取 $x = y = 0$，则

$$f(f(0)+0) = 0 + f(0)f(z).$$

设 $f(0) = k$, 则

$$f(k) = kf(z).$$

由于 $f(z)$ 的任意性, 要保证上式成立, 即 $kf(z)$ 为常数, 只能有 $k = 0$. 于是 $f(0) = 0$, 可得

$$f(yz) = f(y)f(z), f(f(x)) = x.$$

因此 $f(1) = f^2(1)$, $f(1) = 1$ 或 0.

当 $f(1) = 0$ 时, $1 = f(f(1)) = f(0) = 0$, 矛盾.

当 $f(1) = 1$ 时,

$$f(1+x) = f(f(1)+x \cdot 1) = 1 + f(x),$$

$$f(f(x)+y) = x + f(y) = f(f(x)) + f(y),$$

f 既具有可乘性又具有可加性, 因此 $f(x) = x$.

6. 取 $x = y = 0$, 则

$$f(0) = 2f(0), \ f(0) = 0.$$

取 $x = 0$, 则

$$f(y^2) = f(-y^2),$$

故 f 是偶函数. 对于 $a > 0$, $b > 0$, 方程组

$$\begin{cases} x^2 - y^2 = a, \\ 2xy = b \end{cases}$$

总有实数解, 因此有

$$f(a) + f(b) = f(\sqrt{a^2+b^2}).$$

于是 $g(x) = f(\sqrt{x})$ 在正实轴上是可加的非减函数.

因此 $$f(x) = cx^2, \ c > 0.$$

7. $f(1) + f(1) = 1$, $f(1) = \dfrac{1}{2}$.

$$f\left(\frac{1}{2}\right) = f(f(1)) = \frac{f(2)}{f(1)} = 2f(2).$$

又 $$f(2) + f\left(\frac{1}{2}\right) = 1,$$

解得 $$f(2) = \frac{1}{3}, \; f\left(\frac{1}{2}\right) = \frac{2}{3},$$

同理可得 $$f(3) = \frac{1}{4}, \; f\left(\frac{1}{3}\right) = \frac{3}{4}.$$

猜测 $$f(x) = \frac{1}{1+x}.$$

由数学归纳法可证,对一切正整数 x,上式成立.

现考虑有理数 $x = \dfrac{p}{q}$,此时

$$f\left(\frac{p}{q}\right) + f\left(\frac{q}{p}\right) = \frac{q}{p+q} + \frac{p}{p+q} = 1,$$

$$f\left(f\left(\frac{p}{q}\right)\right) = f\left(\frac{q}{p+q}\right) = \frac{p+q}{p+2q},$$

$$\frac{f\left(\frac{p}{q}+1\right)}{f\left(\frac{p}{q}\right)} = \frac{\dfrac{q}{p+2q}}{\dfrac{q}{p+q}} = \frac{p+q}{p+2q} = f\left(f\left(\frac{p}{q}\right)\right),$$

亦满足猜测.

故 $$f(x) = \frac{1}{1+x}.$$

8. 用 $\dfrac{1}{x}$ 代替 x,可得

$$\alpha \cdot \frac{1}{x^2} f(x) + f\left(\frac{1}{x}\right) = \frac{\dfrac{1}{x}}{1+\dfrac{1}{x}} = \frac{1}{1+x},$$

故 $$f\left(\frac{1}{x}\right) = \frac{1}{1+x} - \frac{\alpha}{x^2} f(x),$$

代入原式可得

$$\frac{\alpha x^2}{1+x} - \alpha^2 f(x) + f(x) = \frac{x}{1+x}.$$

故当 $\alpha \neq \pm 1$ 时,

$$f(x) = \frac{x(1-\alpha x)}{(1-\alpha^2)(1+x)}.$$

当 $\alpha = \pm 1$ 时,

$$\frac{\pm x^2}{1+x} = \frac{x}{1+x},$$

与 x 取任意正实数矛盾,故此时无解.

9. 取 $x = y = 0$, 则

$$f(f^n(0) + 0) = 0 + f(0), f(f^n(0)) = f(0), f^n(0) = 0,$$

故
$$f(0) = 0,$$

于是
$$f(f^n(x)) = x^n.$$

取 $x = 1$, 则 $f(f^n(1)) = 1$. 可证得 $f(1) = 1$.

$$f(f^n(x) + y) = f(f^n(x)) + f(y),$$

故当 $x \in \mathbf{R}$, $y > 0$ 时, $f(x+y) = f(x) + f(y)$, 即 f 满足可加性.

于是当 $r \in \mathbf{Q}$ 时, $f(rx) = rf(x)$.

考察 $f((x+1)^n)$. 由二项式定理,以及 f 在有理数域上的线性,可证得

$$f(x^{n-k}) = f^k(1) f^{n-k}(x),$$

其中 $k \neq n$. 取 $k = n-2$, 可得 f 是递增或递减的.

于是可得 $f(x) = x$, $x \in \mathbf{R}$.

10. 假如 f 是常数函数,其值为 k, 则

$$k = (x - y)k + g(x).$$

因为 x, y 任取,故 $k = 0$, $g(x) = 0$, 即 f, g 都是常数函数 0.

当 f 不是常数函数时,取 $x = g(x)$, 则

$$f(g(x) + g(y)) = g(x)f(y) - yf(g(x)) + g(g(x)), \tag{1}$$

方程左边关于 x, y 对称,因此右边也应关于 x, y 对称.

原方程中取 $x = 0$, 可得

$$f(g(y)) = -f(0)y + g(0).$$

设 $-f(0) = a$, $g(0) = b$, 则

$$f(g(x)) = ax + b.$$

代入方程(1), 可得

$$f(g(x) + g(y)) = g(x)f(y) - axy - by + g(g(x)).$$

由 x, y 的对称性, 可知 $g(g(x)) = cx + d$, 其中 c, d 由 a, b 决定.

又 $f(g(y) + g(x)) = g(y)f(x) - axy - bx + g(g(y))$,

利用对称性可得

$$(g(x) - b)(f(y) + a) = (g(y) - b)(f(x) + a),$$

故 $$f(x) = px + q, \ g(x) = sx + t, \ p, q, s, t \in \mathbf{R}.$$

11. 取 $x = y = z = 0$, 则

$$4f(0) - 4f^2(0) \geqslant 1, (2f(0) - 1)^2 \leqslant 0,$$

故 $$f(0) = \frac{1}{2}.$$

取 $x = y = z = 1$, 则 $4f(1) - 4f^2(1) \geqslant 1$.

同理可得 $$f(1) = \frac{1}{2}.$$

取 $x = 0$, $z = 1$, 则

$$4f(0) - 4f(0)f(y) \geqslant 1,$$

$$f(y) \leqslant \frac{1}{2},$$

即 $$f(x) \leqslant \frac{1}{2}.$$

取 $y = z = 1$, 则

$$4f(x) - 2f(x) \geqslant 1,$$

$$f(x) \geqslant \frac{1}{2}.$$

因此, $f(x) \equiv \frac{1}{2}$.

12. 若 $f(2) = 0$,则

$$f(0) = f(2) \Rightarrow f(0) = f(2) = f\left(\frac{0+2}{2}\right) = f(1) = 1,$$

矛盾. 故 $f(2) = 1$.

若 $f(3) = 0$,则

$$f(0) = f(3) \Rightarrow f(0) = f(3) = f\left(\frac{0+3}{2}\right) = f\left(\frac{3}{2}\right) = 0.$$

又 $f(1) = f(2) \Rightarrow f(1) = f(2) = f\left(\frac{1+2}{2}\right) = f\left(\frac{3}{2}\right) = 1,$

矛盾. 故 $f(3) = 1$.

设当 $n = 1, 2, \cdots, k$ 时 $f(n) = 1$,考虑 $n = k+1$ 的情况.

若 $f(k+1) = 0$,则

$$f(0) = f(k+1) \Rightarrow f(0) = f(k+1) = f\left(\frac{k+1}{2}\right) = 0.$$

又 $f(1) = f(k) \Rightarrow f(1) = f(k) = f\left(\frac{k+1}{2}\right) = 1,$

矛盾. 故 $f(k+1) = 1$.

因此对所有正整数 n, $f(n) \equiv 1$.

假设对某个有理数 $r = \dfrac{p}{q} > 1$, $f(r) = 0$,其中 p, q 为互素的正整数.

定义函数 $g(x) = 1 - f((r - [r])x + [r])$.

可知 $g: \mathbf{Q} \to \{0, 1\}$,且与 f 有同样的性质. 于是对所有正整数 n, $g(n) = 1$. 而 $f(r) = 0$ 时,

$$g(q) = 1 - f\left(\left(\frac{p}{q} - \left[\frac{p}{q}\right]\right)q + \left[\frac{p}{q}\right]\right) = 0,$$

矛盾. 故对所有 $x \geq 1$, $f(x) = 1$.

13. 取 $x = 0$,则 $f(y) = g(0) + h(y)$,即

$$h(x) = f(x) - g(0).$$

取 $y = 0$,则 $f(x) = g(x) + h(0)$,即

$$g(x) = f(x) - h(0).$$

又 $f(x+y) = g(x) + h(y) = f(x) + f(y) - g(0) - h(0),$

故 $f(x)$ 满足柯西方程,是线性函数,因此 $g(x)$, $h(x)$ 均为线性函数.

令 $g(x) = ax + b$, 则

$$h(x) = g(x) + h(0) - g(0) = ax + c,$$

$$f(x) = ax + b + c.$$

此即为原函数方程的解.

14. 设 $f_j(x) = (0, 0, \cdots, 0, x, 0, \cdots, 0)$, 其中第 j 个坐标分量为 x, 其余均为 0. 于是 f_j 满足柯西方程,因此是线性函数.

所以,满足题意的所有解为

$$f(x_1, x_2, \cdots, x_n) = C_1 x_1 + C_2 x_2 + \cdots + C_n x_n,$$

其中 C_1, C_2, $\cdots$, C_n 为常数.

15. 在条件(1)中取 $x_1 = x_2 = \cdots = x_{2002} = 0$, 则

$$f(0) = f^{2002}(0),$$

故 $f(0) = 0$ 或 $f^{2001}(0) = 1$.

当 $f(0) = 0$ 时,由条件(1) 知 $f \equiv 0$.

当 $f^{2001}(0) = 1$ 时,令 $g(x) = \dfrac{f(x)}{a}$, 其中 a 是 1 的一个 2001 次单位根,则

$$g(x+y) = \frac{f(x+y)}{a} = \frac{f(x)f(y)}{a} = g(x)g(y),$$

故 $g(x) = e^{bx}$, 其中 b 是复常数.

由条件(2)知 $e^{2002b + bx} = e^{2002b + \bar{b}x}$, 故 b 为实数.

因此所有解为 $f(x) \equiv 0$ 或 $f(x) = ae^{bx}$, 其中 a 是 1 的一个 2001 次单位根,b 是一个实常数.

16. 对任意实数 c,若 f 满足条件(1)到(4),则 $f(x,y) - c$ 也满足条件,故只需考虑 $f(0,0) = 0$ 的情况. 由条件(3)(4)可得,当 x 固定时,$f(x,y)$ 关于 y 单调不减;再由对称性,当 y 固定时,$f(x,y)$ 关于 x 单调不减. 又由条件(3)得

$$f(x,x) = x + f(0,0) = x,$$

对 $x < y$ 有

$$x = f(x,x) \leqslant f(x,y) \leqslant f(y,y) = y.$$

我们分几步来求出 f.

(i) 设 $a > 0$. 若 $f(0,a) = 0$ 或 $f(0,-a) = -a$, 则对任意 $x \in [0,a]$, 有

$$f(0,x)=0, f(0,-x)=-x;$$

若 $f(0,a)=a$ 或 $f(0,-a)=0$,则对任意 $x\in[0,a]$,有

$$f(0,x)=x, f(0,-x)=0.$$

我们证明 $f(0,a)=0$ 的情形,其余情形类似可证.

若 $f(0,a)=0$,由条件(4)可知对 $x\in[0,a]$ 有

$$0=f(0,0)\leqslant f(0,x)\leqslant f(0,a)=0,$$

故 $f(0,x)=0.$ 再由条件(3)得

$$0=f(0,x)=x+f(-x,0),$$

故

$$f(0,-x)=f(-x,0)=-x.$$

(ii) 若存在 $a>0$,使得 $f(0,a)=0$,则对任意 $x>0$,都有 $f(0,x)=0$.

我们对正整数 n 归纳证明 $f(0,na)=0$,再利用单调性即得结论成立.

当 $n=1$ 时显然成立,假设 $n=k$ 时结论成立,而 $n=k+1$ 时结论不成立,则

$$f(0,(k+1)a)>0.$$

考虑

$$f(0,ka)=0, \quad f(0,(k+1)a)>0,$$

$$f(ka,(k+1)a)=ka+f(0,a)=ka>0,$$

由条件(2),上述三数中有两数相等,只能是 $f(0,(k+1)a)=ka$. 对任意 $x\in(ka,(k+1)a)$,考虑

$$f(0,x), \quad f(0,ka)=0, \quad f(ka,x)=ka+f(0,x-ka)=ka,$$

由条件(2),上述三数中有两数相等,故 $f(0,x)=0$ 或 ka. 再结合单调性,可知存在唯一的实数 $t\in[ka,(k+1)a]$,使得对 $ka\leqslant x<t, f(0,x)=0$;对 $t<x\leqslant(k+1)a, f(0,x)=ka$.

设 $ka\leqslant y<z\leqslant(k+1)a$ 满足 $f(0,y)=0, f(0,z)=ka$,而

$$f(y,z)=y+f(0,z-y)=y,$$

由条件(2),必须 $y=ka$,故 $t=ka$,即对任意 $x\in(ka,(k+1)a], f(0,x)=ka$ 成立.

任取 $x\in(0,a)$,有

$$f(0,x)=0, f(0,(k+1)a)=ka,$$

$$f(x,(k+1)a)=x+f(0,(k+1)a-x)=x+ka,$$

以上三个数互不相同,与条件(2)矛盾.因此结论对 $k+1$ 也成立,这便证明了结论(ii).

结合结论(i),可知若存在 $a>0$,使得 $f(0,a)=0$,则对任意 $x>0$ 有

$$f(0,x)=0, f(0,-x)=-x,$$

即

$$f(0,x)=\min\{0,x\},$$

再结合条件(3),可知

$$f(x,y)=\min\{x,y\}.$$

以下假设条件(5):对任意 $x>0$,$f(0,x)>0$.

(iii) $f(0,x)$ 在 $x>0$ 时无上界.

用反证法. 假设有上界,取其上确界 $M>0$. 若存在 $x>0$,使得 $f(0,x)=b<M$,由于 M 是上确界,可取 $y>0$,使得 $f(0,y)>\max\{M-x,b\}$,此时

$$M\geqslant f(0,x+y)\geqslant f(0,y)>b,$$
$$f(x,x+y)=x+f(0,y)>M,$$

从而 $f(0,x)=b$,$f(0,x+y)$,$f(x,x+y)$ 互不相同,与条件(2)矛盾.

因此,对任意 $x>0$,都有 $f(0,x)=M$. 特别地,$f(0,M)=M$. 但由结论(i)知,对 $x\in(0,M)$,有 $f(0,x)=x$,矛盾.

(iv) 集合 $\{x>0\mid f(0,x)=x\}$ 无上界.

用反证法,假设存在 $N>0$,使得对任意 $x>N$,都有 $0<f(0,x)<x$. 又由结论(iii),可选取 $x>N$,使得 $f(0,x)>N$. 记 $y=f(0,x)$,则 $N<y<x$. 于是

$$f(0,y)<y,\quad f(0,x)=y,\quad f(y,x)=y+f(0,x-y)>y,$$

这三个数互不相同,与条件(2)矛盾.

由结论(iv),存在一个趋于无穷的正实数序列 $\{x_n\}$,满足 $f(x_n)=x_n$,再由结论(i),即知对任意 $x>0$ 有

$$f(0,x)=x,\quad f(0,-x)=0,$$

此时 $f(0,x)=\max\{0,x\}$. 再结合条件(3),可知 $f(x,y)=\max\{x,y\}$.

综上,满足条件的函数 f 只可能是 $f(x,y)=\min\{x,y\}+c$,或 $f(x,y)=\max\{x,y\}+c$,其中 c 是常数. 容易验证这两类函数确实满足条件(1)到(4).

17. 我们对 $m+n$ 进行归纳,证明结论:对非负整数 m,n,分式

$$f_{m,n}(x)=\frac{(x^{m+1}-1)(x^{m+2}-1)\cdots(x^{m+n}-1)}{(x-1)(x^2-1)\cdots(x^n-1)}$$

化简之后是一个 mn 次多项式,并且其 $mn+1$ 个系数均为正整数. 这里 $m=0$ 时,零个式子相乘仍为 1.

首先注意有对称性 $f_{m,n}(x)=f_{n,m}(x)$. 直接计算可知

$$f_{m,0}(x)=f_{0,n}(x)=1,\quad f_{1,1}(x)=1+x,\quad f_{1,2}(x)=f_{2,1}(x)=1+x+x^2.$$

设 $m,n>0$,$m+n\geqslant 4$,且结论对更小的 $m+n$ 成立,则由于

$$\frac{f_{m-1,n}(x)}{f_{m,n}(x)}=\frac{(x^m-1)(x^{m+1}-1)\cdots(x^{m+n-1}-1)}{(x^{m+1}-1)(x^{m+2}-1)\cdots(x^{m+n}-1)}=\frac{x^m-1}{x^{m+n}-1},$$

$$\frac{f_{m,n-1}(x)}{f_{m,n}(x)}=\frac{f_{n-1,m}(x)}{f_{n,m}(x)}=\frac{(x^n-1)(x^{n+1}-1)\cdots(x^{m+n-1}-1)}{(x^{n+1}-1)(x^{n+2}-1)\cdots(x^{m+n}-1)}=\frac{x^n-1}{x^{m+n}-1},$$

我们有

$$x^n\times\frac{f_{m-1,n}(x)}{f_{m,n}(x)}+\frac{f_{m,n-1}(x)}{f_{m,n}(x)}=\frac{x^n\times(x^m-1)}{x^{m+n}-1}+\frac{x^n-1}{x^{m+n}-1}=1.$$

根据归纳假设，

$$f_{m,n}(x)=x^n\times f_{m-1,n}(x)+f_{m,n-1}(x)$$

是 mn 次非负整数系数多项式，并且由 $f_{m-1,n}(x)$ 的所有系数均为正，可知 $f_{m,n}(x)$ 的 $x^n,x^{n+1},\cdots,x^{mn}$ 项系数均为正；由 $f_{m,n-1}(x)$ 的所有系数均为正，可知 $f_{m,n}(x)$ 的 $x^0,x^1,\cdots,x^{mn-m}$ 项系数均为正，所以 $f_{m,n}(x)$ 的所有 $x^0,x^1,\cdots,x^{mn}$ 项的系数均为正整数. 由数学归纳法知，原命题成立.